Hans Georg
Möntmann

Raubritter in Glas-palästen

Ueberreuter

Die Deutsche Bibliothek – CIP-Einheitsaufnahme

Möntmann, Hans G.:
Raubritter in Glaspalästen : obskure Praktiken in der
Kreditwirtschaft / Hans Georg Möntmann. – Wien :
Wirtschaftsverl. Ueberreuter, 1993
ISBN 3-901260-53-6

S 0074 1 2 3 4 / 96 95 94 93

Umschlag von Beate Dorfinger
unter Verwendung zweier Fotos der Buenos Dias Bildagentur

Druck und Bindung: Carl Ueberreuter Ges.m.b.H., Korneuburg
Printed in Austria

Vorwort

Als ich mit der Recherche für dieses Buch begann, war die Zustimmung unerwartet groß. Es sei hoch an der Zeit, hieß es, den Bankern einmal den Spiegel vorzuhalten und dem Publikum zu zeigen, wie die Geschäfte in den noblen Burgen wirklich ablaufen. Schon früh tauchte dabei der Begriff des modernen Raubrittertums auf. Es wurden Erfahrungen laut, die alle mit Übervorteilung, Ohnmachtsgefühlen, Inkompetenz und auch Angst zu tun hatten. Und, ja, auch hin und wieder der Einwand, doch bitte nicht ungerecht zu sein: Da hatte tatsächlich ein Bankangestellter „seinem“ Kunden geholfen, eine schwierige finanzielle Situation zu meistern. Das aber sollte doch die Regel sein und nicht die rühmliche Ausnahme.

Im gleichen Atemzug, wie die negativen Erfahrungen nur so sprudelten, wurden aber auch die Befürchtungen laut: Paß' auf, die machen Dich kaputt hinterher! Und es klang tiefe Furcht aus dieser Warnung. Sind Banken schon so mächtig, daß der Normalbürger um einen Freund fürchten muß, der sich getraut, eine Kritik zu artikulieren?

Ich glaube, das ist das Gefährliche an der Position, in der sich die Banken heute befinden: die Macht, die sie über die Seelen der Menschen gewonnen hat. Die sich in Unterwürfigkeit, Botmäßigkeit und Angst niederschlägt und die von den obersten Gerichten immer wieder einmal geschürt wird. Seit neuestem darf eine Bank eine Geschäftsbeziehung bereits dann kündigen und den Betroffenen in den Abgrund stürzen, wenn sich dieser kritisch über bestimmte Geschäftsgebarungen äußert. „Wegfall der Vertrauensgrundlage“ heißt das in der Sprache der Juristen.

Diese Macht ist stärker und gefährlicher als die monetäre Herrschaft über Industriebetriebe. Was wirklich zählt, das ist der Einfluß auf die Seele und auf das Verhalten der von den Banken Abhängigen. Nur über das Konto kommt der Mensch an den Lohn seiner Arbeit; erlangt er Zugang zu den Gütern der Welt und sichert er sich, machen wir uns nichts vor, das Wohlwollen seiner Mitmenschen.

Es ist ein abgeschlossener Zirkel weniger auserwählter Menschen, die das alles kontrollieren; ein hermetischer Kreis Eingeweihter, der sich einer Sprache bedient, die andere nicht verstehen; sich in Riten übt, deren Sinn dem Außenstehenden verschlossen bleibt. Daher können die Banker schalten und walten, wie es ihnen beliebt: Kaum jemand merkt auf Anhieb, was mit ihm geschieht.

Es herrscht die perfektionierte Moral der Raubritter: den vorbeifließenden Geldströmen einen erklecklichen Teil abzuzapfen. Es herrscht die Gerichtsbarkeit der Raubritter: Wer sich in den Netzen der Häscher verfängt; vielleicht, weil er deren Versprechungen zu sehr vertraut hat, unterliegt der „sofortigen Vollstreckbarkeit“. So heißt es, Sprache ist verräterisch, in den Kreditverträgen. Der Freibrief wird gnadenlos umgesetzt; selbst das Finanzamt geht pfleglicher mit säumigen Zahlern um: Es kündigt die Vollstreckung wenigstens an.

Es herrscht die Kultur der Raubritter: Stahl, Marmor, Härte, Glanz. Der Künstler wird zum Liebediener und

Minnesänger zum Wohle des Images; kritisch Engagiertes wird zur Staffage in den Vorstandsetagen.

Es herrscht die Politik der Raubritter: Denen, die noch ein wenig mächtiger sind oder es sich einbilden und damit für Ärger sorgen könnten, wird der Hof gemacht; wird der Zugang zu den Pfründen gezeigt und erleichtert.

Wer nicht mit profitiert, das ist der kleine Mann aus dem Fußvolk; ist der Händler, der das Geleit der Raubritter braucht und sich erkauft; manchmal allein, um endlich in Ruhe gelassen zu werden. Selbst dann herrscht noch die Furcht.

Ohne Angst hingegen sind nur jene, welche die Verliese durchlitten haben. Den einen ist alles egal; sie leben unter den Brücken und in den Passagen. Andere kämpfen und hoffen, daß ihnen endlich ein Mächtigerer helfe. Ihnen sei alles Glück dieser Welt gewünscht.

Iserlohn, im August 1993

Danksagung

Es gilt Dank zu sagen all denen, die dieses Buch ermöglicht haben. Zuallerst Dank an meine Banker, die mich Monat für Monat mehr inspiriert haben, dieses Thema aufzugreifen. In gleichem Maße Dank an Anna Maria, meine Frau, die, manchmal voll Ingrimm, manchmal voller Schrecken über das Gehörte, stundenlange Interviews vom Tonband in die Speicher des Computers übertragen hat. Dank all jenen, die mir als Opfer der Geldmacht Modell gestanden haben; ich wünsche, sie hätten es nicht müssen. Nicht vergessen möchte ich die Kolleginnen und Kollegen, die mir bei der Recherche geholfen haben; entweder, indem sie in ihren Magazinen Geschichten veröffentlicht haben, die trefflich Einblick gaben in das Innenleben der piekfeinen Institute; vor allem aber jenen, die mir zu wichtigen Erkenntnissen über Personen und Fakten verhalfen. Ganz besonders hervorheben möchte ich die Hilfe von Rechtsanwalt Bernhard Rüsch in Burscheid, dessen juristischer Rat mich vor so mancher gefährlichen Klippe bewahrt hat.

Inhaltsverzeichnis

„Willst Du das Paradies verderben," sprach der Teufel zur Schlange, „wird Dir ein Apfel nicht genügen. Sorge für goldene Würgestricke, die Du den Menschen, so sie etwas erschaffen wollen, um den Hals legst und die sie gerne tragen werden. Zögere nicht, den Strick langsam anzuziehen, wenn das Opfer fett genug ist; hüte Dich aber, den Tod zu schnell herbeizuführen – denn Schlachtvieh, dem Du Rettung vorgaukelst, wird Dich lange nähren!"

Die Partner-Lüge. Oder:

Wie Banker philosophieren und sich dabei arg entlarven.

Wer kann das: aus knapp zehntausend Mark innerhalb nicht einmal eines Jahres einen Gewinn von 150.000 Mark saugen? Das können: Zuhälter mit der Schlafzimmereinrichtung für ihr Pferdchen; Rauschgiftdealer selbst dann, wenn sie auf der sicheren Seite des Geschäfts bleiben und nur mit Hasch hökern; die Betreiber illegaler Spielhöllen, wenn sie nur die richtigen Beamten bestechen. Und Banker, denen vertrauensselige Anleger Freiraum für Spekulationen lassen.

Da gehen private Vermögen vor die Hunde und tauchen im Griff der Banken wieder auf. Da werden Gebühren abgezockt und den Geschädigten noch der Stinkefinger gezeigt. Und da werden Sprüche geklopft, daß dem Publikum vor Rührung die Augen tränen; der Insider hingegen sich lachend auf die Schenkel klopft.

Zum Beispiel der vom „Wir-Prinzip“ der DG-Bank, das diese auch trefflich zu illustrieren weiß: Indianer und Kolonialkrieger, beide in voller Rüstung, Rücken an Rücken. Dazu der Spruch: „Es gibt ein Prinzip, das aus Fremden Partner macht“. In der Tat: Partner in einem Krieg, bei dem der Schwächere nie eine Chance hatte. Partner in dem Sinne, daß der Brutalere, besser Bewaffnete den Verlierer braucht wie der Geier das Aas.

Manche Banken-/Kundenbeziehungen ähneln verzweifelt jenem Raubritter-Krieg der Kolonisatoren, nach dem die Verlierer alles aufgeben mußten, was ihnen heilig war und woran ihr Herz gehangen hat. Exakt wie im richtigen Leben. Wir werden die Fälle kennenlernen.

Exakt wie im richtigen Leben: Manchmal gelingt es den Unterlegenen, den einen oder anderen Teilsieg in einer Auseinandersetzung zu erreichen, deren Ende nie in Sicht ist. An der Tatsache jedoch, daß ein gewonnener Schadenersatzprozeß nichts an einer zerrissenen Familie, einem zerstörten Betrieb oder einem vorzeitig beendeten Leben gutmachen kann – daran werden Etappensiege auch nichts ändern.

Davon ist in diesem Buch die Rede: wie das, was sich als Partnerschaft angelassen hat, in die bitterste Armut führt. Viele der Geschädigten sind nicht einmal in der Lage, ihre sozialen Kontakte aufrechtzuerhalten: Ihnen fehlt sogar das Geld, den Telefonanschluß zu bezahlen. Wären da nicht Freunde, die sie unterstützen, erreichten ihre Hilferufe nicht einmal die nächste Umgebung.

Ja, sie sind ehrlich, die Banker. Ehrlich, daß es einem ganz gruselig werden kann: Fragt doch das Berliner Bankhaus Löbbecke mittels Zeitungsanzeige, wo genau die Bank des Lesers denn stehe und drückt die trügerische Hoffnung aus, sie stünde „stets auf Ihrer Seite."

Sie wissen genau, diese Banker, was wirklich los ist in der Szene und auf wessen Seite jede Bank steht: ausschließlich auf der eigenen. Daher setzen die Werber auch, wohl zur Verstärkung der Warnung, ein Huhn ins

Bild – unpassenderweise ein (noch) glückliches mit satter Federnpracht. Gerupft, zerhackt und ausgelaugt wäre wohl realistischer gewesen. Denn die Hühner namens Kunden (oder Partner – wie man's will) sehen wirklich nicht mehr sehr ansehnlich aus, wenn sie in der Bank ihre goldenen Eier haben ablegen müssen.

Einer, der seit fast zwanzig Jahren unverdrossen kämpft, ein ehemals erfolgreicher Handwerker, kam mit der bitteren Erkenntnis heraus, daß seine Familie und er jetzt von dem leben müssen, was er in guten Zeiten als Trinkgeld unters Volk gebracht hat. Und er war wohl ein wirklich sparsamer Schwabe – so, wie man ihn heute antrifft in einer Bruchbude von Wohnung.

Es sind ja nicht nur die Unbedarften und Sprachlosen, die es trifft. Natürlich ist da das Heer jener, die jahrelang über ihre Verhältnisse gelebt haben und nun die Suppe auslöffeln müssen, die sie sich eingebrockt und die ihnen die Banken bereitwillig immer wieder nachgeschüttet haben. Durch Kredite und Überziehungsmöglichkeiten, die längst nicht mehr angemessen waren. Diese bedauernswerten Opfer gibt es zuhauf.

Es gibt aber mehr und mehr jene, denen der Himmel über dem erfolgsgewohnten Kopf zusammengestürzt ist; und denen inkompetente, bösartige oder auch nur wurschtige Bankberater das Lebensglück zerstört haben. Weil es eben tatsächlich stimmt, was die Bankenkritiker sagen: Wie edel auch immer von Partnerschaft getönt wird – im Prinzip handelt es sich um das Geschäft, aus wenig Geld in kürzester Zeit möglichst viel mehr Geld zu machen. Und es ist vollkommen gleichgültig, auf welche Weise dieses Ziel erreicht wird – Hauptsache, die

Methoden sind so gewählt, daß kein Richter sie verwerfen kann. Darin, und nur in dieser Disziplin sind sie Meister, die Bank-Manager. Da fühlen sie sich auch unangreifbar.

Wenn sie sich da nur nicht zu sicher sind. Denn mit den bankrotten Erfolgreichen wächst ein revolutionäres Potential besonderer Qualität heran. Da gewinnen Menschen Einblick in die rauhe Wirklichkeit, die es gewohnt sind, diese Wirklichkeit zu verändern. Die, im Grunde erzkonservativ, sehr cool der Philosophie eines Malcolm X zustimmen. Die meinen erkannt zu haben, daß an einer Justiz, die sich scheinbar mit dem Mächtigeren verbündet, nichts Schützenswertes dran ist. Und die sich nicht mit Bomben bewaffnen, sondern mit der geballten Kraft der Solidarität. Und die bereit sind, in ihrem meist gesetzten Alter einen neuen Marsch durch die Institutionen anzutreten. Munitioniert mit ihrer tiefen Verbitterung und mit den immer schärfer werdenden juristischen Klingen. Das ist es, wovor sich jene Banker hüten müssen, die meinen, ein wohlklingender Schriftsatz wasche sie von jeder Verantwortung für Verzweiflung und zerstobene Lebensträume frei.

Natürlich gibt es auch die Nachdenklichen unter den Managern. Auch jene, die Fehler vermeiden und lieber mit dem strauchelnden Kunden reden, als ihm gleich die Kredite zu kündigen. Vielleicht sind sie es, die die wohlklingenden Werbekampagnen initiieren. Vielleicht glauben sie tatsächlich an das, was sie da verkünden. Sie mögen sich in Harmonie mit der Welt und den Kunden wähnen, wenn sie, wie der Sparkassenverband, als Sponsoren für die Fair-Play-Bewegung auftreten.

Sie müssen es sich nur gefallen lassen, daß ihre Worte an der überwiegend rauhen Wirklichkeit gemessen werden. So, wie wir das tun, wenn wir uns einer durchaus typischen rheinischen Kleinstadt nähern, in der die Großspurigkeit der Politiker zusammen mit der Verantwortungslosigkeit von Sparkassenmanagern nicht nur einzelne Unternehmer in den Ruin begleitet, sondern zugleich den Kern gelegt haben für die Verelendung des noch gesunden Mittelstands.

Nähern wir uns dem Ort Burscheid, dessen Stadtsparkasse, dessen Politikern und seien wir uns gewiß: Burscheid steht für Tausende andere Orte. Hoffen wir, daß sich das irgendwann in naher Zukunft einmal ändern wird.

Burscheid.
Oder:
Wie eine Region unter den Hammer kommt.

Wer, von Leverkusen kommend, die Kölner Bucht verläßt, um auf der Bundesstraße 232 das Bergische Land zu erreichen, der erlebt die beglückende Annäherung an ein Idyll: an ein Städtchen mit gerade einmal 17.000 Einwohnern; an schiefergedeckte Häuschen, die für nicht mehr Platz lassen als für das Café oder die Boutique im Erdgeschoß und zwei, drei Zimmer darüber.

Er erlebt, im Frühjahr, eine Anfahrt durch blühende Apfel-Streuwiesen, auf denen schwarzbunte Kühe weiden; er findet kilometerlange Wanderwege durch Täler und vorbei an Bächen, die zumindest den Eindruck von heiler Natur vermitteln.

Er findet eine Fußgängerzone, die als Muster städtebaulicher Gestaltungskunst gelten kann; eine Umgehungsstraße, deren Grünphasenschaltung bestens funktioniert, sowie einstmals blühende Industriebetriebe wie die Goetze AG mit ihren, einstmals, 2600 Mitarbeitern vor Ort; 5.500 mitsamt den Zweigbetrieben im benachbarten Opladen, Herdorf, Friedberg und Dresden. Einstmals – denn das Idyll ist bankrott. Die Pro-Kopf-Verschuldung betrug Ende 1992 exakt 3.726 Mark und 21 Pfennige; das liegt haushoch über dem Durchschnitt von 1500 Mark der Städte zwischen 20.000 und 50.000 Einwohnern. Über die Verschuldung kleinerer Städte weiß der Deutsche Städtetag keine Quoten zu nennen. Der Rat der Stadt darf keinen Pfennig ausgeben, ohne die Genehmigung der übergeordneten Behörden eingeholt zu haben.

Burscheid ist bankrott wegen seines Größenwahns, der sich eben in der Umgehungsstraße, in der Fußgängerzone und in einem Baugebiet voller kostenträchtiger planerischer Mängel manifestiert. Dessen Grundstückpreise, 30 Mark pro Quadratmeter, wurden ohne jeglichen kaufmännischen Einblick kalkuliert. Typisch für die Planungskompetenz der Stadtväter, daß das Industriegebiet fernab des Autobahnzubringers an einem idyllisch gelegenen Südhang angelegt wurde; einem für Wohnsiedlungen bestens prädestinierten Standpunkt. Diese wiederum wurden dann in Autobahnnähe plaziert.

Irgendwann in den letzten Jahren ist der Größenwahn sogar auf die Stadtsparkasse übergeschlagen; kein Wunder, möchte man sagen, nehmen doch bei derartigen Institutionen stets die wichtigsten Kommunalpolitiker die Aufsichtsfunktionen ein.

So ist, 1993, Steuerberater Rolf Mebus, FDP-Fraktionschef im Rat der Stadt, der Vorsitzende des Verwaltungsrates der Stadtsparkasse und damit Vorsitzender der obersten Aufsichts- und Genehmigungsinstanz. Seine Stellvertreter sind Ulrich Schwertfeger, Fraktionsvorsitzender der SPD, und Gustav Ringelberg, Fraktionsvorsitzender der CDU.

Diese Personen sitzen zugleich im Kreditausschuß der Stadtsparkasse Burscheid; dessen Vorsitzender, Karl

Heinz Schönenborn, als oberster Beamter mit dem Titel Stadtdirektor die Verwaltung der Stadt Burscheid leitet. Dazu muß man wissen, daß im Bundesland Nordrhein-Westfalen der Bürgermeister nicht auch der oberste Verwaltungschef ist.

Zu der Zeit, in der die Saat für die späteren wirtschaftlichen Katastrophen gelegt wurde, lag die Sparkassenaufsicht gar nur in einer Hand: Der damalige Stadtdirektor Horst Weber präsidierte sowohl dem Verwaltungsrat wie auch dem Kreditausschuß.

Der von den Politikern getragene Größenwahn der Kasse manifestiert sich eindrücklich im neuen Hauptgebäude: Der Vorstand ließ einen Bau errichten, dessen spiegelnde Marmorfassade sich hinter der einer piekfeinen Großbank in Frankfurt oder London nicht zu verbergen braucht. Auf zwei versetzten Ebenen für den Kundenverkehr fallen die wenigen Besucher kaum auf; der dicke Teppichboden dämpft jeden Tritt zu vornehmem Schreiten; und die Vorstandsetage ist ganz in edlen Hölzern gehalten; einschließlich der Geschäftszimmer der beiden Geldfürsten. Die können, wenn sie es wollen, vom Dach der Geldburg aus die ganze kleine Stadt kontrollieren.

Zwölf Millionen Mark hat der Prachtbau gekostet – bei einer Bilanzsumme von rund 400 Millionen Mark. Dabei hatte der oberste Bauherr, Vorstandsvorsitzender Dieter Stern, die Bauunternehmer nicht richtig im Griff: der Kostenvoranschlag wurde um mindestens zwei Millionen Mark überschritten. Das Bundesamt für das Kreditwesen hat inzwischen ein wachsames Auge auf die Geschäftsgebarung der Institution geworfen, die nach derartigen architektonischen Eskapaden offensichtlich dringend Geld braucht.

Daher wohl sieht sich das Management gezwungen, an Werten hereinzuholen, was zu greifen ist – und wenn dafür der Mittelstand und der Häuslebauer bluten müssen. Insider formulieren den Verdacht, das Hauptziel dieser Strategie sei es, an so viele Immobilien heranzukommen wie irgend möglich. Denn Immobilienwerte gelten als Eigenkapital; und davon hat die Sparkasse Burscheid, gemessen an den Ausleihungen, nicht genug. Brisant könnte es auch für die Sparkasse werden, wenn erstens die Bilanzsumme weiter so rasant nach unten abfällt wie vom Geschäftsjahr 1991 auf 1992: minus 14,8 Prozent auf 449 Millionen Mark; wenn zweitens die Einlagen der Großanleger weiter abstürzen (minus 8,9 Prozent), und wenn drittens das Kreditvolumen sich nicht wieder nach oben entwickelt. Von 1991 auf 1992 brach das Kreditgeschäft um 14,1 Prozent mit 47 Millionen auf 2586 Millionen Mark ein.

Das Ergebnis, das in dem Burscheider Marmorpalast erwirtschaftet wurde, ist entsprechend kümmerlich: Der Geschäftsbericht weist einen Bilanzgewinn von 41.551 Mark und 28 Pfennig aus – 0,1 Prozent vom Umsatz (knapp 45 Millionen Mark).

Kapital oder andere Werte müssen also her – und wie das funktioniert und wie verroht die Sitten inzwischen sind in Burscheid, davon erzählen folgende Geschichten, wie sie die Betroffenen berichteten oder wie sie, nach intensiven Recherchen, sich aus allgemein zugänglichen Quellen darbieten.

Die Geschichte der P.
Oder:
Fünfzehn Jahre durch die Hölle.

P. heißt eigentlich Heidemarie Potthoff – aber wir wollen es bei dem Kürzel lassen; nicht zuletzt, weil Sparkassen-Vorstand Dieter Stern (ein Mann übrigens, der höchsten Wert auf gepflegte Umgangsformen legt) von seiner Kundin nur als „Frau P." spricht – so, als wolle er den Namen ausspucken.

P. gehört in der Tat auch einer Gruppe von Menschen an, vor der sich die Vorstände aller Geldinstitute ekeln: P. ist eine Bankrotteurin; eine, die der Kasse, dem Finanzamt, der Dresdner Bank und wem auch immer beträchtliches Geld schuldet. Dabei spielt es keine Rolle, ob die Schuldsumme vielleicht aus zu hoch berechneten Gebühren stammt oder aus besonders hohen Zinsen. Was einzig zählt, ist, daß Heidemarie P. bankrott ist.

Schlimmer noch: P., so die Ansicht des Dieter Stern, gebärdet sich höchst undankbar ob der vielfältigen Hilfe bis hin zum Konkurs, indem sie Gott und die Welt mit ihrem Fall behelligt; darunter Staatsanwälte, Aufsichtsbehörden, Politiker oder die vermeintlich allmächtige Westdeutsche Landesbank, WestLB, Düsseldorf.

P. hat sogar in Burscheid eine Schutzgemeinschaft Kreditgeschädigter gegründet, einen Verein, der es sich zum Ziel gesetzt hat, anderen Bankrotteuren zu helfen, die ebenfalls, und das ist ausdrücklich die Meinung der P., von der Stadtsparkasse Burscheid „gelinkt“ worden sind.

Ob dem so ist, müssen die Betroffenen durch einen Richter entscheiden lassen – so sie noch nicht bis zum Ende ihrer Kraft zermürbt sind.

Fälle, bei denen der Verdacht naheliegt, daß die Stadtsparkasse zu der Misere der Bankrotteure mehr als üblich beigetragen hat, gibt es aber ausreichend – das werden wir im folgenden noch ausreichend erfahren. Nur wenige unter denen, welchen inzwischen jeder Boden unter den Füßen fehlt, finden den Mut, ihre Probleme in die Öffentlichkeit zu tragen; noch weniger möchten namentlich bekannt werden.

Und nur zwei, P. und der Fabrikant Manfred Fietz, nehmen den Kampf aktiv auf. Frau P. hat deswegen inzwischen in der Stadtsparkasse Burscheid Hausverbot. Manfred Fietz hat die Geschäftsbeziehungen aufgekündigt und arbeitet mit anderen Banken.

Bevor wir uns mit der Geschichte der Bankrotteurin P. und später mit der Geschichte anderer befassen können, seien die Hauptakteure dieses mittelständischen Totentanzes genannt. Und es sei ausdrücklich darauf hingewiesen, daß alle hier genannten Fakten mittels Dokumenten belegt werden können. Über die Interpretation streiten natürlich die Geister.

Und es muß weiterhin vermerkt werden, wenn auch mit gehörigem Bedauern, daß alles das, was die Sparkasse Burscheid angerichtet hat, als überaus korrekt, weil der Rechtsprechung entsprechend, angesehen werden muß. Wenngleich engagierte Juristen wie der Burscheider Anwalt Bernhard Rüsch, bereit sind, die Rechtlichkeit der

Vorgänge haarklein prüfen zu lassen. Aber bis es so weit gekommen ist, muß es heißen: Die Sparkasse Burscheid hat korrekt gehandelt. Ob ethisch oder gar human, das mag der Leser für sich selbst entscheiden.
Das also sind die Akteure:

- Dieter Stern, Vorstandsvorsitzender der Stadtsparkasse Burscheid seit dem 1. Februar 1983. Unter ihm stieg der Umsatz des Instituts auf jetzt knapp 45 Millionen Mark; die Bilanzsumme auf knapp 450 Millionen Mark.
- Josef Scholz, 1983 fristlos geschaßtes Vorstandsmitglied der Sparkasse. Sein berufliches Drama ist untrennbar mit dem Drama der P. verbunden; sein privates zu einem bedeutenden Teil ebenfalls.
- Rolf Mebus, Mitglied der FDP und Chef deren Fraktion im Rat der Stadt und Vorsitzender des Verwaltungsrates der Stadtsparkasse.
- Karl-Heinz Schönenborn, derzeit Chef der Burscheider Stadtverwaltung im Rang eines Stadtdirektors. Über seine Funktion als Vorsitzender des Kreditausschusses wurde bereits berichtet.
- Horst Weber, zu Zeiten des Josef Scholz und später noch bis 1988 Verwaltungsratschef sowie Vorsitzender des Kreditauschusses. Damit war Weber in der beneidenswerten Lage, sich selbst kontrollieren zu können. Wie die oberste Kontrollbehörde der rheinischen Sparkassen, der Rheinische Sparkassen- und Giroverband, mitteilt, ist diese Personalunion wenn nicht gerade verboten, so doch eher verpönt.

  Weber steht in dem Ruf, überaus selbstherrlich zu handeln. So hat er einmal, ohne den Rat der Stadt um Zustimmung zu bitten, einen nagelneuen Mercedes als

Dienstwagen angeschafft und erst nach massiven Protesten wieder zurückgegeben. Ein andermal erteilte er einer Bremer Anlagegesellschaft den Architekturauftrag zur Errichtung eines neuen Rathauses – eines 30-Millionen-Projekts. Auch dies ohne die notwendige Abstimmung mit dem Rat der Stadt, der kurz darauf seine Genehmigung verweigerte. Der Stadt entsprang daraus ein Regreßanspruch in Höhe von 600.000 Mark.
Als Weber 1988 nicht wieder zum Chef der Stadtverwaltung gewählt wurde und daher auch seiner Posten in den Sparkassen-Gremien verlustig ging, machte er sich mit einer Versicherungsagentur (Nürnberger Versicherungen) und als Immobilienmakler selbständig.
Weber makelt gerne mit Objekten der Sparkasse und nimmt sich auch der Immobilien-Geschäfte von Ratsmitgliedern an. Zum Beispiel jener Immobilien, die sich im Familienbesitz von Margot Mebus, für die FDP Mitglied des Kreditausschusses, befinden oder befanden.
Um Fehlinterpretationen vorzubeugen: Margot Mebus ist mit dem obengenannten Rolf Mebus (Vorsitzender des Kreditausschusses) nicht näher verwandt, als das in einem 17.000-Einwohner-Dorf zwangsläufig vorkommt. Vor allem sind sie nicht miteinander verheiratet.
Weber gehörte zumindest zum Zeitpunkt der Manuskripterstellung nicht dem Ring Deutscher Makler an; jener Institution, die sich die Qualifikation und Lauterkeit ihrer Mitglieder auf die Fahnen geschrieben hat.

- Alfred Most, Chef der Sparkassen-Filiale im Burscheider Ortsteil Hilgen, der insolventen Schuldnern schon einmal mit der Vermittlung privater Kredite behilflich ist.

- Manfred Fietz, Unternehmer in Burscheid (Teflon-Verarbeitung); 65 Mitarbeiter, 11,5 Millionen Mark Umsatz. Fietz hat eine besondere Rechnung mit Dieter Stern zu begleichen, dem er in vertrautem Gespräch schon einmal rät, die Baskenmütze ab- und dafür den Sombrero aufzusetzen; zwecks Erweiterung des Horizonts.
- Peter Kn., zunächst freier Handelsvertreter; dann Textil-Importeur und jetzt, nach einer furiosen Pleite, wieder freier Handelsvertreter, dem die Sparkasse an das Eigenheim will und das mit ihren rüden Methoden wohl auch schafft.
- Walter T.-K. und Familie, dem urplötzlich eine gutgehende Gärtnerei durch Pleite abhandengekommen ist.
- Ulrich Schwerdtfeger, Vorsitzender der SPD-Fraktion im Stadtrat und Erster Stellvertretender Vorsitzender des Verwaltungsrates der Sparkasse. Zugleich bekleidet Schwerdtfeger die Position des Betriebsratsvorsitzenden der Goetze AG; jenes Unternehmens, das im Rahmen der Übernahme durch die T+N, Manchester, mindestens 1000 Arbeitsplätze abbauen will.

  Als Betriebsrat ist der Verwaltungsratsvorsitzende Schwerdtfeger Ansprechpartner auch jener Goetze-Mitarbeiter, die sich in den vielen Firmenwohnungen des Unternehmens eingerichtet haben. Die stehen jetzt vor der Wahl, die gemieteten und teilweise recht heruntergekommenen Wohnungen zu kaufen oder binnen fünf Jahren ihr Domizil zu verlassen. Als Finanzier steht, wer sonst? die Stadtsparkasse bereit; Verwaltungsrat Schwerdtfeger, so melden die Betroffenen, redet ihnen auch gut zu, sich auf das Geschäft einzulassen. Dabei verbreitete er zumindest in einem Fall Panik, indem er behauptet, der gesetzliche Mieterschutz werde durch einen möglichen Kettenverkauf der Wohnungen auf ein einziges Jahr reduziert.

Alle hier genannten Bankrotteure eint vielerlei: Sie begannen ihren Abstieg mit einem Finanzierungskonzept der Stadtsparkasse Burscheid. Sie vertrauten den Mitarbeitern dort wegen des hohen Anspruchs an Lauterkeit und Beratungsqualität, den Sparkassen gerne nach außen dokumentieren; sie waren in finanztechnischen oder betriebswirtschaftlichen Dingen auf abenteuerliche Weise unbedarft, und sie wollten zu schnell zu weit vorankommen.

Damit ist der Rahmen gesteckt für die Geschichte der Bankrotteurin P., die gleich mit einer Katastrophe beginnt: dem jähen Unfalltod ihres Mannes am 29. Januar 1978. Eines Handwerkers, Meister des Rohrleitungsbaues, dessen autoritärer Führungsstil bekannt war, der sich trotzdem aber bei den Mitarbeitern, Freunden und Kunden der allergrößten Hochachtung erfreute. In ihren besten Zeiten verfügte die Familie über ein persönliches Einkommen von 200.000 Mark. Heidemarie P. konnte dieses Ergebnis auch nach dem Tod des Mannes noch eine Zeitlang halten. Die Familie verfügte über ein auf 1,2 Millionen Mark Wert geschätztes und mit knapp 800.000 Mark belastetes Mietshaus mit Wohnungen für sechs Parteien sowie über ein mit 56.500 Mark bezahltes, unbelastetes Grundstück für den geplanten Bau eines Wohn- und Geschäftshauses. Eine Handwerker-Idylle, der als einzige Belastung allein der dringend notwendige Neubau bevorstand, für den jedoch, wie berichtet, ein Grundstück bereitlag.

Ausgerechnet jetzt passierte der Unfall; und P., bislang höchsten mit der Kontierung von Belegen und der Kontrolle von Rechnungen befaßt, steht mit dem größten Drama ihres Lebens zugleich vor ihrer größten Herausforderung.

P. berichtet, daß sie lange zwischen den Entscheidungen geschwankt habe, das Geschäft aufzugeben oder es weiterzuführen. Hätte sie sich zur Liquidation entschlossen, möglicherweise das Unternehmen verkauft – Bewerber standen ausreichend vor der Tür – hätten der Erlös daraus und die Mieterträge ihr ein erträgliches Auskommen garantiert.

Wie so häufig in diesen Fällen stehen Selbstüberschätzung und Pietät dem kühlen Verstand im Wege; jene Mischung aus trotziger „Jetzt-erst-recht"-Einstellung und dem durchaus legitimen Gefühl, das Lebenswerk des Gatten doch nicht einfach so zu verschleudern.

Und so machte sich P., die vom Rohrleitungsbau ebensowenig Ahnung hatte wie von den Fallstricken der Baufinanzierung, daran, der Firma ein neues Domizil zu verschaffen. Die Vorzeichen sahen gut aus: Nach der Auszahlung der Lebensversicherung ihres Mannes standen ihr 600.000 Mark liquide Mittel zur Verfügung. Als Partner erkor sie sich die Stadtsparkasse Burscheid;

So bat sie denn am 21. Juni 1979 um Finanzierungsberatung für ein kombiniertes Wohn- und Gewerbegebäude und erhielt folgendes Konzept vorgelegt: die zunächst kalkulierten Baukosten in Höhe von 800.000 DM sollten durch eigene Mittel, Bauspardarlehen sowie Bank- und Mittelstandskredite aufgebracht werden. Bei diesem Konzept blieb es auch, als die Baukosten auf

940.000 und später auf 1,2 Millionen Mark umgeändert wurden.

Die erste Änderung resultierte aus der nach der Konzepterstellung erforderlich gewordenen Feinplanung des Architekten Dobroschke; die zweite Erhöhung entstand dadurch, daß Heidemarie P. dem ursprünglich geplanten einen Wohnapartment ein zweites hinzufügen wollte. Darin sollte später die Familie ihres Bruders Lothar Apken wohnen.

So entstand damals bereits eine eigentümliche Relation zwischen Eigen- und Fremdmitteln: rund 1,2 Millionen Mark Finanzierungsvolumen standen 215.000 DM selbst erbrachte Mittel gegenüber – 110.000 DM Eigenkapital, 55.000 DM aus dem Wert des Grundstücks und 50.000 DM Gegenwert für handwerkliche Eigenleistung. 75.000 DM wurden als Vorsteuerabzug angerechnet; also Mehrwertsteuern, die dem Finanzamt nicht gezahlt werden mußten. So errechnete sich ein Finanzierungsbedarf von 835.000 DM. 220.000 Mark sollten für die erste und 200.000 Mark für die zweite Wohnung aufgebracht werden, sowie für die gewerblichen Gebäudeteile 630.000 Mark. So ist es auch einer Aktennotiz des zuständigen Kreditsachbearbeiters und stellvertretenden Vorstandes Theo Korschildgen zu entnehmen.

Das Geld sollte nach diesem Konzept aus vier Töpfen fließen: 150.000 Mark von der Sparkasse; 296.000 Mark aus einem zinsverbilligten Mittelstandskredit des Landes Nordrhein-Westfalen; 115.000, 46.000 und 60.000 Mark aus drei Bausparverträgen.

Irgend jemandem mußte da ein Fehler unterlaufen sein, denn abzüglich der Disagien in Höhe von knapp 6000

Mark standen der Frau P. damit keine 835.000, sondern nur 667.000 DM zur Verfügung. Und die auch erst sehr spät: Die Unterlagen der P. belegen, daß das Darlehen der Sparkasse erst am 20. März des folgenden Jahres herausgereicht wurde – sechs Monate und drei Wochen, nachdem die Sparkasse ganz offiziell unter der Nummer 106179 ein Bausonderkonto eröffnet hatte. Die Gelder des Mittelstandskredites trafen noch später und in Raten, die erste Tranche am 1. April 1980, ein. Die weitere Herausgabe zog sich bis zum Ende des Jahres 1980 hin. Wir werden in einem späteren Kapitel auf interessante Parallelen bei der Herausreichung billiger Mittelstandskredite stoßen.

Die Bausparverträge wurden gar erst fast zwei Jahre nach Baubeginn zugeteilt; mit Übernahme einer Bürgschaft vom 18. 5. 1981.

Fatal für Frau P.: Sie mußte, da sie aufgrund der mündlichen Zusagen unverzüglich mit dem Bau begonnen hatte, alle Rechnungen über ein nicht gedecktes Konto begleichen. Das hatte insofern seine Richtigkeit, als ihr die Banker vorgaukelten, es spiele keine Rolle, schon mal aus dem Kontokorrent zu finanzieren und den Bau erst dann in warme Kredittücher zu hüllen, wenn er fertig sei. Quasi als Umfinanzierung der Vorleistungen. Der Vorteil für die Bank: fast beliebig viel Luft für astronomische Zinsforderungen. Was sie dann ja auch realisierte.

Die ersten Zinsabrechnungen fielen noch moderat aus: 6,5 Prozent am 10. September 1979. Danach, wohl weil sich Frau P. nicht massiv genug gewehrt hatte: 7 Prozent am 23. Oktober 1979. Am 15. November wurden gar 7,75 Prozent abgerechnet – eine Zinssteigerung von knapp 20 Prozent innerhalb zweier Monate und einer Woche!

Am 4. 3. 1980, damals war aus dem zugesagten Mittelstandskredit noch nicht eine müde Mark gezahlt, stand das Bausonderkonto mit 228.574,04 DM in den Miesen. Am 10. September sollte P. satte 10 Prozent Überziehungszinsen plus drei Prozent Überziehungsprovision zahlen. Spätestens jetzt betrug die reale Zinsbelastung doppelt soviel wie ursprünglich ausgehandelt.

Zwar wurde der Unternehmerin die Überziehungsprovision zurückerstattet – doch der Fehler wurde zum Prinzip und mehrfach wiederholt. Die weiteren Stufen auf der nach oben offensichtlich offenen Zinsskala: 12,75 Prozent am 10. März 1981; 13,75 Prozent am 12. März 1981 – fast vierzehn Prozent Steigerung binnen zweier Tage!

Am 20. Juli 1981 war der Zinsgipfel, soweit erkennbar, erreicht: 15,25 Prozent; nach einem geharnischten Protest ließ sich die Sparkasse, Stillschweigen vorausgesetzt, herbei, den Satz auf 14,25 Prozent zu senken.

Danach ist der Zinssatz aus den Kontobelegen nicht mehr ablesbar; es erscheinen nur mehr die abgebuchten Beträge. Zum Beispiel am 10. September 11.970,75 DM bei einer Überziehung von 406.594,25 DM. Noch aber scheint die Zinsschlinge nicht straff genug. Denn auch bei einer Überziehung in Höhe von 629.249,29 DM wird die Überziehungsprovision zurückerstattet. Als dann aber am 10. 6. 1982 eine Abrechnung über 710.248,18 Mark Überziehung vorgelegt wird, die 22.167,77 Mark kostet, wird die Überziehungsprovision von 1.615,83 nicht mehr zurückbezahlt.

Schließlich wird selbst dem Verwaltungsrat der Stadtsparkasse die Angelegenheit P. zu bunt. Er initiiert eine grundsätzliche Umschuldung in eine langfristige Finanzierung. Es macht ihm nichts aus, daß Frau P. im Vorlauf dazu aufgrund zweier Wertgutachten rund 5200 Mark an Kosten entstehen und daß sie das Geschäftskonto ihres Unternehmens um 26.000 Mark plündern muß. Das nur, damit aus der Baukonten-Überziehung in Höhe von 726.000 Mark die runde Summe von 700.000 Mark wird. Jene Summe, die bereits 1979 als Grundschuld auf das Grundstück eingetragen wurde. Vielleicht ist diese Sicht der Dinge aber auch zu blauäugig und vordergründig. Vielleicht ist exakt hier der Moment auszumachen, wo Baukonto, Firmenkonto und Privatvermögen zu dieser bislang unauflösbaren Katastrophenmasse versponnen werden.

Wie dem auch gewesen sein mag: Bereits am 6. Dezember wird ein ungesicherter Geschäftskredit in Höhe von 200.000 Mark auf die zweite der P. gehörende Immobilie, das Mietshaus an der Burscheider Floßwiese, grundbuchamtlich eingetragen. Am 10. Dezember nötigt der Vorstand Scholz der P. einen Wechsel zugunsten eines Lieferanten ab – Begründung: Schonung des Geschäftskontos; am 30. Dezember 1982 die Belastung des Geschäftskontos zugunsten des Baukontos.

Soweit die nüchternen Fakten; die jedoch mit Elementen unterlegt sind, die nur mit dem Begriff Psycho-Terror umfassend beschrieben werden können.

So muß sich die Unternehmerin P. im Rahmen einer Umschuldung zu „sparsamster Lebenshaltung“ verpflichten – ein deutlicher Eingriff in die private Autonomie.

Und: Am Tag vor Heilig Abend 1982, die Verhandlungen über die Umschuldung sind gerade in vollem Zuge, ruft Sparkassenchef Scholz der P. durchs offene Autofenster und bei vollem Publikum zu, sie möge ihre Geschäftskonten in Ordnung bringen. P., voller Panik, gelingt es noch am selben Tag, einen ihrer Auftraggeber zur Herausgabe eines Verrechnungsschecks in Höhe von 135.354,64 Mark zu bewegen. So kurz vor den Weihnachtsferien eine wahrhaft imposante Leistung.

Am selben Tag eingereicht, wird der Scheck erst am 29. Dezember gutgeschrieben; die Zinsen für die Überziehung, die damit eigentlich gedeckt werden sollte, findet Frau P. später in den Kontoauszügen wieder.

Fazit Januar 1983: alle Konten heillos überzogen (denn die Tilgung für das Baukonto floß über die Geschäftskonten); alle Grundstücke und Häuser bis zur Dachtraufe belastet. Der Terror sollte sich jedoch weiter verschärfen.

Versuchen wir zunächst aber, die bankseitigen Tricks herauszuarbeiten, die der Frau P. das Genick gebrochen haben. Das ist schwierig genug; selbst spezialisierte Anwälte tun sich noch schwer. Daher bei allem Vorbehalt des möglichen Irrtums:

1. Die Sparkasse hat eine mündlich zugesagte und handschriftlich fixierte Finanzierung nur teilweise durchgeführt.
2. Damit entstand eine Deckungslücke.
3. Statt preiswerter Baukredite wurden teure Kontokorrent-Kredite ausgeschöpft.
4. Vor allem die zinsgünstigeren staatlichen Kredite wurden verspätet herausgereicht.
5. Die Zinsen und Überziehungsprovisionen blähten das Baukonto in astronomische Dimensionen.

6. Es wurden Kosten generiert, die nicht nötig waren.
7. Bei einer späteren Umfinanzierung wurden die aufgelaufenen Zinsen in die Schuldsumme übernommen. Dadurch entstand ein im Prinzip verbotener, in der Praxis aber häufig genutzter Zinseszins-Effekt. Die Legitimation dafür ziehen die Banken aus einem rund 30 Jahre alten Urteil des Bundesgerichtshofes.
8. Bei der Umfinanzierung gelang zugleich der vollständige Zugriff auf die Firma und das Privatvermögen der P.

Damit war die Unternehmerin P. bereits 1983 wirtschaftlich tot. Sie wußte es nur noch nicht.

An der Todesursache war jedoch nicht allein die Kamikaze-Finanzierung schuld, sondern zumindest in gleichem Maße die Tatsache, daß sich Frau P. in ein persönliches Beziehungsgeflecht eingelassen hatte, dessen Folgen sie nicht überblicken konnte.

Sie entwickelte nämlich eine verhängnisvolle Freundschaft zum Sparkassenvorstand Scholz. Um allen Vermutungen gleich hier den Wind aus den Segeln zu nehmen: Eine Bettgeschichte oder gar eine eheähnliche Beziehung ist daraus wohl nicht entstanden. Heidemarie P. ist bereit, eine eidesstattliche Erklärung zu unterschreiben, gemäß der es außer zu gemeinsamen Saunabesuchen zu keinerlei Intimitäten gekommen ist.

Am leichtesten kann erahnen, was sich zwischen Scholz und P. abgespielt hat, wer jenen Brief zur Kenntnis nimmt, mit dem der damalige Chef des Verwaltungsrates, Horst Weber, die fristlose Kündigung des Vorstands Scholz begründet hat. Daher sei dieser Brief hier bekanntgegeben:

„Sehr geehrter Herr Scholz,

in der Anhörung am 21. 03. 1983 gab Ihnen der Unterzeichner in Anwesenheit des Vorstandsvorsitzenden die von einer Kundin der Sparkasse, Frau Heidemarie P. *(Kürzung durch den Autor)* gegen Sie erhobenen Vorwürfe bekannt.

Im einzelnen handelt es sich um folgendes:

1. Sie haben von der genannten Kundin in drei Fällen Bargeld geliehen, und zwar im Dezember 1981 und Januar 1982 jeweils 5000,00 DM sowie am 02. 04. 1982 10.000,00 DM.

Den Ihnen am 02. April 1982 ausgeliehenen Betrag von 10.000 Mark hat Frau P. an einer Kasse der Hauptstelle der Stadtsparkasse Burscheid abgehoben und Ihnen in Ihrem Dienstzimmer in einem Umschlag übergeben. Sie haben den Betrag anschließend nach Erfragen der bei der Abhebung benutzten Kasse an einer anderen Kasse der Stadtsparkassen-Hauptstelle auf Ihr Konto 461 970 eingezahlt. Sie haben Frau P. gegenüber erklärt, daß Sie sich von ihr Geld leihen müßten, um damit Ihre persönlichen finanziellen Engpässe zu überwinden.

Zu diesem Zeitpunkt (02. 04. 1982) ist nachgewiesen und Ihnen bekannt gewesen, daß Ihr Konto über die genehmigte Kreditlinie hinaus beansprucht war und weitere zu erwartende Belastungen nicht mehr genehmigt würden.

2. Sie haben die Ihnen in Ihrer Eigenschaft als Vorstandsmitglied der Stadtsparkasse Burscheid bekanntgewordene Tatsache, daß Herr Gerd H. *(Kürzung durch den Autor)* Konkursantrag stellen wolle, der Kundin, Frau P., im Dezember 1982 zu einem ungewöhnlichen Zeit-

punkt – nämlich am frühen Morgen gegen 7.00 Uhr – fernmündlich mitgeteilt. In diesem Gespräch haben Sie gleichzeitig konkret die Frage an Frau P. gestellt, ob sie bereit wäre, ihren Betrieb (Rohrleitungsbau) um den Tiefbaubereich der Firma H. zu erweitern.

3. Sie haben Frau P. in persönlichen Gesprächen mehrfach erklärt, daß sie nicht fähig sei, ihre Firma richtig zu führen. Sie haben in diesem Zusammenhang vorgeschlagen, in die Firma einzutreten, um deren Leitung zu übernehmen.

4. Sie haben Frau P. ultimativ aufgefordert, die gesamte Buchhaltung ihres Betriebes einem bestimmten örtlichen Steuerberatungsbüro – Steuerberater Dipl.-Kfm. F. Behnke und Helmut Königsmann, Altenberger Str. 2, 5093 Burscheid – zu übertragen; andernfalls sei eine weitere Kreditierung durch die Stadtsparkasse Burscheid nicht mehr möglich.

5. Sie haben der Kundin, Frau P., 2 Teppiche verkauft, die Sie angeblich günstig für 4.000,00 DM von einem Griechen erworben haben. Für die Ware forderten Sie 5.000 DM, die Sie auch erhielten.

6. Sie haben nach den Angaben der Kundin diese bei der Gewährung von Darlehen wegen bereits bestehender Kreditverpflichtungen unter Druck gesetzt und zur Einwilligung in für sie ungünstige Konditionen angehalten.

Frau P. fühlte sich wegen der bestehenden Kreditverpflichtungen im Zeitraum etwa der letzten zwei Jahre ständig von Ihnen unter Druck gesetzt.

Frau P. hat diese Aussagen von sich aus vor Zeugen gemacht. Sie wurde mehrfach auf eventuelle Folgen ihrer erhobenen Vorwürfe und die sich daraus ergebenden

Konsequenzen hingewiesen. Frau P. hat daraufhin unmißverständlich erklärt, daß sie diese Behauptungen auch vor den Mitgliedern des Verwaltungsrates wiederholen und vor Gericht beeiden würde.

Außerdem wird Ihnen folgendes vorgehalten:

Nach Mitteilung von Hans B. *(Kürzung durch den Autor),* dem künftigen Ehemann von Frau P., sind Sie am Abend des 21. 03. 1983, also nach der Anhörung, vor der Wohnungstür der Kundin erschienen und haben gewaltsam versucht, in das Haus einzudringen. Der Einlaß wurde Ihnen aber verwehrt.

Sie haben an diesem Abend telefonisch gegenüber Herrn B. die Drohung geäußert, mit den Herren Weber und Stern gebührend abrechnen zu wollen.

Die vorstehend wiedergegebenen und von Ihnen bestätigten Aussagen in der Anhörung am 21. 03. 1983 bedeuten unter anderem den schwerwiegenden Vorwurf, die Verpflichtung zur Amtsverschwiegenheit nach § 21 Sparkassengesetz NW verletzt zu haben.

Außerdem begründen sie erhebliche Zweifel an Ihrer für die Wahrnehmung der Aufgaben eines Geschäftsleiters nach den Vorschriften des KGW zu fordernden persönlichen Zuverlässigkeit.

Im Anschluß an die Anhörung vom 21. 03. 1983 haben Sie nunmehr Gelegenheit, sich zu den Vorwürfen detailliert schriftlich zu äußern. Ihre Stellungnahme erwarte ich bis spätestens Dienstag, 29. 03. 1993, 17.00 Uhr, im Hausbriefkasten der Stadtsparkasse Burscheid, Eingang Bürgermeister-Schmid-Straße 2.

In Ihrer schriftlichen Stellungnahme wollen Sie außerdem

a) die Bareinzahlungen auf Ihr Konto 461 970 am 11. 6. 1982 (Ihrem Geburtstag!) in Höhe von 10.000,00 DM und 15.000,00 DM auf Ihr Konto 108 470, beide Stadtsparkasse Burscheid,
b) die in der Anhörung am 21. 03. 1983 bestätigte Absicht, aus dem Vorstand der Stadtsparkasse Burscheid auszuscheiden, um in einem wirtschaftlichen Unternehmen selbständig tätig zu werden,
c) Ihre Vermögensverhältnisse im Hinblick auf die Ihnen bereits gewährten und beantragten Organkredite,
d) die Einrichtung und Führung eines gemeinschaftlichen Bankschließfaches mit dem Kreditnehmer Heinz G. *(Kürzung durch den Autor),* der gleichzeitig Mieter Ihres Hauses in Burscheid, F. *(Kürzung durch den Autor)* ist,

näher erläutern.

Für die Dauer der Untersuchung wurden Sie am 21. 03. 1983 mit sofortiger Wirkung von der Dienstleistung freigestellt. Die Beurlaubung wird hiermit noch einmal bestätigt.

Mit der Beurlaubung verbindet sich die Anweisung, sich jeder dienstlichen Handlung – auch außerhalb der Räumlichkeiten der Sparkasse – zu enthalten und die Räumlichkeiten der Sparkasse, außer zur Erledigung persönlicher Sparkassengeschäfte in den für die Kundschaft zugänglichen Geschäftsräumen, nicht zu betreten. Persönliche Gegenstände können Sie selbstverständlich nach fernmündlicher Terminabstimmung mit dem Vorsitzenden des Vorstandes aus den Diensträumen entfernen. Ich darf Sie weiter bitten, den Ihnen zur privaten Nutzung überlassenen Dienstkraftwagen der Sparkasse unverzüglich zur Verfügung zu stellen und zugleich die dazugehörenden Schlüssel und Papiere sowie alle sonstigen in Ihrem Besitz befindlichen Schlüssel und Unterlagen der Sparkasse unverzüglich und vollständig im Sekretariat des Vorstandes abzugeben."

Gegen diese Ballung von Vorwürfen, für die Heidemarie P. als Zeugin stets zur Verfügung stand, aber nie beansprucht wurde, konnte selbst die Klage bis hin zum Bundesgerichtshof dem geschaßten Direktor Scholz nicht mehr helfen.

Wofür und vor allem: warum brauchte Scholz das Geld? Die Tresore standen ihm doch offen, wie allein die Tatsache beweist, daß Scholz Ende 1982 laut einer Vorlage zur Sitzung des Kreditausschusses bereits Darlehen in Höhe von rund 550.000 Mark für die Anschaffung von Immobilien zur Verfügung standen, denen Verkehrswerte in Höhe von maximal derselben Summe gegenüberstanden. Bei einer der Scholz'schen Immobilien handelte es sich um eine Eigentumswohnung in Berlin, die im Rahmen der damals als so außerordentlich vermögenswirksam erachteten Bauherrenmodelle finanziert wurde.

Damals stand zur Diskussion, ob dem Geldverleiher nicht ein erneuter Kredit in Höhe von 372.000 DM zur Verfügung gestellt werden könnte; dieser wiederum zum Erwerb einer Eigentumswohnung nach dem Bauherrenmodell; so stand der ins Auge gefaßten Kreditbelastung in Höhe von 372.000 Mark gar nur ein Verkehrswert von 318.000 Mark gegenüber.

Normale Sparkassenkunden haben üblicherweise nicht das Glück, ihre Immobilien noch oberhalb des Verkehrswertes beleihen zu können; selbst dann nicht, wenn sie eine Risikoversicherung über 200.000 DM, eine Kapital-Lebensversicherung über 375.000 DM und eine Unfallversicherung über 160.000 DM abgeschlossen haben wie Josef Scholz. Und ein bis zum 31. 1. 1988 festgeschriebener Zins in Höhe von 5,75 Prozent, wie er dann in dem am 29. 12. abgeschlossenen Kreditvertrag festgelegt wurde, läßt sich auch nur als außerordentlich günstige Kondition bezeichnen. P. zum Beispiel zahlte damals etwa 16 Prozent.

Die Geldknappheit des Sparkassendirektors wird umso mysteriöser, als in der genannten Vorlage deutlich gemacht wird, daß die Kreditengagements „nicht die Liquidität des Antragstellers“ belasten. Unterschrieben hat die Vorlage, das sei der Vollständigkeit halber mitgeteilt, ein Herr Schulten; damals und auch zum Zeitpunkt der Manuskripterstellung Leiter der Kreditabteilung in der Sparkasse Burscheid.

Besonders bemerkenswert am Inhalt der fristlosen Kündigung ist die Tatsache, daß der Vorsitzende des Kreditausschusses, Stadtdirektor Weber, ausdrücklich von „ungünstigen Konditionen“ zu Lasten der Heidemarie P. spricht. Der unkundige Beobachter müßte jetzt davon ausgehen, daß alles getan würde, der derart gebeutelten Frau wieder auf die Beine zu helfen. Weit gefehlt.

Eher, resümiert Heidemarie P. heute, war die Ablehnung der Berufung beim Bundesgerichtshof (bis dahin hätte man ja noch die Zeugin P. gebraucht) der Startschuß für die Existenzvernichtung einer doch sehr unbequemen Kundin.

Inzwischen sprengten die fälligen Zinsen, am Schluß rund 150.000 DM pro Jahr, die Finanzkraft des P.'schen Unternehmens.

Bereits 1988 war die Situation so prekär, daß Gehälter nur mehr schleppend bezahlt werden konnten. Es begann jener typische letzte Akt aller Konkurs-Dramen, den jene, die ihn einmal mitspielen mußten, als besonders entwürdigend und belastend empfinden. Es ist das Wechselspiel aus Hoffnung und Erniedrigung, an dem Familien und Freundschaften zerbrechen; das Kunden vergrätzt und bei dem den Hauptbeteiligten, den Bankrotteuren, jegliche Selbstachtung verlorengeht.

Selbstmorde häufen sich gerade in dieser Phase. In ihr läßt die Bank den Kunden am langgestreckten Arm langsam verhungern. Langsam, denn sie nährt das Opfer immer wieder einmal mit neuen, sehr willkürlichen, von beiden Seiten als Gnadengeschenken erlebten Geldzuweisungen.

Dieses Spiel hat unzählige Varianten, erlaubt den Banken aber die fast beliebige Abschöpfung von Gebühren. Denn indem sie zunächst zugesehen hat, wie die Überziehungen ins Unübersehbare anwuchsen, setzt sie plötzlich, meist ohne Warnung und ohne mit sich reden zu lassen, Grenzen. Das ist beileibe noch keine Kündigung der Geschäftsbeziehungen (dann müßte die Bank ihre Zinsforderungen nämlich unverzüglich auf den Marktzins herabsetzen, was meist eine Ertragseinbuße von 50 Prozent ausmachen würde) – nein, die Bank bezahlt unverhofft keinerlei Abbuchungen oder Schecks mehr.

Das hat für die Bank zwei Vorteile: Die Rücklastschriften oder Rückschecks bringen stets eine saftige Gebühr in Höhe von zehn bis fünfzehn Mark. Geschieht das hundertmal im Jahr bei, sagen wir einmal, tausend Kunden, kann sich die Bank ohne großen Aufwand Gebühren in Höhe von einer Million Mark gutschreiben.

Zweitens hat sie ein Bluff-Instrument in der Hand, das jegliche Beschwerden im Keim erstickt: Geht ein Scheck als „ungedeckt“ zurück, könnte die Bank ihren Kunden theoretisch als Betrüger anzeigen.

In dieser Phase wird den Kunden auch immer wieder vorgegaukelt, das Unheil wäre noch abzuwenden; etwa, indem er zusätzliche Sicherheiten erbringe oder indem er dafür sorge, daß seine Bilanzen etwas besser ausfallen als zu erwarten.

P. zum Beispiel schaffte sich das Problem mit ihrer Bilanz, die 1981 in der Tat einen rapiden Ertragsverfall auswies, zunächst dadurch vom Hals, indem sie bei einem Freund, der sie später heiraten sollte, einen Privatkredit in Höhe von 20.000 DM aufnahm. Und sie besorgte sich später einen Bürgen, der für einen Teil der Kredite, moderate 30.000 Mark, Sicherheit leistete.

Was sie nicht wußte: Mit dieser Bürgschaft hatte die Bank auch den Bruder und dessen Familie im Boot. Denn Banken tun gerne so, als seien sie berechtigt, Bürgen so lange in der Pflicht zu halten, wie der Kunde ihnen Geld schuldet – selbst dann, wenn der Betrag, für den der Bürge geradestehen sollte, längst bezahlt ist.

Konkret bedeutet das: Der Bruder wäre erst dann aus der Mithaftung für die damals bestehenden Schulden von fast einer halben Million Mark entlassen worden, wenn P. eben diese Schulden vollständig bezahlt hätte. Plus jene, die noch folgen sollten.

Der Bruder bemerkte diese Falle offensichtlich, wenn auch zu spät. Dieser Umstand und die Tatsache, daß P. ihm – wir schreiben bereits das Jahr 1988 – auch noch zwei vollständige Gehälter schuldete, führten zu einem geharnischten Brief, der in dem Vorwurf gipfelte, die Kinderlosigkeit des Paares sei auch auf das Verhalten der P. zurückzuführen. Am 25. Januar 1989 kündigte der Bruder zudem sein Arbeitsverhältnis, was der Firma den Boden vollends fortzuziehen drohte: Betriebe wie der der P. dürfen nur mit einem Meisterbrief geführt werden; den hatte P. jedoch nie erworben.

Um den Bruder aus der Bürgschaft zu befreien, mußte die damals 25jährige Tochter, Studentin der Maschinenbaukunde, in die Bürgschaft eintreten. Übrigens, auch das ist heute weitgehend noch rechtens, ohne über ein eigenes Einkommen oder gar Vermögenswerte zu verfügen.

Trotzdem: Offenbar war P. der Sparkasse der Stadt Burscheid sowie dem Verwaltungsrat und dem Kreditausschuß trotz der Misere immer noch für ein paar hunderttausend Mark gut.

Und das, obwohl ein interner Revisionsbericht bereits 1982 zu dem vernichtenden Urteil kam, daß das Engagement der Sparkasse im Falle P. nicht zu rechtfertigen sei. Damals kommentierte Scholz den Bericht mit der banküblichen Widerspruchsfloskel „Sehe ich nicht so“; die sein Nachfolger Stern später wohl vollinhaltlich übernahm. Eine sofortige Bereinigung wäre die übliche Folge gewesen.

Nichts dergleichen geschah. Statt dessen entwickelte sich ein munteres Treiben von verweigerten Scheckeinlösungen und Rücklastschriften; jede, wie bereits beschrieben, für die Kasse eine Zusatzeinnahme von zehn Mark. Das Frappante dabei: Einen Tag nach der Zahlungsverweigerung wurde der fällige Betrag meist dann doch überwiesen. Wohlgemerkt: Ohne daß neues Geld geflossen wäre; allein nur auf die Zusicherung hin, ein bestimmter Kunde würde in Kürze eine fällige Rechnung zahlen. Der Sachbearbeiter entblödete sich auch nie, sich über die Wahrhaftigkeit dieser Aussage zu erkundigen – was dort natürlich zunächst Erstaunen, dann Befremdung und schließlich Verärgerung auslöste. P. trat 1985 alle ihre Forderungen an die Sparkasse ab – was die Staatsanwaltschaft Köln später in einem informellen Gespräch als Übernahme der Geschäftsführung interpretierte. Was der P. interessante Aspekte eröffnet: Hat vielleicht die Sparkasse das Unternehmen in den Abgrund geführt?

Nun mag man dieses Vorgehen mit einigem guten Willen noch als gemeinsames Krisenmanagement interpretieren; so, wie das Sparkassenvorstand Stern heute gerne herausstellt. Er stellt sogar mit einigem Nachdruck fest, der Kreditsachbearbeiter, Schulten, habe täglich als eine Art Ersatzbuchhalter die Geschäfte der Frau P. geführt – als Hilfe, die man der Frau P. immer wieder habe zuteil werden lassen.

Schöne Hilfe, nebenbei gesagt, die zwischen 1985 und 1992 insgesamt 600.000 Mark an Zinsen, Gebühren, Mahnkosten und Säumniszuschlägen etwa bei den Krankenkassen und bei der Arbeitsverwaltung gekostet hat: Denn statt der Unternehmerin den guten Rat zuteil werden zu lassen, das ganze Katastrophenunternehmen zu liquidieren, solange sie das noch hätte aus eigenem Antrieb tun können, sahen Mittel- und Top-Management sowie alle Aufsichtsgremien dieser vermarmorten Sparkasse seelenruhig zu, wie die Konten weiterhin ins Negative rutschten.

Verbittert zeigt sich P. auch darüber, daß die Kasse sämtliche Sanierungsversuche vereitelte; sie sogar noch in ein kostspieliges Diversifikationsabenteuer stürzte. Als, 1987, kein Tiefbauunternehmer mehr bereit war, für P. Gräben auszuheben, da regten die Banken und Stadtdirektor Weber an, die Unternehmerin solle das doch selbst erledigen. Für die Neugründung gäbe es doch (hier trapst die Nachtigall!) billige Aufbaukredite des Landes Nordrhein-Westfalen. Natürlich ging der Versuch schief: P., etablierte Unternehmerin, war nicht kreditberechtigt, und die Tochter, die als Strohfrau vorgeschoben werden sollte, verfügte nicht über die notwendigen Kompetenzen.

Zusätzlich machte die Sparkasse den Geldverwesern im Wirtschaftsministerium klar, daß sie die erforderliche Bürgschaft nicht erteilen wolle.

Also: Außer Spesen (knapp 2.500 DM Gebühr der Sparkasse für die Bearbeitung des Bürgschaftsantrags) und zerstobener Hoffnungen nichts gewesen. So weit und schlecht. Stutzig machen muß nur, daß dieselbe Sparkasse es zuließ, daß die Kontenüberziehung der P. nach diesem abschlägigen Bescheid um weitere 300.000 Mark anwachsen durfte, von 500.000 Mark 1988 auf 800.000 Mark 1990.

Trotz aller driskiminierenden Anrufe der Sparkassen-Mitarbeiter; trotz der unwürdigen Situation, die sogar dazu führte, daß P. ihre Kunden auf Anraten der Kasse um durch Wechsel gesicherte Darlehen unterschiedlichster Höhe bitten mußte, gelang es Heidemarie P., ihre Auftraggeber sehr lange bei der Stange zu halten. Die Standhaftigkeit, mit der P. sich den Anrufen der Sparkassenmitarbeiter stellte, die am Schluß fast täglich nach neuen Geldern schrien, diese Standhaftigkeit ist umso mehr zu bewundern, als Heidemarie P. damals in eine tiefe persönliche Krise fiel. Ihre Seele reagierte auf die Belastung mit Anfällen von Freßsucht und mit dem Wunsch, gleich morgens mittels Alkohol betäubt zu werden.

Wie durch ein Wunder verfiel P. nicht dem Alkoholismus; und sie widerspricht heute vehement jeglichen Verdächtigungen, sie sei damals sexuell hoch promiskuitiv gewesen. Derartige Häme mußte sie sich, kurz nach ihrem Konkurs, selbst von dem jetzigen Stadtdirektor Schönenborn anhören.

Es grenzt gleichfalls an ein Wunder, daß die Mitarbeiter, trotz der Tatsache, daß die Löhne und Gehälter beileibe nicht immer pünktlich ausgezahlt wurden, nicht den Abwerbungsversuchen der Konkurrenz folgten.

Um den Gehaltsforderungen nachzukommen, besorgte sich P. am Schluß der Quälerei schließlich Bares, um dieses, ohne Umweg über die Sparkasse, direkt auf die Konten der Mitarbeiter einzuzahlen.

Das brutale Spiel hätte noch ein paar Monate weitergehen können, hätte das Finanzamt der Sparkasse nicht einen dicken Strich durch die Rechnung gemacht, indem es einen Pfändungsbeschluß auf die Konten der Heidemarie P. erließ. Damit war das Unternehmen nicht nur zahlungsunfähig, sondern vollständig lahmgelegt. Kurz darauf stellte Heidemarie P. beim Amtsgericht Leverkusen-Opladen den Konkursantrag. Und es mutet wie ein nachträglicher Hohn an, in dem Aktenordner, der den grausamen Vorgang dokumentiert, einen Gedächtnisvermerk der P. zu finden, gemäß dem ein Sparkassenvorstand sein Befremden darüber zum Ausdruck gebracht habe, daß P. diesen Schritt getan habe: „Ihr Unternehmen war doch noch lange nicht konkursreif!"

Noch aber hatte P. keine Ruhe. Denn es stand ja die Verwertung der Sicherheiten an. Zudem wäre wohl tatsächlich noch ein Vergleich möglich gewesen. Denn mit Schreiben vom 4. September 1992 signalisierte die Dresdner Bank ihre Bereitschaft, auf einen Teil ihrer Forderungen zu verzichten, wenn die Sparkasse mitzöge. Dann wäre es auch möglich gewesen, aus der freihändigen Veräußerung des Mehrfamilienhauses ausreichend Mittel bereitzustellen, die zusammen mit dem Erlös aus dem Verkauf des Wohn- und Geschäftshauses alle Gläubiger weitgehend befriedigt hätten. Allein: Die Sparkasse stellte sich quer. Statt der möglichen 1,2 Millionen aus einem freihändigen Verkauf flossen nur 970.000 Mark aus der Zwangsversteigerung.

Vorstand Dieter Stern gibt sich entrüstet auf Bitten um Begründungen für die starre Haltung: Wie er dazu käme, auf Geld zu verzichten, das seinen Anlegern gehöre. Das ist dieselbe Sparkasse, die dem Ex-Vorstand Scholz großzügig das Disagio aus einem nicht verbrauchten Kredit zurückzahlen wollte – immerhin 30.000 Mark.

Heute lebt Frau P. von den paar Mark, die sie aus der Arbeitslosenhilfe und aus einer Rente erhält; sie hat inzwischen auch ein neues partnerschaftliches Glück gefunden; und das Hausverbot bei der Sparkasse Burscheid ist inzwischen so weit gelockert, als sie die Geldgeschäfte ihrer bettlägerigen Mutter dort besorgen darf. Gipfel der Absurdität: Inzwischen ist P. auch wieder Geschäftsführerin ihrer Firma, nur daß jetzt das Kürzel i. L. anhängt – in Liquidation. Gehalt bezieht sie keines. Allerdings steht sie jetzt wieder voll in der Haftung für alle Gesellschaftsaktivitäten. Vorteil: Als Geschäftsführerin könnte sie auf Schadenersatz klagen.

P., der wir jetzt doch wieder die Würde ihres unverkürzten Namens Heidemarie Potthoff zurückgeben möchten, bereitet sich nun auf einen Kampf um Schadenersatz vor. Vielleicht vergeht den verantwortlichen Politikern dann das überhebliche Grinsen.

Das hatten sie zum Beispiel aufgesetzt, als die Unternehmerin sie 1990, mitten im Kampf um ihr restliches Vermögen, zu einem Gespräch gebeten hatte. Sie möge doch ruhig klagen, so FDP-Chef Mebus; wo sie denn das Geld dafür hernehme.

Sparkassenvorstand Stern setzt der Menschenverachtung gerne noch eins drauf: Wer wissen möchte, wo denn die 600.000 Mark zu suchen seien, die der P. abhanden gekommen sind, der möge doch in den umliegenden Boutiquen nachfragen.

Die Geschichte des T.-W. Oder:

Wie ein Grundstück zum Grab ambitionierter Vorhaben wurde.

Wenn eine große Gärtnerei stirbt, dann ist das ein abertausendfacher und ein ungerechter Tod: Was können zum Beispiel Millionen Weihnachtssterne dafür, daß sich ihr Züchter nicht mit seinem Banker versteht? Oder daß er, allzu vertrauensselig sich auf gültige Verträge verlassend, eine Investition vorfinanziert hat, auf der man ihn dann verhungern ließ? Sodaß erst der Geldfluß, dann der Strom von Elektrizität, mithin von Wasser und Nährmitteln versiegen mußte?

Der Fall der Gärtnerei des Walter T.-W. ist so eine Geschichte von der Hoffnung eines einzelnen, die sich in Nichts auflöste und, mit der Vernichtung einer wirtschaftlichen Existenz, auch mit der Vernichtung einer Pflanzen-Idylle endete. Im Mittelpunkt der Ereignisse, so sollte sich bald herausstellen, steht die Gier nach einem Grundstück von bester Lage und höchstem Wert; veredelt mit schier unendlichen Entwicklungsmöglichkeiten.

Die Geschichte des T.-W. beginnt im Jahre 1987. Zu dieser Zeit bewirtschaftete T.-W. mitten im Burscheider Stadtteil Nüxhausen eine Gärtnerei imposanten Ausmaßes: 36.000 Quadratmeter; 80 Gewächshäuser, Wohn-

und Bürogebäude, Pachthalle sowie Wohngebäude für das Personal. Geschätzter Wert: 6,7 Millionen Mark.

„Filetstück des Stadtbildes“ wird die örtliche Presse sechs Jahre später schreiben; dann nämlich, wenn es zur Versteigerung des Grundstückes kommt und die Stadtsparkasse als einziger Bieter auftritt. „Filetstück“ – das bedeutet ja: allerhöchste Kostbarkeit; ein Stück für den wahren Genießer, das bei geeigneter Zubereitung zur erlesenen Delikatesse wird.

Die Köche von der Stadtsparkasse Burscheid, die sich selber an dem Filetstück mästen wollten, hatten sich, so Interessenten, die nicht zum Zuge gekommen sind, eine besondere Zubereitungsmethode ausgedacht:

- Erst die Übernahme des dann noch landwirtschaftlich-gärtnerisch genutzten Grundstücks.
- Danach die Verabschiedung des Bebauungsplanes durch den Rat der Stadt.
- Drittens der Abriß aller Glashäuser.
- Viertens die Veräußerung an ein potentes Unternehmen.
- Fünftens die Bebauung, wahrscheinlich unter Finanzierungshilfe der Sparkasse.

Die Sparkasse hätte nach Expertenmeinung einen Gewinn von mindestens 200 Prozent gemacht – allein aus dem Geschäft mit dem Grundstück.

Geschickte Anwälte konnten den Coup jedoch in allerletzter Sekunde vereiteln.

Zum Zeitpunkt, wo die Geschichte beginnt, ist T.-W. jedoch noch am Zenit seines geschäftlichen Erfolges. Als einer der wenigen Spezialisten für diese Pflanzenart dominiert er souverän den Markt für Weihnachtssterne. Selbst holländische Gärtner müssen ihm Tribut zollen.

Kurz zuvor hat er mit der Geschäftsführung der Handelskette „Extra“ (Schaper) einen Vertrag abgeschlossen, nach dem beide Unternehmen sich zur Errichtung von Gartencentern in den SB-Warenhäusern der Handelskette verpflichten. Das notwendige Geld, so ist es in derartigen Fällen üblich, komme von der „Extra“; das Know how dazu liefere T.-W. Daß er darüber verfügte, hatte T.-W. zuvor bereits mit dem Betrieb eines großen Blumen- und Gartencenters bewiesen.

Nun wollte es das Unglück, daß die „Extra“ wohl doch nicht über so unbegrenzte Mittel verfügte, wie das dem Burscheider Gärtner T.-W. weisgemacht wurde – kurz nach der Vertragsunterzeichnung jedenfalls ging die Kette in die Asko-Gruppe über, welche selbst nicht gerade zu den finanziell best-gepolsterten Unternehmen gehörte.

Damit nahm die Katastrophe ihren Lauf. Denn die neuen Eigner und Manager scherten sich einen Dreck um die abgeschlossenen Verträge. Das sagten sie zwar nicht laut, deutlich und juristisch verwertbar – sie handelten nur danach. Im Prinzip waren sie auch nicht einmal dazu verpflichtet. Denn es ist bei derartigen Übernahmen üblich, daß der Verkäufer für die Altlasten, sprich: alten Lieferverträge, aufkommen muß. T.-W., hätte er das gewußt, und wäre er zudem darüber informiert gewesen, daß die Asko mit ihren eigenen Gartencentern ausreichend Know how gesammelt hatte, um auf die Burscheider Erfahrungen verzichten zu können, hätte er sich wohl auf die kommenden Abenteuer nicht eingelassen.

Er wäre auch hinreichend gewarnt gewesen, die bestehenden Lieferverträge an Pflanzen und Schnittblumen für die anderen Asko-Märkte nicht für unumstößlich zu halten. Er hätte wohl vorausgesehen, daß ihn die knallharten Manager auf der anderen Seite früher oder später mit neuen Konditionen oder gar der Aufkündigung der Verträge konfrontiert hätten, wie das dann später auch geschah. T.-W. wußte aber nichts von diesen Hintergründen. Im Gegenteil: Seine Partner taten alles, um ihn im ursprünglichen Irrtum zu halten und um seine Investitionsbereitschaft für alle Fälle aufrecht zu erhalten. Damit leerten sich die Konten des T.-W. rapide; so sehr, daß er im Februar 1992 Konkurs anmelden mußte; nach dem üblichen unwürdigen Hickhack um die Bezahlung von Schecks und die Einlösung von Lastschriften mitsamt den daraus resultierenden Super-Zinsen, Überziehungsprovisionen und Gebühren.

Damit begann der Kampf um das Filetstück. Die Fronten in diesem Mini-Dallas waren lange Zeit nicht deutlich auszumachen. T.-W. wunderte sich nur, daß potentielle Investoren, die er für das Grundstück interessiert hatte, nach kurzer Verhandlungsdauer den Kontakt abbrachen.

Bis sich das Rätsel durch Zufall auflöste; dadurch, daß Mitarbeiter eines Interessenten-Unternehmens, der Düsseldorfer Bast-Bau, plötzlich und ohne Vorankündigung auf dem T.-W.'schen Grundstück Vermessungsarbeiten ausführten.

Es besteht ein begründeter Verdacht, daß der Vermessungstrupp mit Wissen oder im Auftrag der Stadtsparkasse Burscheid tätig geworden war; kurz, nachdem Repräsentanten des Unternehmens sich beim Planungsamt der Stadt nach dem Stand des Bebauungsplanes erkundigt hatten.

Dieser Umstand muß nur dem mysteriös bleiben, dem unbekannt ist, daß in Burscheid ein hoch potentes Unternehmen tätig ist, das sich seit Jahren mit fast allen größeren Bauvorhaben in der Stadt befaßt, und das sich damals aufgrund eines akuten Grundstückmangels in seiner Expansion beträchtlich gebremst sah: die „GBS Genossenschaft für Bau- und Siedlungsweson e. G.", mit Hauptsitz im benachbarten Hückeswagen.

Ein ehemals gemeinnütziges Unternehmen, das seinen steuerlichen Sonderstatus im Jahre 1990 wie alle anderen Baugenossenschaften per Gesetz verloren hat. Kein Schaden für die GBS, die, so Insider, bis dato sowieso eher wie eine frühkapitalistisch orientierte Firma agierte, was sich in besonderer Ruppigkeit im Umgang mit aufsässigen Mietern niederschlägt.

Gut zu wissen auch, daß die Sparkasse laut Geschäftsbericht 1992 Genossenschaftsanteile in Höhe von 9.900 Mark hält – 33 Stück. Das ist wesentlich mehr, als die Normalgenossen besitzen: 2.698 Mitglieder hielten 1990 genau 12.659 Anteile – im Durchschnitt rund viereinhalb pro Person.

Als einer von drei Geschäftsführern fungiert eine Irmhild Lenz, Ehefrau des vormaligen Chefs der damals noch gemeinnützigen Genossenschaft, Gerhard Lenz. Dieser wiederum hat als Aufsichtsratsvorsitzender der neuen Unternehmung ein gewichtiges Wort bei der Geschäfts- und Investitionspolitik der GBS mitzureden.

Es wird niemanden verwundern, daß in den Beratungs- und Aufsichtsgremien der GBS relevante Kommunalpolitiker aus Burscheid zu finden sind.

Darunter auch Horst Merten, der der FDP-Fraktion im Rat der Stadt Burscheid angehört und Mitglied des Bauausschusses sowie des Aufsichtsrates der Stadtwerke

Burscheid ist. Beruflich engagiert sich Merten als Bürovorsteher des Notariats Wolfgang Mettlach in Burscheid, das viele Beurkundungen für die Stadt vornimmt.

Alle diese Vernetzungen sind der GBS offensichtlich außerordentlich peinlich. Denn Geschäftsführerin Lenz verweigert jegliche Auskunft über die Struktur des Unternehmens und der Gesellschafter.

In diesem Interessensgemenge dürfte es weder der GBS noch der Stadtverwaltung recht sein, wenn fremde Investoren einen Brückenkopf in Burscheid errichten könnten; besonders nicht die finanziell bestgestellte Bast Bau. So liegt die Vermutung nahe, daß der Job, das Gelände der Gärtnerei T.-W. zu vermessen, als Teil eines wesentlich lukrativeren Auftrags zu verstehen ist.

Recherchen brachten des weiteren zutage, daß Stadtdirektor Schönenborn und der Leiter der Stadtentwicklung sich fremden Investoren gegenüber auch stets sehr zurückhaltend über die Chance geäußert hatten, in absehbarer Zeit überhaupt einen Bebauungsplan durchsetzen zu können; daß sie darüber hinaus haben durchblicken lassen, daß man über mögliche Belastungen des Bodens nichts Genaues wisse, und daß entsprechende langwierige Untersuchungen erst noch durchgeführt werden müßten.

Immerhin hat nicht allein die Bast Bau Interesse an dem Grundstück angemeldet. Zu den weiteren Bewerbern gehörten eine BV Immobilien GmbH sowie die Wibau GmbH, beide mit Sitz in Düsseldorf; eine Süba Baugesellschaft mbH, Hilden, und die Wessels GmbH aus Remscheid. Mit dem Geschäftsführer Lohmann der HGL GmbH, Münster, hatten T.-W., Architekt Peter Reinhardt sowie Hans-Peter Geyer, ein auf Baumärkte und Gartencenter spezialisierter Berater, einen Gesprächstermin festgelegt, den der Stadtdirektor als „nicht vereinbart“ abgelehnt hatte wahrzunehmen. Wohlgemerkt dann, als die Besucher, einschließlich des schwer erkrankten Geschäftsführers Lohmann, schon im Vorzimmer des Stadtdirektors warteten. Der schob wichtige andere Termine vor und war auch im späteren Verlauf des Tages unabkömmlich.

Eine Bauvoranfrage des T.-W., durch den Architekten Peter Reinhardt, Wermelskirchen, eingereicht und gut fundiert durch den Vorschlag eines Bebauungsplans, blieb über ein Jahr unbeantwortet. Damit war die gesetzlich vorgeschriebene Höchstfrist für die Bearbeitung um ein dreiviertel Jahr überschritten.

Die für die Bauplanung verantwortliche vorgesetzte Behörde, die Kreisverwaltung des Rheinisch-Bergischen Kreises mit Sitz in Bergisch Gladbach, vermeldete im Februar 1993 lapidar, mit der Stadt Burscheid wäre kein Einvernehmen zu erzielen; damit sei das Vorhaben abzulehnen. Was verblüffen muß: Nachträglich stellte sich heraus, daß, während der T.-W.'sche Plan in den Amtsstuben schlummerte, der Kölner Städteplaner und Architekt Professor Zimmermann im Auftrag der Stadt Burscheid einen Rahmenplan zur Bebauung des Grundstückes erarbeitete.

Der wiederum kommt dem Architekten Reinhardt in wichtigen Teilen verzweifelt bekannt vor. Zimmermann ist seit jeher sehr intensiv mit den baulichen Belangen der Stadt Burscheid befaßt.

Zuletzt taucht da noch die Firma Brost KG auf; unterteilt in eine Vielzahl von Immobilien-Firmen, die sich unter anderem mit der Errichtung von Rathaus- und Einkaufscentern befaßt. Eine dieser Untergruppierungen, die

BTV Rathaus-Center Monheim Brost KG, die 1993 in die BTV Rathaus-Center Monheim Altinger KG übergegangen ist, unterhält neben einem Konto bei der Desdner Bank Wuppertal eines bei der Stadtsparkasse Burscheid. Es gehen Gerüchte, aber diese müssen vorerst wirklich als solche gelten, Vorstand Dieter Stern habe von der Stadtverwaltung eine Nebentätigkeitsgenehmigung erhalten, die ihm die Beratung dieses Unternehmens erlaube.

Manager, die sich mit derartigen Vernetzungen unverhofft konfrontiert sehen, ziehen es da vor, sich lieber um andere Standorte zu bemühen. So nimmt es denn nicht wunder, daß sich der für das soziale Klima der Stadt attraktivste Interessent, die Firma Vaillant, Remscheid, schnell von Plänen verabschiedete, auf dem Gärtnereigelände ein Verwaltungs- und Schulungszentrum einzurichten. Immerhin wären auf diese Weise etwa 450 Arbeitsplätze geschaffen worden.

Die Verhandlungen um das Grundstück des T.-W. waren im August 1993 noch nicht abgeschlossen. Der Unternehmer befand sich zum Abschluß der Recherchen für dieses Buch in heißen Verhandlungen mit einer Investorengruppe und der Sparkasse. Es wirft ein bezeichnendes Licht auf die Macht dieser Institution, daß T.-W., als er erfuhr, daß sich da etwas zusammenbraute, sogar über einen Anwalt versuchte, jegliche Veröffentlichung verbieten zu lassen. Zu spät: nachdem die örtliche Presse von den Vorgängen Wind bekommen hatte, beteiligte sich eine Vielfalt verärgerter Informanten an der Aufgabe, die Machenschaften ans Licht zu bringen. Das zeigt: Selbst im Sparkassen-dominierten Burscheid nimmt die Zivilcourage zu.

Der Fall Kn.
Oder:
Der Schock mit dem Sparbuch, die verschleuderte Lebensversicherung und der Deal mit dem Wechsel.

Kn. hat eine ganz normale und fulminante Pleite hingelegt. Nicht, daß er möglicherweise über seine Verhältnisse gelebt hätte; wenngleich er im Burscheider Stadtteil Hilgen immer derjenige war, bei dem die Nachbarschaftsfeste gefeiert wurden. Kn. samt Gattin führten eben nur ein gastliches Haus, wie das rheinischen Frohnaturen manchmal eigen ist; Geld dafür war stets vorhanden. In seinen guten Zeiten verfügte das Ehepaar Kn. über ein Netto-Einkommen von 10.000 Mark. Paradiesische Zustände; hart erarbeitet mit dem Vertrieb von Textilien.

Was Kn. den Stoß gab, von dem er sich nie mehr erholen sollte, das war das eigenartige Verhalten der Einkäufer im Handelshaus Asko – die Kontrakte nicht erfüllen wollten, die er mit den Einkäufern der Divi-Handelsgruppe abgeschlossen hatte – kurz nachdem die Fusion der beiden Unternehmen vonstatten gegangen war. Das übrigens ist eine denkwürdige Parallele zu dem Fall T.-W., dem ja auch die laxe Geschäftsmoral der Asko-Manager zum Verhängnis wurde.

Es ging um Kontrakte im Wert von 300.000 DM, die von einem auf den anderen Tag in Frage gestellt wurden; die Tricks der Einkäufer sind da mannigfaltig: Mängel in Textur oder Farbe; falsche Auslieferung; tatsächliche oder vorgeschobene Probleme mit den Lieferterminen – legt der Einkäufer es darauf an, den Wert einer Ware herunterzuhandeln oder gar aus dem Vertrag auszusteigen, sind ihm nahezu unendliche Möglichkeiten gegeben. Kn.: „Was wollen Sie denn machen, wenn Ihnen da plötzlich 100.000 T-Shirts herumliegen?"

Der Streit kam zu einem Zeitpunkt, als er ungünstiger nicht sein konnte: Gerade hatte Kn. den Sprung vom Handelsvertreter zum selbständigen Importeur gewagt, indem er, natürlich auf Kredit der Sparkasse, die Deutschland-Niederlassung seines englischen Lieferanten übernahm.

Daß dieser in der kritischen Phase, als die Geschäfte mit der Asko wegschwammen, nicht etwa bereit war, auf die unverzügliche Bezahlung des Kaufpreises von 200.000 DM zu verzichten, kreidet Kn. seinem ehemaligen Geschäftsfreund noch heute ingrimmig an.

Damit stand für Kn. der Entschluß fest, das junge Unternehmen zu liquidieren.

Nur: Die Liquidation einer Personengesellschaft – also einer, bei der der Eigner mit seinem gesamten Vermögen für alle Risiken bürgt – bedeutet, so nicht ausreichend große Rücklagen vorhanden sind, auch die Liquidation der persönlichen wirtschaftlichen Existenz. Dessen, dem das Unternehmen gehört und üblicherweise auch der Familienmitglieder, soweit sie entsprechende Kreditverträge unterschrieben oder sich als Bürgen zur Verfügung gestellt haben.

Noch heute wundert sich Kn. über sich selbst, daß er damals keine GmbH gegründet hat, die ja nur in Höhe des eingezahlten Kapitals haftet. Der neutrale Beobachter wundert sich weiterhin, daß nicht einmal der Steuerberater des Herrn Kn. oder gar die Berater der Sparkasse auf den Gedanken gekommen sind, diese Sicherheitsmaßnahme zumindest vorzuschlagen.

So kam es bei den Kn's, wie es kommen mußte: Zunächst war die Sparkasse, vertreten durch den Kreditsachbearbeiter Schulten, schnell mit einem Umschuldungsvorschlag bei der Hand; besaßen die Kn's doch seit 1975 in Hilgen ein Haus, das, bei einem von der Sparkasse geschätzten Beleihungswert von 480.000 Mark, gerade noch mit rund 120.000 DM belastet war.

Die Raten für Zins und Tilgung in Höhe von gut 900 Mark brachten die Kn.s damals problemlos auf.

Das sah nach der Umschuldung gänzlich anders aus: Das Anwesen wurde bis über den Schornstein mit Grundschulden belegt; Lebens- und Berufsunfähigkeitsversicherungen wurden der Sicherungsmasse zugeschlagen und abgetreten; selbst Frau Kn. mußte mit ihrem gesamten Vermögen, das schon damals nicht viel mehr ausmachte als den Anteil am Haus und ihr Einkommen, in die Haftung eintreten.

Was, wie zumindest Kn. irrtümlich meinte, nicht belastet war, also als eiserne Reserve für den Fall der Fälle noch bereitstand, das waren zwei Sparbücher mit einem Guthaben von insgesamt rund 10.000 Mark.

Bis hierher erzählt Kn. die Geschichte seines Untergangs noch mit einigem Gleichmut: der klassische Bankrott eines Mannes, der an seine Verträge glaubte und meinte, auch die Partner müßten sich daran halten. Gleichmütig bleibt er auch bei der Schilderung jener Erlebnisse, die eigentlich am meisten schmerzen, weil sie die Persönlichkeit direkt tangieren: Wie der Gerichtsvollzieher mehr und mehr zum ständigen Gast wurde; so, daß sich sogar eine Art freundschaftlicher Beraterbeziehung entwickelte.

Wie in gleichem Maße, wie das Unglück im Dorf ruchbar wird, sich die vermeintlichen Freunde zurückziehen; wie engste Vertraute anfangen, mit scharfer Häme über das Ehepaar herzuziehen. Hier wird deutlich, daß auch die Kn.s gelernt haben, mit ihrem Unglück allein fertig zu werden und wie sie an den Widerwärtigkeiten gereift sind. Zumal sie das Glück hatten erleben zu dürfen, daß der wirtschaftliche Niedergang das Zusammengehörigkeitsgefühl des Ehepaares enorm vertieft hat.

Über all das spricht Peter Kn. mit dem Gleichmut dessen, den nichts mehr erschüttern kann. Er erzählt auch von der Überzeugung, in ein paar Jahren doch wieder zu Eigentum kommen zu können; schließlich sei er bekannt in der Modebranche und jeder wolle ihm helfen.

Was in Kn. jedoch brennt wie ein Feuer und was ihn nicht zur Ruhe kommen läßt, das ist der eine Schock, der ihm mit brutaler Schärfe sein persönliches Ausgeliefertsein vor Augen führte. Dieser Schock stellte sich am Tag nach einem wichtigen Gespräch mit dem Vollstreckungsbeamten des Finanzamts ein. Mit dem hatten Kn. und sein Steuerberater über die Aussetzung einer Zwangsvollstreckung und über eine Ratentilgung noch zu zahlender Umsatzsteuern verhandelt. Das Agreement sah vor, daß Kn. eines seiner Sparbücher auflöste und die dort deponierten knapp 3.500 Mark vollständig beim Finanzamt einzahlte.

Kn. erinnert sich lückenlos an den Augenblick seiner endgültigen Vernichtung: Wie der Kreditsachbearbeiter Schulten schulterzuckend und in gleichgültigem Ton berichtete, diese Sparbücher habe er längst aufgelöst und verwertet. Ohne auch nur eine Silbe davon verlauten zu lassen. Oja, bestätigt Kn., Kontoauszüge seien reichlich gekommen in dieser Zeit. Aber gerade damals sei soviel Bewegung auf den Konten gewesen, und die Hin- und Herbuchungen so verwirrend, daß niemand genau überblicken konnte, was denn aus welchem Anlaß wohin geflossen sei. Und überhaupt habe man bis heute – das bezieht sich auf den Juni 1993 – keinerlei nachvollziehbare Abrechnung über ihre Kontobewegungen erhalten. Nicht einmal eine Annuitätenberechnung über die Tilgung und Verzinsung ihrer Kredite hätte ihnen die Sparkasse vorgelegt. Eine detaillierte Aufstellung der Kontobewegung erhielten die Kn.s erst Mitte Juli 1993; einen Nachweis über den Verbleib ihrer Sparguthaben erst am 29. Juli. „Ausnahmsweise kostenlos", wie der Sachbearbeiter dazu schreibt. Der Bundesgerichtshof hingegen schreibt die kostenlose Überlassung in einem seiner mehr verbraucherfreudlichen Urteile vor.

Kn. erinnert sich, wie ihm die Röte ins Gesicht geschossen ist; wie er die Räume des Kreditsachbearbeiters Schulten gerade noch verlassen konnte, ohne in einen Weinkrampf auszubrechen. Und er erinnert sich genau daran, daß er von da an nicht mehr den Mut gefunden hatte, mit dem Vollstreckungsbeamten beim Finanzamt auch nur ein Wort zu reden. Der Steuerberater habe sich damals auch recht schnell und merkwürdig still verabschiedet.

Eher amüsiert berichtet das Ehepaar dann von einem denkwürdigen Wechselgeschäft, das es auf Initiative des Alfred Most, Zweigstellenleiter der Sparkasse Burscheid im Ortsteil Hilgen, eingegangen ist. Damals, offizielles Geld war schon schwer zu bekommen, ist Kn. den Banker mit der Bitte um 30.000 Mark angegangen. Der, nach einigem Besinnen, schlägt ihm den Antrag aus; bietet ihm aber zwei Tage später einen besonderen Deal an: ein Privatmann, dessen Name er geheimhalten solle, sei bereit, ihm vierzigtausend Mark zu banküblichen Konditionen zu leihen. Nur müsse er ihm, Most, 4.000 Mark aus dieser Summe gleich und in bar aushändigen. Kn., dem sonst ein lukratives Geschäft in die Binsen zu gehen droht, willigt ein. Später platzt der Wechsel dann und wird in ein privates Darlehen umgewandelt, das die Kn.s noch heute mit jeweils 200 Mark monatlich tilgen. Kn. sieht das als Anekdote dörflichen Charakters – eher zum Schmunzeln; zumal der betreffende Geldgeber längst tot ist. Diesen Vorgang mittels einer eidesstattlichen Erklärung zu dokumentieren, ist Kn. jederzeit bereit.

Was den Kn.s viel schwerer zu schaffen gemacht hat als diese Linkerei, das waren die Methoden der Eintreibung fälliger Zahlungen. Da war der Schrecken miterleben zu müssen, wie der Vollstreckungsbeamte sich Zugang zur Wohnung verschaffte, um für eine Forderung in Höhe von 2.000 Mark die Möbel zu pfänden.

Nicht einmal der Gerichtsvollzieher konnte eine Begründung für die Pfändung vorlegen; ein gerichtlicher Schuldtitel ist ja bei der Einwilligung in die sofortige Vollstreckbarkeit aller Forderungen (die keine Bank versäumt, sich bei der Kreditvergabe unterschreiben zu lassen) nicht notwendig. Bis heute war die Sparkasse jedoch nicht in der Lage, eine entsprechende Forderung vorzulegen; Kn. kann nur vermuten, daß es sich bei den 2.000 Mark um einen Differenzbetrag zwischen verwerteten Lebensversicherungen und dem Betrag einer Teilschuld ging.

Die Lebensversicherung wiederum wurde, was das Bild der rücksichtslosen Verwertungspraxis komplett macht, ebenfalls ohne jegliche Vorwarnung aufgelöst. Dabei kann Kn. zwei „Änderungsvereinbarungen" jeweils vom 9. 3. 1993 vorlegen, gemäß der die Sparkasse auf diese als Sicherheit für alle Kredite oder Kontoüberziehungen verzichtete. Das war notwendig geworden (und da die Vereinbarungen auf einem Formular mitgeteilt wurden, handelt es sich wohl um einen Standardvorgang), weil eine Änderung der einschlägigen Steuergesetze die Besicherung von Krediten durch Lebensversicherungen nicht mehr steuerfrei stellt.

So war dieses Geld dann doch versackt; denn die Versicherungsgesellschaft, die Allianz AG, berief sich in Erwiderung eines geharnischten Beschwerdebriefes darauf, von dieser Situation nichts gewußt zu haben. Rückgängig wäre jetzt jedenfalls nichts mehr zu machen.

Nicht nur darüber, daß sich die Sparkasse Burscheid über eindeutige Absprachen hinwegsetzt, wundert sich Kn. Ihn erstaunt zugleich, daß die Kasse ihm nicht einmal die Chance gelassen hat, dem Verlust aus dem Rückkauf einer noch nicht voll angesparten Lebensversicherung zuvorzukommen. Vielleicht, so überlegt Kn., hätte er den fraglichen Betrag ja auf dem Weg eines privaten Darlehens aufbringen können?

Über die Sparguthaben, die realisierten Lebensversicherungen und über etliche Zins- und Tilgungsraten in Höhe von monatlich 4.500 Mark sind demnach erhebliche Summen in die Tilgung der Schulden geflossen. Trotzdem betreibt die Sparkasse inzwischen mit Macht den letzten Akt der Vernichtung: Das Haus der Familie Kn. steht inzwischen unter Zwangsvollstreckung. Das bedeutet: Selbst, wenn sie es könnte, wäre die Familie nicht in der Lage, ohne Genehmigung der Sparkasse das Haus eigenhändig zu verkaufen. Das Verwertungsrecht liegt allein bei der Sparkasse beziehungsweise dem von ihr eingesetzten Zwangsverwalter.

Nun ist das so eine Sache mit der Verwertung von Immobilien: Je länger sie sich hinzieht, umso nervöser wird der Besitzer. Vor allem dann, wenn er unter Druck steht. Und es wächst die Bereitschaft, unter Wert zu verkaufen oder, resignierend, jenen Minimalerlös hinzunehmen, der bei einer Zwangsversteigerung üblicherweise erzielt wird.

Für Kn. ist die Sache rechnerisch klar: Bei Schulden in Höhe von jetzt noch etwa 480.000 Mark, die bei der Sparkasse aufgelaufen sind, und bei kleineren Verbindlichkeiten gegenüber Lieferanten, privaten Geldgebern, der Restschuld aus dem ominösen Wechsel-Deal sowie Forderungen des Finanzamtes, alles zusammen 40.000 Mark, käme er bei einem Kaufpreis von 520.000 Mark schuldenfrei aus der Misere.

Ganz so einfach ist das aber offensichtlich nicht. Denn die Sparkasse beharrt, so ist Kn. bereit, in einer eidesstattlichen Versicherung zu beschwören, auf einem Verkaufspreis von mindestens 570.000 DM; so jedenfalls hat es Immobilienmakler Horst Weber (das ist der ehemalige Stadtdirektor und ehemalige Verwaltungsrats- und Kreditausschußvorsitzende) durchblicken lassen.

Jetzt kann sich jeder an den eigenen zehn Fingern ausrechnen, daß heutzutage niemand bereit ist, für ein Haus, das zudem unter Zwangsverwaltung steht, 100.000 Mark über dem Schätzwert auszugeben. Vor allem auch dann nicht, wenn die Immobilie schon über ein Jahr leer steht und wie Sauerbier angeboten wird.

Da bleibt denn nur die Alternative: sich in die Zwangsversteigerung zu schicken. Da kann es denn passieren, daß irgendjemand, vielleicht die Sparkasse, vielleicht einer ihrer Mitarbeiter, vielleicht einer aus den Reihen der Politiker, vielleicht ein Freund des Zwangsverwalters, oder vielleicht auch die GBS, sich die Immobilie für, sagen wir einmal, 240.000 Mark aneignet.

Die Familie Kn. bleibt dann auf Schulden in Höhe von 280.000 Mark sitzen. Das aber ist eine andere Geschichte – eine, die mit der Überschrift „Zinsknechtschaft“ zu versehen wäre und in dieser Bundesrepublik inzwischen vieltausendfach geschrieben wird.

Der Fall Fietz. Oder:

Wie einer sich wehrt, der weiß, was er wert ist.

So anheimelnd die Innenstadt Burscheids auch anmutet – das Gewerbegebiet an der Industriestraße ist von ausgesuchter Häßlichkeit. Auf einem riesigen verwilderten Areal verlieren sich ein paar mittelgroße Fabrikbauten; alle in derselben eintönigen Schachtelhäßlichkeit gehalten. Oberhalb der mittelmäßigen Mittelständigkeit spreizt sich wie ein Klotz das Goetzewerk – abweisend wie eine Anhäufung blau angestrichener, überdimensionaler Überseecontainer.

Einzig das Verwaltungs- und Firmengebäude der Manfred Fietz KG fällt aus diesem Rahmen von Scheußlichkeiten: Blaue Farbbänder um die Fenster und Aufgänge strukturieren die Fassade. Die Fensterfronten passen sich in Größe und Form harmonisch in das Gesamt-Ambiente.

Das Unternehmen zu besuchen macht Freude. Den Unternehmer kennenzulernen macht Spaß. Manfred Fietz gehört zu jener knorrigen Sorte von Selfmade-Erfolgreichen, die so reden, wie sie denken: unkompliziert, kraftvoll, zupackend. Fietz ist auch einer, der seine kaufmännischen Grenzen sehr gut kennt und der sich daher stets mit Ratgebern höchster Kompetenz umgibt.

Fietz stellt sich als einer vor, mit dem Geschäfte auf Ehrenwort noch gelten; und es reizt ihn bis aufs Blut, und dann kämpft er bis aufs Messer, wenn jemand ihn aufs Kreuz legen will. Sparkassendirektor Stern hat sich entsprechenden Zorn zugezogen, und er weiß darum.

Das ist passiert: Am 28. 8. 1992 flatterte Fietz junior, Vater Manfred weilte gerade Urlaubs wegen auf Teneriffa, ein Schreiben der Stadtsparkasse von honigsüßer Tonalität, aber brutalbitteren Inhalts auf den Tisch:

„Betrifft: Geschäftsverbindung

Sehr geehrter Herr Fietz,

wir wenden uns heute mit einer Bitte an Sie und hoffen auf Ihr Verständnis.

Die derzeitig nicht befriedigenden konjunkturellen Voraussetzungen im Binnenmarkt, aber auch im europäischen Umfeld, veranlassen unsere Wirtschaftsprüfer, Großkreditengagements kritisch zu beleuchten. Auch wenn Sie seit Jahren hervorragende Cash-Flow-Raten erwirtschaften, geraten wir insbesondere durch externe Kreditprüfungen immer mehr unter Druck. Das betrifft nicht nur unser Haus.

Wie in den Vorjahren möchten wir weiterhin mit Ihnen partnerschaftlich und vertrauensvoll zusammenarbeiten. Unsere Bitte ist jedoch, daß Sie in Zukunft Ihre verschiedenen Konten innerhalb der getroffenen Vereinbarungen und Kreditlinien führen. Sofern zur Zeit Kreditgrenzen überschritten werden, bitten wir um kontinuierliche Rückführung bis ca. Ende dieses Jahres.

Wir nennen Ihnen noch einmal die vereinbarten Kontokorrentkredite zu Ihren verschiedenen Konten (in TDM):“

Es folgen neun Konten mit einer Kreditlinie von insgesamt einer dreiviertel Million Mark.

So etwas ist üblicherweise als Vorstufe zur Kreditkündigung aufzufassen. Am Gesagten gab es nichts, aber auch wirklich nichts zu deuteln: In der Tat hatte Fietz seinen Kreditrahmen auf das Doppelte des Zugestandenen ausgedehnt und hatte dafür auch brav seine Zinsen bezahlt. Allerdings ausschließlich die Überziehungszinsen, aber nie die Überziehungsprovisionen, die oft genug den Überziehungskredit um weitere vier bis sieben Prozentpunkte verteuern – Ursache der meisten privaten wie Firmenpleiten.

Hinzu kam, daß die Kreditlinien, die da so zuckersüß angemahnt wurden, sechs Jahre alt waren; und daß die Firma, die mit ihrer Teflonverarbeitung überaus erfolgreich im Weltmarkt agiert, innerhalb dieser Zeit stürmisch gewachsen war – in Umsatz wie Ertrag gleichermaßen.

Die stillschweigende Ausweitung des Kreditrahmens war also stets in einem vertretbaren Ausmaß erfolgt. Selbst wenn die interne Revision Einwände gegen die hundertprozentige Kreditausweitung erhoben hätte, wäre eine Anpassung nicht mehr als eine Formsache gewesen. Zumal das Unternehmen damals ungefähr 16 Millionen Mark wert war. In dieser Form, und hätte Fietz ihn ernst genommen, hätte der Brief jedoch den Konkurs des Unternehmens und damit die Vernichtung von 65 Arbeitsplätzen bedeutet: 1,2 Millionen Mark innerhalb eines Vierteljahres aus einem Unternehmen zu ziehen, das einem Umsatz von elf Millionen Mark macht – das bedeutet einen zu starken Aderlaß.

Fietz jedoch nahm die Angelegenheit sportlich. Das Ziel umgehend angesetzter Verhandlungen mit zwei Konkurrenzbanken war es, Kredite eingeräumt zu bekommen, die das bisherige Engagement der Sparkasse ausgleichen würden. Dabei stieß Fietz auf ein Problem, mit dem er als letztem gerechnet hatte: Die Banker trauten ihm nicht, trotz testierter Bilanzen und trotz augenscheinlich gut gehender Produktion.

Für die, so Fietz, war es schlichtweg unvorstellbar, daß ein Unternehmen mit derart gutem Standing plötzlich mit einer Quasi-Kreditkündigung konfrontiert werden könnte. Daher drehten sich die Verhandlungen größtenteils auch nicht um die Höhe des benötigten Darlehens, diese zwei Millionen gingen ohne Federlesens durch die Bewilligung; die Emissäre suchten mit verbissen detektivischer Energie nach den vermeintlichen Leichen im Keller. Als sie trotz intensivsten Schnüffelns keine fanden, waren die notwendigen Verträge schnell unter Dach und Fach.

Nun hätte Fietz es dabei bewenden lassen können – Sparkasse auszahlen und weiter mit dem „Business as Usual". Derartiges ist aber Sache des Manfred Fietz nicht. Der wollte zumindest moralisch Rache. Deshalb stellte er dem Sparkassendirektor eine Falle: In gehörig devotem Tonfall bat er den Geldfürsten um eine Audienz: „Wir bitten Sie höflich um ein persönliches Gespräch in unserem Haus und schlagen als Termin Freitag, 4. 9. 92 und 10.00 Uhr vor." Allein die kurze Zeitspanne, die zwischen dem Mahnschreiben der Sparkasse und dieser Gesprächsankündigung liegt, zeigt, wie schnell und problemlos die Umschuldung durch die beiden anderen Banken vor sich ging.

Aber selbst bei diesem Gespräch ließ Fietz seine verbalen Bluthunde noch nicht von der Kette. Vielmehr spielte er die Rolle des unterwürfigen Fabrikanten weiter, der sich ganz in den Händen seines Geldgebers wähnt; sprach von der dankenswerten Beschränkung seiner bisher arg expansiven Entwicklung und davon, daß jeder Unternehmer einmal einen Dämpfer brauche, der ihn zum Nachdenken veranlasse und der Konsolidierung förderlich sei. Schließlich wagte er gar eine Bitte vorzutragen: wie denn das Problem ohne wirtschaftliche Vernichtung seiner und der Firmenexistenz zu bereinigen sei.

Das, so einigte man sich, wolle man ein paar Tage später in der Sparkasse besprechen. Abgang Sparkassendirektor Stern, ganz der Sieger, der seinen Kunden nun im eigenen Saft schmoren läßt.

Den verbalen Hammer packte Fietz erst bei der vermeintlichen Besprechung der neuen Konditionen aus. Da war dann die Rede von der Baskenmütze, die der Herr Stern doch mit einem Sombrero vertauschen möge – zwecks Erlangung eines größeren Horizonts. Und da war, wohlgemerkt nach dieser Verbalinjurie, das Angebot, dem Unternehmer ohne viel Federlesens einen Blanko-Kredit über zwei Millionen Mark einzuräumen. Den dieser dann hohnlächelnd in den Wind schrieb. Abgang Fietz, ganz Sieger über einen völlig perplexen Banker, der seinen wohl wichtigsten Kreditkunden von dannen ziehen sieht.

Was mag den Sparkassendirektor dazu bewogen haben, 65 Arbeitsplätze aufs Spiel zu setzen, obwohl er von der Bonität des Unternehmens überzeugt war? Wollte er, der zu Beginn seiner Aktivitäten als Sparkassenchef keinerlei regionale Hausmacht in dem Sinne besaß, daß örtliche Kunden ihr finanzielles Wohl und Wehe direkt von ihm abhängig sahen – wollte der Sparkassendirektor

Stern den Unternehmer Fietz als „seinen“ Kunden vorweisen können? War es diese Art von Eitelkeit, die den Sparkassenvorstand dazu trieb, sich darauf zu verlassen, daß Fietz nicht gleich in höchster Panik zum Vergleichs- oder gar Konkursrichter rannte? Wollen wir es bei dieser eher nachsichtigen Vermutung belassen.

Andere Interpretationen gibt es sicher; etwa die der ferngelenkten Rache einflußreicher Parteipolitiker an dem in seiner Wortwahl nicht gerade sehr zimperlichen SPD-Mitglied Fietz. Und da war ja auch noch das wertvolle Grundstück im Gewerbegebiet und das wunderschöne Wohnhaus, das der Familie als Residenz dient.

Fietz lebt jetzt in Burgfrieden mit der Stadtsparkasse Burscheid. Er läßt sich ausreichend Zeit, bestehende Konten abzuwickeln und seine Kunden auf die neuen umzupolen. Er kämpft ein wenig gegen Überziehungsprovisionen in Höhe von rund 6.000 Mark, die er aber eher für den Ausfluß eines Irrtums denn für Schikane hält. Und er freut sich, dank der Umschuldung jetzt jedes Jahr 120.000 Mark an Zinskosten einzusparen. Sein Resümee? „Da zocken die Dich um überhöhte Zinsen ab, und am Schluß kriegst Du noch einen Tritt in den Arsch!“

Ein schöneres Schlußwort zum Kapitel Sparkasse Burscheid kann fast nicht geschrieben werden. Aber es gibt doch eines, zitiert aus einem Schriftsatz, den der Anwalt der Stadtsparkasse Burscheid verfaßt hatte, als es darum ging, den Widerspruch des Josef Scholz gegen seine fristlose Kündigung abzuschmettern. Dort steht über die Rolle der Sparkassen und deren Chefs zu lesen: „Es handelt sich bei dem Vorstand einer Sparkasse naturgemäß um eine besonders verantwortungsvolle Stellung. Dabei ist weiter zu berücksichtigen, daß die Sparkassen einen wichtigen Teil der Volkswirtschaft darstellen. Ihre Bedeutung ist viel größer und stärker als bei sonstigen Teilnehmern am Wirtschaftsleben. Kreditinstitute genießen im Hinblick auf das ihnen von der Kundschaft entgegengebrachte Vertrauen ein besonderes Ansehen."

Eines Kommentars dazu bedarf es nicht; allein der sorgfältigen Auslegung jener Richter, die jetzt die eine oder andere Leiche aus dem Hause Stadtsparkasse Burscheid sezieren müssen.

Die apokalyptischen Reiter des Kreditgewerbes.

Oder:

Mit welchen Methoden Bankkunden aufs Kreuz gelegt werden.

Wer meint, die Perfidien der Burscheider Stadtsparkasse seien eine Ausnahme, der hat nur in dem Sinne recht, als es sich hier um eine besonders krasse Ballung von Fehlentwicklungen handelt. Die hier behandelten Fälle zeigen auf:

- Menschenverachtung;
- Falschberatung;
- Beutelschneiderei;
- Zinstreiberei;
- Vorteilsnahme;
- Inkompetenz;
- Bereicherungsabsichten;
- Verletzung des Bankgeheimnisses;
- Interessenskonflikt und besonders schlimme Ausprägungen kommunalpolitischen Filzes.

Im Bankenleben kommen oft noch hinzu

- Lüge;
- Heuchelei;

– Verschwendungssucht;
– Protz;
– Schlamperei;
– Mißmanagement;
– Rechtsbeugung und auch die schlichte Kumpanei mit der gemeinen
– Kriminalität.

Es sind dies die apokalyptischen Reiter der Kreditwirtschaft; die, losgelassen, zusammen oder auch nur einzeln zum jämmerlichen Ende vieler Lebensträume und Existenzen führen. In welch unterschiedlichen Ausprägungen sie vorkommen, davon berichtet dieser Abschnitt.

Nun tendieren die Banker dazu, derartige Fälle, so sie aufgedeckt werden, mit Unfällen im Straßenverkehr zu vergleichen. Tenor: wegen 20.000 Unfällen an einem einzigen Wochenende werden die Autos ja auch nicht abgeschafft! Die Banker mögen wohl nur ahnen, wie exakt dieser Vergleich zutrifft.

Erstens: die hohe Zahl der „Unfälle". In seinem Buch „Kriminalität im Management von Banken" spricht Reinhart Hanke von über 37.000 kriminellen Delikten, die allein zwischen 1974 und 1984 im Bereich der Banken aufgedeckt und verhandelt wurden. 37.000 Bankstraftaten auf die Gesamtbevölkerung der alten Bundesländer – das bedeutet eine Straftat pro 1750 Einwohner.

Und da wir alle wissen, daß die menschlich-allzumenschlichen Anfechtungen mit dem Jahr 1984 nicht aufgehört haben zu existieren, sondern eher noch stärker wurden, läßt sich die Zahl derjenigen, die auch heute noch den Anfechtungen nicht widerstehen können, getrost auf die Jetztzeit übertragen. Dabei handelt es sich nur um die eindeutig kriminellen und abgeurteilten Delikte, also die schweren Unfälle ohne „Fahrerflucht" oder interne gütliche Regelung.

Zweitens: die Unausweichlichkeit der statistischen Zahl. Es ist in der Tat so, daß trotz aller individuellen und staatlichen Vorsichts- und Vorbeugungsmaßnahmen die Zahl der Unfälle eine bestimmte Sockelhöhe beibehält. Das kommt von der großen Zahl der Verkehrsteilnehmer – welche Art der Fortbewegung sie im Einzelfall auch immer vorziehen. Und von der Tatsache, daß sie sich der Außenwelt und damit dem Verkehr nun einmal stellen müssen. Genauso ist es mit den Banken: Es gibt 1992 in der Bundesrepublik 52.836 Bank- und Sparkassenfilialen, die mit 640.000 Mitarbeitern besetzt sind – alles Teilnehmer am Geldverkehr mit tendenzieller Neigung zu Fehlern – es handelt sich nun einmal um Menschen.

Daher wird sich auch die Zahl der „Unfälle" in den nächsten Jahrzehnten kaum verändern. Der einzelne kann sich nur schützen, indem er ein wenig mehr aufpaßt als seine Mitmenschen und damit das individuelle Unglück von sich abwendet.

Drittens: die Unersetzbarkeit des Sytems. Es ist den Banken binnen weniger Jahre gelungen, ihre Unersetzbarkeit in der modernen Gesellschaft zu zementieren. Niemand kann ein Leben ohne Banken führen – es sei denn, er verlege sich auf eine Existenz, die sich allein auf die Verwendung von Bargeld beschränkt. Aber das ist allerhöchstens den Bettlern und Stadtstreichern vergönnt. Und weil das so ist, und weil die Banken einen internen Konsens gefunden haben, ihr Geschäftsgebaren einander anzugleichen, gibt es auch keinen echten Wettbewerb.

Viertens: der Ewigkeitscharakter des Systems. Weil man sie braucht, wird es in naher Zukunft ebenso Autos geben wie Banken. Sie mögen sich verändern, die Autos sicher schneller als die Banken – es wird sie jedoch weiter geben.

Das beeinflußt die Lebensweise der Betroffenen zutiefst. Wen die Sparkasse A gelinkt hat und wer dadurch zahlungsunfähig geworden ist, dem hilft nicht einmal ein Millionen-Lottogewinn zur Kreditwürdigkeit zurück. Der Konkursmakel bleibt an ihm bis in alle Ewigkeiten haften – selbst dann, wenn er einen Anspruch auf Löschung der entsprechenden Daten hätte.

Vor allem: Sein persönliches Umfeld wird sich stets an den „Unfall“ erinnern. Es scheint, als hätten Bankrotteure eine andere Aura als „normale“ Menschen: Man fürchtet sie, weil ihr Unglück vielleicht ansteckend sein könnte. Man verachtet sie, weil sie unvorsichtig genug waren, sich auf schöne Versprechungen einzulassen.

Kommen wir zu der Innenansicht jener apokalyptischen Reiter, die dem Bankkunden so zusetzen.

Falschberatung. Oder:

Wie Kunden ins offene Messer laufen.

Burscheid, so möchten wir einmal einen bekannten Buchtitel für uns umwandeln, Burscheid ist überall. Und manchmal sind die Burscheider auch überall und erleben dort Burscheid-Typisches. Verwirrend? Gemach, der Knoten löst sich gleich auf. Er ist auch nur dadurch entstanden, daß es natürlich reizt, einen neuen Abschnitt mit einem Überhänger aus dem vorhergegangenen anzufangen.

Manfred Fietz, das ist der, dem die Sparkasse vergeblich versucht hat die Daumenschrauben anzusetzen, ist nicht nur Teflon-Veredler, er betreibt auch ein Wohnungsbauunternehmen.

In dieser Eigenschaft hatte er vor Jahren in Carolinensiel an der Nordsee ein größeres Grundstück gekauft; geeignet für sechs kleinere Häuschen, die sich trefflich als Ferienwohnungen vermieten lassen, oder in die sich zivilisationsmüde Freiberufler auf Dauer zurückziehen.

Mit den Bauarbeiten wollte Fietz örtliche Unternehmen beauftragen, die ein gleichfalls örtlicher Generalunternehmer beaufsichtigen sollte. Da er sich in der Szene aber nicht auskannte, nahm er eine Ausschreibung vor, bei der sich einer der Bewerber dann auch profilieren konnte. Es galt nur noch zu klären, ob das Unternehmen finanziell auch standfest genug war, den relativ großen Auftrag zügig durchzuführen. Fietz wollte mit aller Gewalt vermeiden, daß der Bau sich in den Winter hineinzog.

Was tat Fietz? Er bat die Raiffeisenbank Dornum – dort hielt der Generalunternehmer ein Konto – um eine Bankauskunft. Ergebnis: Note 1,5. Was, wie bei den Schulnoten, bedeutete: zwischen sehr gut und gut.

Wieviel diese Auskunft wert war, zeigte sich später: Mitten in den Arbeiten machte der Unternehmer dicht – Konkurs. Fietz stand plötzlich ohne Bauunternehmer und mit sechs angefangenen Bauten da. Der Fensterlieferant konnte gerade noch daran gehindert werden, seine Ware wieder aus den Wänden reißen zu lassen.

Was tun? Natürlich weiterbauen. Aber wie? Fietz, seines eigenen permanenten Bankärgers eingedenk und sehr wohl wissend, wie ein gut meinender Handwerker in die Krise gedrängt werden kann, überlegte sich gar, wie dem Mann zu helfen sei. So machte er sich gegenüber den Bankern zum Fürsprecher des Bankrotteurs und bot eine Kooperation an: Mit jeweils 100.000 Mark von ihm und von der Bank wäre das Unternehmen wieder flottzumachen gewesen. Wenn sie nicht mitspielten, die Banker von der Wasserkante, ginge es ihnen anschließend schlecht. Fietz, Meister der starken Worte: „Dann fehlt Euch ein linkes Ei!" Warum gerade dieses, wollte er nicht verraten; vielleicht ging deshalb seine Drohung auch ins Leere – die Banker, in der vermeintlichen Sicherheit ihrer festen Hosen, lehnten ab. Fietz, wir kennen ihn inzwischen, machte sich daran, seine Bauten anderweitig zu retten.

Und ließ von anderen Firmen weiterbauen. Da aber die vordem bei der Ausschreibung unterlegenen Unternehmer um den Notfall wußten, gingen sie bei ihren Forderungen dann auch in die Vollen. Fietz, zähneknischend, zahlte.

Mit 200.000 Mark Mehrkosten beziffert er heute den entstandenen Schaden. Die wollte er wiederhaben und klagte. Weil er aber die linken Eier nicht gleich in einem Stück abschneiden und auch, weil er das Prozeßrisiko klein halten wollte, ging es zunächst einmal um eine Teilsumme von 6.000 Mark. Die Banker, um ihre Intimteile fürchtend, hielten wacker gegen; konnten die ihnen vom Landgericht Norden verordnete Operation (sie verloren dort) zwar noch durch eine Berufung beim Oberlandesgericht Oldenburg hinauszögern; fielen dort dann aber um so härter auf den Operationstisch. Die Raiffeisenbank Dornum, so steht zu hoffen, wird über kurz oder lang für den gesamten Schaden aufkommen müssen.

Fietz hat Glück gehabt; und das Urteil des Oberlandesgerichts wird wohl Rechtsgeschichte machen. Denn bisher haben sich die Banken stets mit dem Hinweis darauf aus der Verantwortung stehlen können, daß die Kunden sich ja weiter hätten informieren müssen. Ihre Auskunft, so die Standard-Aussage, hätte sich ja nur auf die wirtschaftliche Situation des Ausgeforschten im Geschäftsverhältnis mit ihrem Institut bezogen. Falsch, sagte das Oberlandesgericht und verbot ausdrücklich jede Revision beim Bundesgerichtshof – also zahlen!

Nicht zahlen hingegen muß die Bausparkasse Wüstenrot. Die hatte dem Düsseldorfer Ehepaar Stürmer-Laska den Kauf eines Ferienhauses im türkischen Incebell empfohlen. Das Investment stellte sich als Flop heraus: Als das Landgericht Stuttgart seinen Urteilsspruch fällte, war das Ferienhaus mitsamt der darum geplanten Anlage noch immer nicht fertiggestellt.

Überhaupt tun sich die deutschen Banken schwer, wenn es um die Richtigkeit ihrer Informationen über Umstände im Ausland geht. So vertreibt die Hypo Real Immobilien- und Projektentwicklungs-GmbH, eine Tochtergesellschaft der Bayerischen Hypotheken- und Wechselbank, München, neben anderen auf Mallorca Anteile an der Ferienanlage Los Pampanos bei Santa Ponsa. Die Hypo Real fungiert dabei nicht nur als Vertriebsfirma für die Besitztitel an den Eigenheimen, sie ist auch, zusammen mit der Mallorquinischen Großgrundbesitzerfamile Nigora, Initiator des Projektes.

Der Vollständigkeit halber sei hinzugefügt, daß diese Familie zugleich als Aktionär der Banco Popular Balear mit Sitz auf Palma de Mallorca auftritt, welchselbe wiederum eine Tochter der Banco Popular Español ist, an der die Bayerische Hypotheken- und Wechselbank mit allerdings weniger als zwei Prozent beteiligt ist.

Die Hypo Real hielt es noch im Sommer 1993 für eine gute Idee, den Kauf eines Apartments in Los Pampanos mit einer vinkulierten Aktie als kostenlose Zugabe zu verkoppeln, die den Besitzer zum Teilhaber des gleich nebenan residierenden Golfclubs mitsamt riesigem Golfplatz macht. Ist es sehr verwunderlich, wenn man erfährt, daß der Hauptaktionär der Golfclub-AG zugleich das Oberhaupt der Familie Nigora ist?

Das läßt sich ja noch als herkömmlicher Filz wegstecken; daß die Hypobank jedoch nie von selbst darüber aufklärt, was unter dem aktienrechtlichen Begriff „vinkuliert“ zu verstehen ist, muß schon stutzig machen. Vinkulierte Aktien sind nämlich solche, die nur dann verkauft werden dürfen, wenn der Vorstand der Aktiengesellschaft dem zustimmt. Vinkulierte Aktien werden gerne ausgegeben, um Übernahmen durch fremde Unternehmen unmöglich zu machen. Sie sind dann besonders angebracht, wenn sich Familiengesellschaften vor fremdem Geld und damit fremden Interessen schützen möchten.

Dürfen sich Fremde dennoch einkaufen, könnte das für sie auch schlecht ausgehen: Kommt die Gesellschaft ins Trudeln, und wird der fremde Aktionär gehindert, seine Anteile zu verkaufen, wird er diese im schlechtesten Fall abschreiben müssen.

Anders ist es fast noch gefährlicher: Betreibt die Aktiengesellschaft eine Kapitalerhöhung, weil sie vielleicht besonders teure Investitionen plant, muß der Anleger möglicherweise ohne Widerspruchsrecht mitziehen. Dabei wollte er doch nur in den eigenen vier Wänden die Sonne Mallorcas genießen; möglicherweise interessiert ihn Golf auch nicht im geringsten.

Oder der Zwangsaktionär wird so lange mit Verlusten des Golfclubs genervt, was ja eine Nachschußpflicht mit sich bringt, daß er sich am liebsten von dem ganzen Besitz trennen möchte. Dann erleidet er bei dem jetzt herrschenden Überangebot an Immobilien auf Mallorca unweigerlich hohe Verluste.

All das teilt die Hypo Real ihren Kunden nicht mit. Natürlich ist das alles legal – der Käufer kann sich ja vorher ausführlich informieren. Zum Beispiel in Deutschland bei einem Anwalt, der sich im spanischen Aktienrecht bestens auskennt.

Es gibt jedoch Bank-Geschädigte, die sich mit derart lapidaren Ausreden nicht abspeisen lassen wollen. Einer von ihnen ist Klaus Lützenkirchen aus Herne. Wer Lützenkirchen besucht, wird nicht glauben wollen, daß er in die Wohnung eines Bankrotteurs kommt; eines Mannes zudem, den sein Vertrauen in einen Anlageberater, den er für seinen Freund hielt, in ein Altenteil ohne nennenswerte Rente geführt hat.

Lützenkirchen bewohnt die oberste Etage eines wunderschön verklinkerten Reihenbungalows mitten in ruhigster Lage. Nur: Die Wohnung gehört ihm nicht, sondern einer Freundin. Dem Klaus Lützenkirchen hingegen gehört nichts mehr. Außer jetzt noch sieben Wohnungen quer durch die Bundesrepublik, die Lützenkirchen in den Jahren 1984 bis 1989 sukzessive zusammengekauft hat. Es ist dies der Rest eines durchaus respektablen Bestandes von elf Wohnungen im Wert von 2,5 Millionen Mark.

Lützenkirchen, bis 1991 technischer Assistent beim Vorstand der Ruhrkohle AG, eine Position des gehobenen Managements und mit einem Gehalt von zuletzt 12.000 Mark monatlich ausgestattet, kam in den Einfluß eines Finanzjongleurs namens Karl-Otto Radtke. Dieser war mit ihm im renommierten Sportclub Essener Turn- und Fechtclub ETUF einer der aktivsten Macher; sein unermüdlicher Einsatz für die Belange des Vereins und seine Spendierlaune öffneten ihm die Türen so mancher großbürgerlichen Villa.

Einmal drin, beriet er natürlich und ganz nebensächlich seine Gastgeber; darunter auch in Fragen der steuersparenden Geldanlage; besonders im Erwerbermodell. Das sieht vor – und der Gesetzgeber hat das auch so gewollt –, daß private Investoren ihre Anlagegelder von den Sparbüchern weg in den dringend benötigten Bau von Wohnraum stecken. Der steuerliche Anreiz lag darin, daß die Erstellungs- oder Renovierungskosten, selbst etwaige Verluste aus der Vermietung, die Steuerschuld der Investoren drastisch nach unten korrigieren.

Diese Konstruktion hat so ihre Tücken, die auch, leider nicht im Falle Lützenkirchen, so einiges Kuriose mit sich brachten. Da hatte doch tatsächlich einmal ein solch steuerminderndes Invest so gute wirtschaftliche Erfolge vorzuweisen gehabt, daß dem Investor Geld ausbezahlt wurde, statt der zugesicherten Verlustzuweisung. Bis hin zum Bundesgerichtshof mußte die Klage getragen werden, bis ein für allemal feststand, daß eine Bank nicht zum Schadenersatz verurteilt werden darf, wenn eine Investition, zu der sie rät, Gewinn statt Verlust macht. Wenngleich es sich hier um eine klassische Falschberatung gehandelt hatte.

Aber zurück zu Klaus Lützenkirchen, dem am Schluß größere Verluste zugemutet wurden, als es sein nicht unbeträchtliches Gehalt verkraften konnte. Es stellte sich nämlich heraus, daß die meisten der gekauften Immobilien die reinsten Schrottburgen waren.

In Datteln zum Beispiel rissen die heftigen Stürme im Jahre 1991 die Blechverkleidung herunter, sodaß zutage kam, daß diese nicht nur unsachgemäß angebracht worden war, sondern daß auch aufgrund des maroden Mauerwerks eine grundlegende Sanierung stattfinden mußte.

Zudem merkten die Bewohner schnell, daß moderne Baustoffe etwa zum Verlegen von Fernwärmeleitungen nicht gerade Investitionen in die Zukunft sind. Als nach einem fulminanten Rohrbruch mitten im Winter die mit der Reparatur beauftragten Handwerker feststellten, daß die Leitungen sich schon beim Darüberkratzen mit dem blanken Fingernagel in Brösel auflösten, wußte die Eigentümergemeinschaft, was auf sie zukam: entweder die Abrißbirne für ihr Haus oder für ihr meist fragil aufgebautes Vermögensgebäude.

Letzteres ist in den meisten Fällen bereits jetzt eingetroffen; wann die Schrottimmobilien ebenfalls aus dem Verkehr gezogen werden, steht noch nicht fest.

Und was haben die Banken damit zu tun? Alles. Denn es gehörte zum System dieser Art von Vermögensvernichtung, daß die Banken stets das Geld dazu gaben. Dabei ist ihnen aber in den meisten Fällen ein verhängnisvoller Fehler unterlaufen, der sie jetzt möglicherweise sehr teuer zu stehen kommen wird.

Da die betreffenden Immobilien stets zu hundert Prozent, also ohne Eigenkapital, finanziert wurden, stellten die Banken, das ist ihre Pflicht, besonders hohe Anforderungen an die Bonitäten. Nicht nur an die Bonität der Kreditnehmer, sondern zugleich auch an die Bonität der Immobilie. Will sagen: Sie ließen von einem Sachverständigen prüfen, ob es sich bei der Immobilie um ein seriöses Objekt mit guter Bausubstanz, angemessenem Wert und ausreichenden Mieterlösen handelte.

So stand es zumindest in den Verträgen, die Lützenkirchen zum Beispiel bei der DSL-Bank, Bonn – Bad Godesberg, unterschrieb. So kam es, daß die Käufer bei den saftigen Preisen, die verlangt wurden, nicht besonders zuckten; sondern, weil ja eine Bank hinter der Investition stand, im Vertrauen auf die Seriosität des Geldinstitutes blind unterschrieben. Er zumindest, so Lützenkirchen, habe sich nie die Mühe gemacht, zum Beispiel einmal in Hanau nach der Bausubstanz seiner neuen Wohnung zu schauen.

Später hat er das dann nachgeholt, und da kam ihm die schreckliche Gewißheit, daß es mit der Objektprüfung nicht sehr weit hergewesen sein kann. Lützenkirchen hat vielmehr die Banken im Verdacht, daß sie die Objektprüfung eher außerordentlich nachlässig betrieben. Er meint nachweisen zu können, daß der benannte Sachverständige keinesfalls alle Termine hat wahrnehmen können, wie sie in den Prüfberichten, die ihm inzwischen zuhauf vorliegen, angegeben wurden.

Recherchen bei Mietern und Hausmeistern ergaben, daß diese den Sachverständigen meist gar nicht gesehen hatten und wenn doch, daß dieser ihnen völlig unzureichende Fragen bezüglich der Substanz gestellt hatte. Damit steht für Lützenkirchen fest, daß den Banken die Bonität der Immobilie ziemlich gleichgültig war; sondern daß sie allein die Zahlungsfähigkeit der Investoren unter die Lupe nahmen.

Lützenkirchen allein hat inzwischen in seiner Solidargemeinschaft 400 gleichermaßen Geschädigte um sich geschart. Darunter eine Eigentümergemeinschaft meist sehr mäßig verdienender Arbeiter oder selbständiger Handwerker, denen das Bauherrenmodell nicht einmal ansatzweise hätte Nutzen bringen können – sie verdienen schlicht zu wenig, als daß sie mit den anfallenden Kosten ihre Steuerschuld nennenswert verringern könnten.

Auch diese Geprellten wurden nicht nur Opfer eines gewissenlosen Schwindlers, sondern viel mehr noch Opfer ihres Vertrauens in die Beratungskompetenz der Bankmitarbeiter.

Lützenkirchen rechnet damit, daß inzwischen 500.000 Geschädigte per Erwerbermodell um ihre Ersparnisse gebracht wurden; die Schadenshöhe beläuft sich auf zwischen 50.000 und 100.000 Mark. Dann haben Initiatoren, Vertriebsfirmen, Makler und Notare einen volkswirtschaftlichen Schaden von mindestens 50 Mrd. DM angerichtet. Das ist mehr, als in guten Zeiten der Außenhandelsüberschuß der Bundesrepublik ausgemacht hat.

Wer bei diesem Spiel mitzockt, hat im Juni 1993 der Rechtsanwalt Dr. Volker Gallandi, Gorxheimertal, detailliert im Informationsdienst „Kapitalmarkt intern“ beschrieben. Der Text sei hier, mit ausdrücklicher Genehmigung des Verlages und des Autors, zur Kenntnis gegeben; etwaige stilistische Ungereimtheiten möge der Leser verzeihen. Es handelt sich eben um einen typischen Informationsdienst-Text.

„Der Eigentümer:
Es kann sich um einen Strohmann handeln, um eine in- oder ausländische Firma (etwa eine Liechtensteinische AG) oder um eine Privatperson. Die Inhaberstellung sagt nur, daß er/sie als Eigentümer im Grundbuch eingetragen ist, und daß ihm irgendeine Bank den Erwerb finanziert haben muß. Ob die im Grundbuch eingetragene Grundschuld für den Wert der Immobilie aussagekräftig ist, oder ob Hin- und Herverkäufe zur künstlichen Steigerung des Immobilienwertes („sehen Sie, ich habe die Immobilie

für 3 Millionen gekauft") stattgefunden haben, weiß man nicht.

Der Bauträger oder Initiator:

Er hat die Definitionsmacht für die Faktoren der Kalkulation, die Wertbestimmung, Wertbildung und Wertsteigerung der Immobilie, zur Produktion von Kosten und Nutzen. Er präsentiert den häufig perfekten Prospekt und legt gegebenenfalls die vertraglichen Fallen aus. Er organisiert den Kontakt zum Vertrieb und trifft die Absprachen mit der Bank und hat möglicherweise Provisionsabreden mit dem Vertrieb der Bank, der Lebensversicherung, dem Generalübernehmer, eventuellen Marketingfirmen oder Kapitalverschiebefirmen, die den Zweck haben, die eingehenden Gelder ins Ausland zu transferieren.

Der Vertrieb:

Häufig handelt es sich um selbständige Vertriebsfirmen, die miteinander kooperieren und in Strukturvertrieben ähnlich den Vertriebsorganisationen der Versicherungswirtschaft organisiert sind. Während der kleine Untervermittler die „Drecksarbeit" macht, d. h. die Aufgabe hat,den Erwerber möglichst rasch zum Abschluß zu bewegen, bereiten die Organisatoren des Vertriebs den effizienten Einsatz vor. Der glatte und rasche Abverkauf garantiert die rasche Schließung der Bauherrengemeinschaft, so daß Neubau oder Modernisierung sofort beginnen können.

Miet- und Zinsgarantiefirmen:

Sie locken den Erwerber durch Garantieversprechen bezüglich der Miet- und Zinshöhe und sorgen dafür, daß rein rechnerisch eine außerordentlich günstige Kalkulation der Finanzierung des Immobilienerwerbs und der damit verbundenen Mieteinnahmen möglich ist. Faktisch handelt es sich um Subventionierungen des regelmäßig wesentlich niedrigeren tatsächlichen Mietzinses und der regelmäßig höheren tatsächlichen Zinsberechnung. Da niemand Geld verschenkt, sind diese Kosten im Kaufpreis der Wohnung enthalten, so daß es sich wirtschaftlich um Kaufpreisrückflüsse an den Erwerber handelt, der auf diese Art und Weise dem die Miet- und Zinsgarantiefirmen subventionierenden Initiator ein kostenloses Darlehen gibt.

Der Notar:

Anwaltsnotare werden regelmäßig den Amtsnotaren vorgezogen. Da diese häufig älter und überarbeitet sind, fallen ihnen möglicherweise bei der Beurkundung verschiedener Kaufverträge zum selben Grundstück Preisverschiebungen ebensowenig auf wie Widersprüche zwischen der Klausel „die Immobilie ist mangelfrei" im einen und „für die bestehenden massiven Mängel wird keine Haftung übernommen" im anderen Notarvertrag. Auffallend ist demgegenüber der häufig feststellbare Eifer: Gut einsetzbare Notare arbeiten auch samstags und sonntags, spätabends, oder kommen auch mal ins Hotel, damit der Vertrieb möglichst rasch zu seiner Beurkundung und der Kunde nicht zu einer Bedenkzeit kommt.

Der Treuhänder oder Geschäftsbesorger:

Es handelt sich regelmäßig um einen „Anspruchsstoßdämpfer", d. h., die Notarverträge sind so konstruiert, daß man anstelle des Eigentümers oder Initiators gegenüber den Kunden einen Treuhänder agieren läßt, mit der Folge, daß bei den entsprechenden Pannen niemand so recht weiß, wer der Anspruchsgegner ist. Mit dem Sitz des Treuhänders kann auch das für das Bauherrenmodell zuständige Betriebsfinanzamt besser bestimmt werden, ansonsten ist die „treue Hand" häufig nur eine „offene Hand", d. h., es werden Gebühren dafür kassiert, daß der vom Initiator geplante Ablauf reibungslos zu Lasten des Kunden praktiziert werden kann.

Die Verwalterfirma:

Sie ist gut, um den Kunden in Kleinkriege über Nebenkostenabrechnungen etc. zu verwickeln. Diese fesseln die Energie und den Blick des Kunden, der wesentlich kostenträchtigere Probleme seines Erwerbs übersieht, etwa fehlende Baugenehmigungen, unzureichende Unterlagen, Teilungserklärungen, fehlenden Baufortschritt, hohen Zwischenfinanzierungszins etc. Hier wird auch der Krieg um die Garantiemiete geführt, d. h. die vom Hausverwalter vorgenommenen Abzüge, die dem Eigentümer nur noch einen winzigen Betrag verrechenbarer Nettokaltmiete für Zins und Tilgung überläßt.

Gutachter und Wirtschaftsprüfer:

Sie fertigen Gutachten und Testate nach dem Motto: Ich habe die Angaben des Initiators nicht überprüft und weiß von nichts, die Immobilie habe ich nicht gesehen; unter diesem Vorbehalt begutachte ich die Immobilie oder das Projekt wie folgt ... Da diese entsprechenden Exkulpierungsvermerke meistens versteckt liegen, und man darauf vertraut, daß nur die letzte Seite gelesen wird (Ergebnis positiv), kann man diesen Leuten regelmäßig wenig anhaben, wenn sie geschickt formulieren.

Der Steuerberater:

Obwohl er häufig selbst oder mit seiner Steuerberatungsgesellschaft mit dem Bauträger und Initiator verflochten ist, und obwohl er und eventuell noch ein Anwaltsbüro das Know-how für den Prospekt, die Verträge und das ganze Modell zur Verfügung gestellt haben, tritt er gegenüber dem Kunden nur mit einer zum Abkassieren geeigneten begrenzten Auftragsschiene in Erscheinung, nämlich der Ausfertigung und rechtzeitigen Abgabe der notwendigen Steuererklärungen zum Betriebsfinanzamt, zu den Wohnsitzfinanzämtern der einzelnen Bauherren etc. Beschränkt er sich auf seine Rolle in diesem Kontext, ist ihm regelmäßig ebenfalls nichts nachzuweisen.

Die Bank und die Lebensversicherung:

Die Kunden erhalten aus Provisionssteigerungsgründen vom Vertrieb in der Regel die teuerste Finanzierungsform aufgeredet, nämlich einen alle fünf Jahre neu festgesetzten Kredit, der insgesamt 30 – 45 Jahre läuft und in voller Höhe bestehen bleibt, während die Tilgung dann durch eine Lebensversicherung, die ebenfalls über den Zeitraum bezahlt werden muß, erfolgt. Während sich die Versicherungsgesellschaft, die häufig mit der Bank verbunden ist, mit der Immobilie selbst kaum befaßt, muß sich die Bank aus Eigeninteresse mit dem Vertriebsmodell und dem Objekt selbst ausführlich befassen, tut gegenüber dem Kunden aber regelmäßig so, als sei sie lediglich kreditgebendes Institut und habe sonst von nichts eine Ahnung.

Gewinnverschiebefirmen aller Art:

Sie können unter dem Titel Marketinggesellschaft etc. firmieren und haben lediglich die Funktion, Kosten zu produzieren, die man Erwerbern, die am Ideal des Steuersparens orientiert sind, noch als sofort absetzbar anbieten kann. Cleverer sind Gewinnabführungsverträge an ausländische Gesellschaften, die das „money of no return" an einen für Staatsanwälte unzugänglichen Ort versenden.

Zusammenfassung:
Die Beteiligten sind im strafrechtlichen Sinne potentielle Mittäter oder potentiell gutgläubig, möglicherweise miteinander verbunden und verschachtelt, möglicherweise von einer Hintermannorganisation geleitet oder von einer Holding beherrscht und alle möglichen Produzenten und potentielle Vernichter von Beweismitteln aller Art.
Die Immobilie:
Die von den Strukturvertrieben akquirierten Käufer sind regelmäßig nicht in der Lage, den Immobilienwert der konkreten Wohnung realistisch einschätzen zu können. Lästige Besichtigungen, vorherige Einsichtnahme ins Grundbuch (stammt die Immobilie aus der Zwangsversteigerung?) und ähnliche Dinge werden vermieden, die Bewertungsfaktoren werden regelmäßig nicht ordnungsgemäß bilanziert und dargestellt:

Die Beschreibung der Lage enthält wie beim Reiseprospekt („vitales Nachtleben" = Sie bekommen kein Auge zu) nur grobe Andeutungen. Detailangaben zur Mieterstruktur, zu eventuell vorhandenen Sozialbindungen, der Durchsetzbarkeit von Mieterhöhungen etc. fehlen ebenso wie ein Exemplar des aktuellen Mietvertrages. Über die Mehrheitsverhältnisse der Wohnungseigentümergemeinschaft wird regelmäßig nichts mitgeteilt, was zur Folge haben kann, daß der Erwerber bei Investitionen etwa für ein neues Dach, neue Fenster, etc. überstimmt und im Falle der Nichtzahlung seine Wohnung im Wege der Zwangsversteigerung wieder los wird.

Eine Berechnung der langzeitig und dauerhaft erzielbaren realistischen Nettomiete, kalkuliert auf den vollen Finanzierungszeitraum bei der prognostizierten Lebens-

dauer der Immobilie, in Verbindung mit dem realistisch anzunehmenden Reparaturbedarf erhält der Kunde nicht, er muß sich die Daten aus dem Prospekt und sonstigen Angaben zusammensuchen. Bei Neubauimmobilien hängen Einzelprobleme häufig an der Bodenstruktur, bei der Baugenehmigung, dem Abschluß von Teilungserklärungen, der Anlegung von Einzelgrundbüchern, künftigen Planungen in der Nachbarschaft, Belastungen und fehlenden Erschließungen (geführter Kanal gehört nicht, wie gedacht, der Stadt, sondern 20 Eigentümern) und in der Bonität des Generalübernehmers. Mit der Immobilie verkaufte Bauzeit- und Baupreisgarantien sind häufig wenig wert, wenn es in den entsprechenden Briefen heißt, der Garant sei leider pleite, etc.
Zusammengefaßt kann man sagen:
Die Immobilie als Produkt des grauen Kapitalmarktes wird in der Produktkalkulation unsorgfältig berechnet und dargestellt, während die Kunst darin besteht (für den Initiator), zusätzlich zu den ausgewiesenen Gebühren für Mietgarantie, Zinsgarantie, Fertigstellungsgarantie etc. in weitere Bewertungsfaktoren „Luft" einzubauen, so daß etwa über die Verwendung minderwertiger Baumaterialien, die Tatsachen nicht wiedergebende Berechnungen des Generalübernehmers, falsche Ausmaße, unberechtigte Abnahmen, Schwarzarbeiterausführungen, etc. weitere Gewinnspannen entstehen. Findig werden alle möglichen „Dienstleistungen" erfunden, die keinen werterhöhenden oder -bildenden Charakter haben, aber Kosten und Gebühren produzieren.

Die für den Laien/Nichtinformierten nicht erkennbaren „Luftpositionen" im verkauften Produkt „finanzierte

Immobilie“ führen letztlich zu Überfinanzierungen massivster Art in dem Sinne, daß die in Prospekten häufig unterstellte hohe Wertsteigerung von Immobilien – höher als die Inflationsrate, daher vermögenssichernd – überhaupt nicht zum Zuge kommen kann.

Die Neigung zu dubiosen Konstruktionen bei der Konzeption der verkauften Immobilie wächst mit der relativen Unverkäuflichkeit der Objekte bei seriöser Kalkulation und Finanzierung. Da die Bereitschaft, beim Verkauf einer „Schrottimmobilie“ oder völlig überteuerten Immobilie mitzuwirken, honoriert werden muß, kann man sagen: je schlechter das Objekt, desto höher die Vertriebsprovisionen. Je schlechter die Vermietbarkeit, desto größer die Mietgarantie. Je schlechter die Finanzierungskostenseite, desto eher und höher wird die Zinsgarantie angepriesen. Je schlechter das Objekt, desto sicherer die Neigung zum Eilverkauf (zwischen erstem Beratungsgespräch und Beurkundung liegt maximal eine Woche). Je schlechter das Objekt, desto irrelevanter die Vermögensverhältnisse des Kunden, da die eigentlichen Gewinne mit der Rotation von Abverkauf und Zwangsversteigerung, also mit insolvenzrechtlichen Tricks gemacht werden und nichts mit der seriösen Durchführung eines Abverkaufs zu tun haben.

Die Bank:

Die Bank hat möglicherweise in dem ganzen Spiel die stärkste Stellung, dann nämlich, wenn sie alleiniges Finanzierungsinstitut des Initiators ist. Sie kennt dann dessen wirtschaftliche Verhältnisse, weiß also, ob der vom Initiator subventionierte Mietgarant pleite geht, ob der gewerbliche Zwischenmieter durchhält, welche Betriebskosten des Initiators für dessen Unternehmen in die Gewinnkalkulation für die Immobilie eingerechnet sind.

Die Bank hat prinzipiell die Verpflichtung zur seriösen Kreditprüfung, sowohl wenn sie den Ankauf der Immobilie durch den Strohmannkäufer oder den Initiator direkt finanziert, als auch wenn sie die Finanzierung für die einzelnen Kunden generell in Aussicht stellt. Seriöse Kreditprüfung bedeutet, vor notarieller Beurkundung oder Kreditzusage Einholung der vom Käufer (nicht vom Vertriebsmann) ausgefüllten Selbstauskunft und aller dazugehörigen Unterlagen im Original (Einkommensnachweise, Kontenunterlagen, Depotauszüge als Sicherheit etc.), Einholen von Schufa- und Creditreformauskünften, kurzum die Abprüfung der gesamten persönlichen Bonität in Verbindung mit der seriösen Objektprüfung inkl. einer eigenen Einwertung nach Besichtigung und Einholung eines eigenen Wertgutachtens (Maßstab des vorsichtigen Kaufmanns).

Kostet die Wohnung etwa als finanziertes Kapitalanlageprodukt DM 150.000 bei DM 30.000 ausgewiesenen Werbungskosten, weiß die seriöse Bank, daß etwa weitere DM 20.000 „Luft“ in dem Objekt enthalten sind, macht einen Abschlag auf den Beleihungswert und finanziert dann maximal DM 80.000. Finanziert sie dagegen den vollen Betrag, ohne bezüglich des Restes von (im Beispielsfall) DM 70.000 ausreichende Sicherheiten zu haben, steckt irgendwo der Wurm drin. Gleiches gilt, wenn die DM 80.000 etwa von einer Hypothekenbank finanziert werden, während der Rest (als faktischer Blankokredit) von der „Kontaktbank“ des Initiators getragen wird.

Die beschriebene unseriöse Einwertung der Erwerber führt im Falle von vielen Kunden mit problematischer Bonität zu entsprechendem Wertberichtigungsbedarf und bei fehlender Leistungsfähigkeit der restlichen Wohnungseigentümergemeinschaft oder fehlender Ersetzung der nicht solventen Kunden durch zahlungskräftige Kunden zur Gefährdung des gesamten Objekts. Dies führt dazu, daß bereits in der Bank Maßnahmen getroffen werden, die als weitere Rechtswidrigkeitskriterien für eine Beteiligung am Anlagebetrug geeignet sind."

Wo liegen die bankinternen Schwachpunkte? Sie sind zu suchen bei:

Fehlende Innen- und Außenprovision, personell unterbesetzt, nur mit punktueller Prüfung beauftragt, keine Stichprobenprüfung, sondern Untersuchung ausgewählter Akten (in diesem und ähnlich gelagerten Fällen liegt die Organisation fehlender Kontrolle durch den Vorstand nahe).

Häufige Mitarbeiterentlassung und -rotation (keine Zeugen mehr bzw. nur noch solche, die sich nicht mehr erinnern).

Offensichtlich unrichtige Prüfungsvermerke (Bank kalkuliert Garantiemiete, vermerkt Überprüfung, tatsächlich wird nicht geprüft, Garantievermietung liegt nicht unterzeichnet in den Kreditakten).

Fehlen von Unterlagen (Maßstab sind die eigenen Vorschriften zur Dokumentation).

Provisionsabsprachen, nach denen der Initiator der Bank Provision zahlt (nach dem Motto: Wenn wir diesen Mist finanzieren, mußt Du uns dafür etwas geben).

Buchungsvorgänge, aus denen für die Bank ersichtlich sein mußte, daß hier nicht werterhöhende Faktoren finanziert wurden (Außen- und Innenprovisionen, Gewinnabführungsbeträge etc.).

Keine oder laxe Bonitäts- und Objektprüfung zur rechten Zeit.

Warum – so fragen sich viele Staatsanwälte und Richter – soll eine Bank Überfinanzierungen oder Finanzierungen von bonitätsmäßig nicht ausreichenden Erwerbern im Schleppnetzfang zusammen mit bonitätsmäßig guten Erwerbern durchführen? Der zu kurze Schluß lautet häufig „Banken machen so was nicht" oder „der Abteilungsleiter war wohl korrupt". Beides ist häufig falsch, denn die Bank gewinnt immer:

Bei lang dauernder Kreditprüfung, langsamem Baufortschritt oder sonstiger Verzögerung gegenüber dem ausgewiesenen Zeitplan durch die Zinsen für das gewährte Zwischenfinanzierungsdarlehen, über zahlreiche Sondergebühren für die häufig nur auf dem Papier stehende Immobilienbegutachtung, die Bearbeitung der Konten, die Einrichtung neuer Konten, die Kreuz- und Querbuchungen aller Art, für Überziehungen, Bereitstellungskosten etc. Über die Endfinanzierung. Über die langfristige Laufzeit. Über die Sicherheitenverwertung.

Jedes Objekt ist in dieser Kalkulation ein Mischprodukt etwa nach folgendem Muster:

15 Prozent der vom Vertrieb angeschleppten Kunden sind gut, d. h. sie bezahlen ohne Mühe und Verzögerung über die volle Distanz den vollen Zins, finanzieren also letztlich die Immobilie bis zur Lastenfreiheit 3 – 4 mal (gemessen am Produktkaufpreis), bzw. 6 – 8 mal (gemessen am tatsächlichen Wert der gekauften Immobilie).

Weitere 40 Prozent der Kunden schaffen die Finanzierung mit Hängen und Würgen, d. h. Abschlagszahlungen, Mitbesicherung über die Großmutter etc. Die restlichen 45 Prozent fallen aus. Sie werden rückabgewickelt und durch neue Kunden ersetzt, die Kosten zahlt der Initiator, der dies wiederum in der Ursprungskalkulation bereits mitberechnet hat.

Kommt es schlimm und geht die ganze Bauherrengemeinschaft „um", wie im Beispiel der BRZ-Affäre in München, gibt es weitere Lösungen aus konzernstrategischer Sicht. Für jedes Objekt mit beispielsweise 50 Wohnungen, das in die Zwangsversteigerung geht, kann z. B. eine extra gegründete Aufkaufgesellschaft zum Spottpreis aufkaufen und bei günstiger Immobiliensituation wiederum verkaufen. Für den beschriebenen Kunden sieht die Sache dann folgendermaßen aus: finanzierter Kaufpreis 150.000 DM. Saldo zum Zeitpunkt der Versteigerung 250.000 DM (enthält alle Zinsen und Gebühren). Ersteigerungspreis/Saldorückführung 50.000 DM. Instandhaltung/Renovierung durch Erwerber 15.000 DM. Weiterverkaufspreis 110.000 DM.

Die 45.000 DM Erlös durch den Weiterverkauf seitens der Auffanggesellschaft gehen steuerfrei, die 200.000 DM Wertberichtigung bei der Bank trägt der Fiskus, per Saldo wird also keine Mark Verlust gemacht.

Was für die Bank eine Mischkalkulation (die Modelle sind zahlreich) darstellt, ist für den Wohnungskäufer häufig der simple Ruin, weil er durch den Treuhänder oder Geschäftsbesorger regelmäßig dazu verpflichtet wurde, sich der Zwangsvollstreckung über sein gesamtes Vermögen zu unterwerfen. Mittelmäßig verdienende Angestellte werden auf diese Weise auf Sozialhilfesatz heruntergepfändet, mittelständige Unternehmen tragen aus letzter Kraft die Kostenlast oder gehen pleite.

Tatsächlich befindet sich die Bank in der Situation des Taxifahrers, der vor dem Geschäft auf den Räuber wartet, welcher nach dem Überfall mit der Augenbinde einsteigt und flieht, während eben dieser Taxifahrer dem Staatsanwalt erzählt, es könne ihn doch nichts angehen, was seine Passagiere machen. So wie der Räuber nicht ohne Taxi vorankommt, kann kein Initiator seine noch so dubiosen Modelle ohne Finanzierung durch die entsprechenden Banken durchführen.

Zusammenfassung:

Empirisch betrachtet werden Jahr für Jahr zahllose Kunden von dubiosen Initiatoren und Immobilienvertrieben in der erwähnte Art und Weise geschädigt, wobei die erwähnte Diskrepanz zwischen der Suggestion leistungsgerechter Zahlung bei der Kalkulation des Gesamtpreises und den „undercover" ablaufenden Vorgängen besteht. Strafrechtlich relevant sind die beschriebenen Vorgänge, wenn und soweit im Sinne des klassischen Betrugs wesentliche Tatsachen verschwiegen oder irreführend dargestellt werden, bei deren Kenntnis der Erwerber die überteuerte Wohnung nicht erworben hätte. Anders als der Erwerber, der höchstens denkt „die Wohnung rechnet sich und ist ihr Geld wert", müssen sich Bank und Initiator die Kosten- und Gewinnfaktoren bezüglich des Gesamtobjektes genau überlegen, da ansonsten Pleiten durch fehlendes Hineinrechnen einzelner Kostenfaktoren und Eventualitäten drohen. Ein später häufig präsentiertes „wir waren halt so dumm" ist angesichts zahlreicher Berichte über Bauträger- und Bankpleiten nur als Schutzbehauptung zu werten.

Bezüglich der Straf- wie auch Ziviljustiz ist freilich zu bemerken, daß eine ausreichend qualifizierte Sichtung und Untersuchung entsprechender Verkaufsvorgänge zugunsten von Geschädigten unterbleibt, da die entsprechenden Praktiken in der Branche (es gibt natürlich auch zahllose weiße Schafe) eine erhebliche Professionalität verlangen und die beschriebenen Vorgänge für die justizförmige Bewältigung häufig zu komplex sind." So der Anwalt Dr. Volker Gallandi.

Lützenkirchen möchte diese „Taxis" zum Superprofit zum Stillstand bringen. Seine Chancen stehen nicht einmal so schlecht, den zu erwartenden langen Rechtsstreit zu gewinnen. Denn in der Zwischenzeit hat sich das Rechtsverständnis der Richter in den Obergerichten gewandelt. Merklich beginnt sich die Überzeugung durchzusetzen, daß das Publikum der Beratungskompetenz von Banken eine besonders hohe Glaubwürdigkeit zumißt.

Daß es, anders gesagt, Laien, Experten und Kompetente gibt und daß es sich bei dieser Begriffsfolge um eine Steigerung handelt. Wenn also ein Kompetenzträger einen Laien berät, dann muß dieser, der Laie, auch absolut auf das vertrauen können, was ihm gesagt wird. Was ja auch dem Wesen der modernen arbeitsteiligen Gesellschaft entspricht. Was mit sich bringt, daß Fehlberatungen stets Schadenersatzansprüche begründen.

Für die Juristen und mit ihnen für die Bankjuristen ist das eine nahezu revolutionäre Tendenz. Denn bisher galt stets der Grundsatz der individuellen Autonomie; was besagte, daß der einzelne für alle seine Taten verantwortlich zeichnet – im Guten wie im Bösen. Daraus folgte die Verpflichtung, selbst noch so kompetente Ratschläge noch einmal zu überdenken. Sogar dann, wenn der Betroffene gar nicht in der Lage dazu sein konnte – etwa, wenn es um komplizierte technische oder rechtliche Probleme ging. Generationen von Steuerzahlern sind in diese Falle getappt – indem sie falschen Tips ihrer Steuerberater gefolgt sind und als Strafe dafür viel Geld bezahlen mußten oder gar ins Gefängnis gingen.

Jetzt werden auf einmal Dritte, Ratgeber wie die Banken, direkt für die Entscheidungen ihrer Klientel verantwortlich gemacht – daraus wird die Pflicht erwachsen, daß Kunden in Zukunft nicht mehr in für sie unüberschaubare Risiken geführt werden.

In einem ersten aufsehenerregenden Urteil ist der Bundesgerichtshof dieser neuen Rechtsphilosophie gefolgt. Es ging um die Empfehlung zum Kauf schlußendlich wertloser australischer Schuldpapiere, welche unter anderem die BHF-Bank, Frankfurt, für insgesamt 325 Millionen Mark gekauft und weitergereicht hatte. Nach einem erbitterten, 1993 geführten Rechtsstreit bekamen die Geschädigten recht – und ihr Geld samt Zinsen zurück. Soll doch die BHF versuchen, bei dem Emittenden, dem inzwischen völlig fallierten Finanzritter Alan Bond, ihr Geld zurückzuholen!

Noch hat sich bei den Banken die Gefahr, die da auf sie zukommt, nicht allgemein herumgesprochen. Da schlägt die Deutsche Bank im Frühjahr 1993 ihren Kunden doch tatsächlich vor, die sauer verdienten Deutschmark in australischen Rentenpapieren anzulegen. Und sie lockt, ganz im Stil der Anlagehaie windigsten Kalibers, mit

19 Prozent Gewinn – nicht in zwei, nicht in einem, nein, in einem halben Jahr.

Niemand weiß, welchen Anteil ihrer so immens hohen Gewinne die Deutsche Bank selbst in diese australischen Staatspapiere gesteckt hat; vielleicht zuviel. Denn es ist gern geübter Brauch bei bankangestellten Anlageberatern, entweder die eigenen Emissionen zu empfehlen, oder solche, welche die Bank möglichst schnell aus dem eigenen Portefeuille entfernt sehen möchte.

Die Deutsche Bank verschweigt aber, auch das im Stil der windigen Anlageberater, die Risiken, die in den 38-Prozentern liegen: daß nämlich der australische Dollar seine Instabilität beibehält. So sackte dessen Kurs von 1990 bis Sommer 1993 von 1,40 auf 1,15; immerhin ein Verlust von rund 18 Prozent. Wer mögliche Kursverluste trotzdem hinnehmen will, die Gewinne aber nicht unbedingt in Australien zu verzehren gedenkt, dem werden die Depotkosten sowie die Transfer- und Umtauschgebühren die Freude an der australischen Anleihe gründlich vergällen. Niemand kann auch voraussagen, was der australischen Regierung bei einer sich verschlechternden Wirtschaftslage an Zinsbesteuerung oder Transferverboten noch einfallen wird.

Diese Vorhersage fiel den Banken ja schon bei der deutschen Steuergesetzgebung schwer. Inzwischen ist es heraus: All die trickreichen Umgehungsstrategien, mit denen kleine wie größere Sparer versuchten, der Zinsabschlagssteuer zu entgehen, drohen zu einem gigantischen Flop zu geraten.

Schon die Verlagerung der Vermögenswerte ins vermeintlich verschwiegene Ausland entwickelt sich zu einer Höllenfahrt in Richtung Steuerstrafe.

Was den Bankern aber als Alternative eingefallen ist, ist das Hirnschmalz nicht wert, das darauf verwandt wurde. Und es stellt sich erneut die Frage, ob es mit einer Bank-Kompetenz wirklich so weit her ist, wenn die Anlagentrickser dort nicht voraussehen können, daß sich der Finanzminister nicht auf Dauer an der Nase herumführen läßt.

Hat den Bankern denn niemand gesagt, daß schon ein simpler Erlaß die fein austarierten Kartenhäuser zum Einsturz bringen kann? So wie das mit den Bauherrenmodellen geschehen ist, die sich plötzlich aufgrund eines solchen Erlasses nicht mehr rechneten?

Was haben sie sich alles einfallen lassen, die Innovatoren in den Rechen- und Denkcentern! Da gibt es Kombizins-, Gleitzins- und Festzinsanleihen; Anleihen mit getrennt handelbaren Coupons; Gekappte Optionsscheine, Giros (kein griechischer Imbiß!), Grois, Range Warrants, Saros oder Mega-Zertifikate – alle erdacht, um dem einen großen Übel zu entgehen: Bloß nichts entstehen lassen, was nach Zinsen riecht, sich so anfühlt oder gar so heißt.

Da werden die Papiere vor Ende der Laufzeit verkauft, um ausschließlich in den Genuß der Wertsteigerung zu kommen. Niente, sagt das Finanzministerium. Da ist die Emissionsrendite zu versteuern.

Da wurde das Einstandskapital garantiert und der Gewinn nach Ende der Laufzeit als Zusatzzahlung an die Entwicklung des Aktienkurses oder des Dollars geknüpft. Und obwohl diese Art von Geldanlage sehr ans Lotto erinnert, dessen Gewinne ja steuerfrei fließen, greift auch hier der Fiskus gnadenlos zu. Anders, als die Banker sich das gedacht haben. Die sind sogar ab 1994 dazu verpflichtet, etwaige Erträge, wie das bei der klassischen Zinsabschlagssteuer schon der Fall ist, abzuführen.

Bleiben wir noch ein wenig in den Höhen der Anlageberatung; auf den Absturz in die finsteren Tiefen der vorsätzlichen und fahrlässigen Existenzvernichtung kommen wir ein paar Seiten später wieder zurück.

Es geht um jene Fonds, die deutsch-luxemburgische Manager aufgelegt haben, um die wohl arg spielfreudige und innovationssüchtige deutsche Klientel bei Laune zu halten. Daß dabei hübsch was für die Banken hängenbleibt, kann vorausgesetzt werden.

Da gibt es die geldmarktnahen Fonds, bei denen die Anleger in kurzfristige Termineinlagen oder Papiere des Geldmarktes investieren. Hiermit sollen die Chancen genutzt werden, die aus den hohen Zinsen auf kurzfristig geliehenes Geld resultieren. Was die Verkäufer am Bankschalter gern verschweigen ist die Tatsache, daß bei fallender Zinstendenz die Fonds natürlich rapide an Wert verlieren.

Bei „Laufzeitfonds" wird Geld für einen bestimmten kurzen Zeitraum angelegt; anders als bei den beliebten Rentenfonds. Dabei läßt sich die zu erwartende Rendite leicht und recht genau vorausbestimmen. Nur: Man muß schon Insider sein, um hier mitspielen zu können, die Fonds werden nur über wenige Wochen angeboten. Fällt der Zins, verschwindet das Angebot sofort aus dem Markt. Soweit der Ausflug in die hohe Kunst der Anlagetricks. Jetzt zu den existenzbedrohenden, alltäglichen Gefährdungen aus einer Anlageform, in die fast jeder Bundesbürger investiert. Da bahnt sich eine Katastrophe an, ausgelöst von ein paar gewissenlosen Beratern, in die die fünf großen Lebensversicherer, die Hamburg-Mannheimer, die Iduna, Ideal und Pax sowie einige Kleinere verwickelt sind. Sie erklärten im Frühjahr des Jahres 1993 ganze Kontingente von Verträgen von heute auf morgen für nichtig.

Wie sich das auf das Verhalten der kreditgebenden Banken auswirken würde, ließ sich zum Zeitpunkt der Manuskripterstellung noch nicht ausmachen. Immerhin zählten Lebensversicherungen bisher zu den wichtigsten Sicherheiten für herausgegebene Kredite. Fällt auch nur ein Hauch von Schatten auf dieses Instrument, könnten die Banken beginnen, die Sicherheit für so manchen wackeligen Kredit neu zu bewerten. Da stellt sich dann erneut die Frage, was das denn soll, die fast automatische Verknüpfung von Kredit und Lebensversicherung. Es gibt Kritiker unter den Versicherungsspezialisten, die in dieser Koppelung nichts weiter sehen als eine Bereicherungsstrategie der Berater am Bankschalter. Denn die (und die Bank als Institution) verdienen an jeder neu abgeschlossenen Lebensversicherung gute Provisionen.

Pikant dabei zu wissen, daß fast alle Lebensversicherungen enge Konzern-Verflechtungen mit den Banken eingegangen sind.

Was ist geschehen? Da hatten zwei Versicherungsmakler, Dieter Zantop und Reinhard Schmidt-Tobler, für neun Milliarden Mark Lebensversicherungen für Arbeitnehmer akquiriert; ob als Schein-Abschlüsse, mag dahingestellt bleiben. Die Provision in Höhe von 380 Millionen Mark reichte den beiden aber offensichtlich nicht; sie setzten dieses und geliehenes Geld ein, indem sie die ersten Prämien aus eigener Tasche bezahlten. Später wollten sie dann die Verträge vorzeitig kündigen und aus dem aufgelaufenen Rückkaufwert satte Gewinne weit über den 380 Millionen Mark Provision ziehen.

Der Coup flog auf; die Versicherten erklärten die betreffenden Lebensversicherungen für ungültig. So weit wäre das ja alles noch nachvollziehbar und verständlich. Aber offensichtlich war es den Versicherungsmanagern zu mühsam, jede einzelne Lebensversicherung, also auch die von dem Coup nicht betroffenen, auf ihre Gültigkeit zu überprüfen. Vielleicht liegen auch zuviele derartige Leichen im Tresor der Versicherungen und damit in den Bilanzen ihrer Muttergesellschaften, der Banken. So sickerte im April 1993 durch, daß beim Deutschen Ring Policen mit Versicherungssummen um 250 Millionen liegen, bei denen betrügerische Machenschaften der Makler vermutet werden.

Die Iduna überträgt ihr Mißtrauen gegenüber den Schmidt-Toblerschen Policen inzwischen mit gutem Grund auf den Rest ihres jüngeren Bestandes.

Die Betrügereien sind deshalb so einfach zu handhaben gewesen, weil die Versicherungen zu hohe Provisionen bezahlen; bis zu 4,5 Prozent der Vertragssumme. Und weil sie ihre Vertreter zu schnell aus der Regreß-Pflicht entlassen. Sie haben sich den Schaden also selbst zugefügt. Kein Wunder, daß die Gesellschaften, einmal in Panik geraten, drastische Rettungsmaßnahmen einleiten – zu Lasten ihrer ehrlichen Kunden, natürlich.

So stellte die Deutsche Beamtenversicherung DBV zum Beispiel ihren gesamten Bestand in Frage – bei der Bezirkssparkasse Überlingen zum Beispiel stehen daher Kredite, die mit Rückkaufwerten von 16 Millionen Mark besichert sind, zur Disposition. Existenzgefährdend für die betroffenen Kunden; keine große Sache für die Banken: Sie haben ja das verbriefte Recht, weitere Sicherheiten sofort und ohne Begründung nachzufordern. Das ist die indirekt eingeleitete Existenzgefährdung. Die direkte geht viel brutaler. Zwei beispielhafte Fälle hierzu.

Fall eins: Da erfüllt sich eine ehemalige Stewardeß, deren Gatte kurz zuvor gestorben ist, ihren größten Lebenswunsch – ein Gestüt. Das Grundstück, idyllisch gelegen, ist schnell gefunden. Ihre Hausbank hat es schnell, wie aus dem Hut gezaubert, bereit. Was die Ex-Stewardeß nicht weiß und was ihr die Bank verschweigt: auf dem Grundstück liegt keinerlei Baurecht; eine Nutzung als Gestüt kommt zudem nicht in Frage – keine Genehmigung.

Als sie das erfährt, hat die Frau jedoch bereits ihr gesamtes Geld in ihre neue Existenz gesteckt. Es bedarf wohl keiner besonderen Erwähnung, daß der Bank das Grundstück im Rahmen einer Zwangsversteigerung zugefallen war.

Fall 2: Ein Automechaniker entschließt sich für den Schritt in die Selbständigkeit. Alle Überprüfungen der Bonität sind o. k., der Mann erscheint der Bank als guter Fang. Pech für den Jung-Unternehmer, daß er sich auf die Existenzgründungs-Beratung seiner Bank, der Sparkasse in Wiesloch, verläßt. Die machten dem Mann weis, die geforderte Kaufsumme für die Werkstatt in Höhe von einer halben Million Mark sei in Ordnung. Professor Schmelz, Frankfurt, dessen Kanzlei den Geprellten vertritt, kommt später zu der Erkenntnis, daß gerade mal die Hälfte angemessen sei.

Zweitens behaupten die Banker, öffentliche Existenzgründungsdarlehen gebe es nicht mehr – gelogen zugunsten der eigenen teuren Gelder. Schließlich vergißt der Kundenberater auch noch, die notwendigen Betriebsmittel richtig zu kalkulieren: ein paar tausend statt wohl realistischen 300.000 DM. Schließlich muß ein Autohändler zunächst einmal Autos kaufen, um sie weiterveräußern zu können. Der Mann, dem das alles zwar ein bißchen komisch vorkommt, verläßt sich trotzdem auf die Ergebnisprognosen der Bank und ist binnen dreier Jahre pleite:

1,3 Millionen Mark Schulden; gekündigte Kredite; Konkurs; Zwangsversteigerung. Das gerichtliche Verfahren endet mit einem Vergleich: Forderungsverzicht der Bank über etwa 400.000 Mark.

Die einfache und die verschärfte Beutelschneiderei. Oder:

Wie wir alle ausgeweidet werden.

Zehn bis fünfzehn Mark Bearbeitungsgebühr, wenn eine Lastschrift oder ein Scheck platzen; das ist ein Betrag, der es durchaus wert ist, einmal genauer analysiert zu werden.

Welchen Aufwand macht eigentlich die Rückgabe eines Schecks? Der Computer druckt die interne Kontostandsliste aus – zusätzlicher Aufwand für die Bank entsteht keiner.

Der Filialleiter durchforstet die Liste nach Problemfällen; das ist seine tägliche Aufgabe. Bei den Konten, die zu weit überzogen sind, macht er einen Strich (bei den anderen einen Haken) – Zeitaufwand pro Konto, sagen wir einmal, eine Sekunde.

Er gibt die Liste mit vielleicht tausend Konten an einen seiner Mitarbeiter weiter – das dauert zwei Sekunden; anteiliger Aufwand für das überzogene Konto: zwei tausendstel Sekunden.

Der Angestellte sucht und identifiziert den Kontoinhaber – das dauert, wenn der Mitarbeiter es gerade mal nicht so flott angehen möchte, zehn Sekunden.

Er schreibt einen Benachrichtigungsbrief an den Kontoinhaber; in ländlichen Filialen geschieht das noch mit der Schreibmaschine – dreißig Sekunden.

Er steckt die Benachrichtigung in einen Umschlag und legt den Brief auf den Postausgangsstapel: zehn Sekunden.

Der Bote bringt den Brief mitsamt hundert anderen zur Post; dafür braucht er eine halbe Stunde. Anteiliger Aufwand: 20 Sekunden.

Der Rückläufer-Scheck wird ebenfalls in einen Briefumschlag gegeben und versandt: zehn Sekunden; anteiliger Zeitaufwand der Poststelle: 20 Sekunden.

Eingabe des Vorgangs mitsamt dem Belastungsauftrag für die Gebühr in den hausinternen Computer: 3 Sekunden. Benötigte Rechenzeit für die Kontenbelastung: drei hunderttausendstel Sekunden (nageln Sie mich auf die eine oder andere millionstel Sekunde bitte nicht fest!).

Macht zusammen, wenn wir die zwei tausendstel Sekunden für den händischen Übergang der Kontenliste von Filialleiter zu Mitarbeiter einmal außer acht lassen und die Rechenzeit des Computers auch großzügig übersehen, alles in allem 104 Sekunden. Um besser rechnen zu können, nehmen wir 120 Sekunden, also zwei Minuten, an.

Kalkulieren wir Computerkosten, Porto- und Materialkosten mit drei Mark, stellt die Bank also für 120 Minuten Arbeitszeit ihrem Kunden ein Honorar von sieben Mark in Rechnung; auf die Stunde macht das den wahrlich fürstlichen Satz von 210 DM. Kann natürlich auch sein, daß die Bank die Porto- und Materialkosten noch einmal gesondert abrechnet; zum Beispiel bei den allgemeinen Kontoführungskosten.

210 Mark Stundensatz – davon läßt sich prächtig leben. Bei 200 Arbeitsstunden im Monat rechnet sich dieser Betrag auf ein Monatsgehalt von 42.000 Mark hoch; 504.000 Mark im Jahr, ohne Weihnachts- und Urlaubsgeld. Das bekommen üblicherweise die Vorstandsmitglieder von Großbanken. Der Vorstand einer kleineren Sparkasse erhält, wenn der Verwaltungsrat großzügig ist, gerade 200.000 Mark.

Wer also die Benachrichtigung über einen geplatzten Scheck in Händen hält, darf sich geehrt fühlen: Offenbar schreibt ihm der oberste Verwalter seiner Schulden höchst persönlich. Dafür verlangt er aber allertiefst empfundene Demutsgefühle!

Wem die Ehre widerfährt, daß ihm der Leiter der Rechtsabteilung schreibt, das Finanzamt habe seine Konten gesperrt, er möge das bitte sofort in Ordnung bringen, vorerst aber einmal dreißig Mark Gebühr bezahlen, der hat damit zwei Minuten von sogar drei Vorstandsmitgliedern in Anspruch genommen.

Was diese Rechnungen sollen? Endlich einmal aufzeigen, mit welch abstrusen Kostenansätzen die Banken operieren. Und sie tun es vorzugsweise bei jenen, denen das Wasser sowieso bis zum Hals steht.

Diese Gebührenschinderei läßt sich je nach Geldbedarf der Banken fast beliebig steigern. Da ein Großteil der Girokonten überzogen ist – und zwar auf eine Weise, daß das offiziell genehmigte Limit überschritten wurde, liegt es ganz in der Willkür des Filialleiters oder des verantwortlichen Sachbearbeiters, Schecks oder Lastschriften zurückgehen zu lassen.

Das ist umso lukrativer, je mehr Kunden ihre Fixkosten per Lastschrifteinzug begleichen.

Der Filialleiter ist also berechtigt, aus reiner Willkür Zahlungen zu verweigern – und damit seiner Bank, an Einsatz und Aufwand gemessen, mehr an Gewinn zu verschaffen, als etwa mit der Herausgabe von Krediten oder mit der Spekulation auf den Aktienmärkten zu verdienen wäre.

Wer den Gedanken weiterspinnt, der kommt schnell auf die Idee, daß das herkömmliche Bankgeschäft eigentlich nur der Akquisition von Kunden dient, die dann mit Hilfe der Gebühren fachgerecht abgezockt werden. Und je mehr diese verehrten Kunden in die Kreide geraten – umso mehr läßt sich aus ihnen herausholen. Einschließlich des Häuschens oder der Firma, dem die Kredite und Überziehungen eigentlich gegolten haben.

Polemik? Aber sicher. Jedoch: Rechnen Sie weiter mit!

Gebührenvieh gibt es inzwischen genug. Kein Bürger zumindest ohne Girokonto; er käme weder an sein Gehalt noch könnte er Mutters Weihnachtsscheck in klingende Münze umsetzen. Sogar, wenn er Bares wünscht, kostet ihn das heute Gebühren; selbst, wenn der Kaufmann gebündelte Scheine oder gerollte Münzen zur Kasse trägt, muß er dafür bluten.

Die Vision, der Kunde müsse für das Lächeln eines Bankbeamten irgendwann einmal zahlen, ist inzwischen Wirklichkeit geworden. Wer sich nicht mit den Kontoauszugdruckern in den überfüllten Foyers begnügen will oder kann und einen Angestellten um die persönliche Herausgabe der Auszüge bittet – der muß dafür in vielen deutschen Banken eine Gebühr bezahlen.

Andere Banken gehen mit ihrer Menschenscheu sogar noch weiter: Sie installieren ein teures Spielzeug namens

Home-Banking und nötigen die Kunden, ihre Geldgeschäfte per Telefon zu erledigen. Und während die Citibank noch Personen aus Fleisch und Blut miteinander reden läßt, ist die Gelsenkirchener Sparkasse inzwischen dazu übergegangen, ihre Home-Banking-Kunden mit einer Computerstimme abzufertigen. Andere Institute, so heißt es, möchten liebend gerne nachziehen.

Der Vorteil liegt auf der Hand: sogar die Telefongebühren zahlt der Kunde selbst. Und wenn er dann tatsächlich einmal in der Hauptstelle vorsprechen muß, wird es wohl nicht nur wegen der Fahrtkosten teuer: Entweder braucht er einen Kredit, der Geld kostet, oder er hat sich zum Problemfall entwickelt; dann kostet es womöglich die wirtschaftliche Existenz. Ob der Kunde dann aber wenigstens mit einem Lächeln rechnen kann, bleibt noch dahingestellt.

Pure Polemik? Aber sicher. Aber beobachten Sie die Szene doch selbst! Tatort Deutsche Bank, im März 1993. Diese Bank arbeitet mit Kostenpauschalen bei der Abrechnung der Kontogebühren – und schafft es dennoch, zweimal zuzuschlagen. Einzelüberweisungen kosten nämlich nur dann nichts, wenn sie per Diskette in die Datenbestände der Deutschen Bank gelangen. Vor wenigen Monaten war auch der Datentransfer via Datex J (früher hieß das Bildschirmtext) noch kontogebührenfrei; jetzt gehen die Banken dazu über, mindestens die halbe Standardgebühr zu verlangen. Ansonsten: eine halbe Mark pro Stück, wenn vierteljährlich abgerechnet wird.

Die Deutsche Bank ist es auch, die sich Geldabhebungen am Schalter als erste bezahlen ließ – drei Mark pro Vorgang. Wenn also jemand, was in dieser Höhe üblich ist, sich schnell mal am Schalter 300 Mark abholt, kostet das ein Prozent der beschafften Summe. Wer, wie das bei notleidenden Kunden oft der Fall ist, gerade mal fünfzig Mark für die wichtigsten Einkäufe zugeteilt bekommt, der zahlt gar sechs Prozent Gebühren.

Rechnen wir doch auch hier einmal hoch. Wieviel Zeit beansprucht so eine Auszahlung? Alles in allem maximal zehn Sekunden. Drei Mark in zehn Sekunden entspricht 18 Mark in der Minute und 1080 Mark in der Stunde. Bei 200 Arbeitsstunden pro Monat kommen da 216.000 Mark heraus; knapp 2,6 Millionen Mark pro Jahr. Dem Kassierer wäre dieses Gehalt sicher zu gönnen.

Astronomisch die Gebührensätze, die, aufs Jahr umgerechnet, bei der Nutzung der Geldautomaten auflaufen. Viele Banken berechnen für den Nachtservice drei Mark, selbst, wenn es sich bei dem Abholer um einen Kunden dieser Bank handelt. Fremde müssen sowieso, Tag oder Nacht, vier Mark berappen. Warum gerade des Nachts Sondergebühren anfallen, ist nicht so einfach zu begreifen; vielleicht brauchen die Automaten aber genausoviel Schlaf wie ein Apotheker, der für die nächtliche Herausgabe eines Medikaments ja auch einen Zuschlag verlangen darf. Da ist dann sicher angemessen, daß auch dem Computer eine Vergütung in Form von Gebühren-Bits und -Bytes zukommt, wenn ihn ein Nachtbummler im Cyberspace-Traum stört.

Wollen sie diese Nachtgebühr mit ernsthaften Argumenten untermauern, kommen die Banker gerne auf die Idee, von Zinsverlusten zu sprechen. Sie könnten das Geld ja vielleicht in New York, wo gerade Tag ist, verzinsen. Nehmen wir das Argument einmal ernst (so richtig wollen wir aber nicht dran glauben; denn meist handelt es sich um Summen, die statt im Kellertresor im Geldautomaten geparkt sind), dann entspräche das einem Zinssatz von 0,75 Prozent pro halbem Tag; also von 1,5 Prozent pro Tag. Da sei das Weiterrechnen doch bitte erlaubt: Da kommt ein Zinssatz von weit über 500 Prozent pro Jahr zusammen.

Versuchen wir aber einmal hochzurechnen, was diese drei Mark Nachtgebühr denn auf die menschliche Arbeitsleistung umgerechnet bedeuten.

Wenn der Kassierer den Automaten auffüllt, dann braucht er dafür, einschließlich des notwendigen Papier-, beziehungsweise Computerkrieges, maximal fünf Minuten. Dabei legt er Geld nach, das von, schätzen wir einmal, hundert nächtlichen Passanten abgefordert wird. Das bedeutet: auf jeden Auszahlungsvorgang kommen anteilig drei Sekunden Arbeitsszeit. Jetzt wieder die Rechnung: drei Sekunden zu drei Mark macht sechzig Mark die Minute und 360 Mark die Stunde, 72.000 Mark der Monat und 864.000 Mark im Jahr.

Abgesehen davon spült die im Frühjahr 1993 beschlossene Mindestgebühr von 4 Mark pro Auszahlung aus fremden Geldautomaten den Banken eine Zusatzeinnahme von gut 170 Millionen Mark in die Bücher.

Wenn es um derartige Größenordnungen geht, dann wächst bei den Bankern parallel zur Gier die Kreativität. Motto des innovativen Rennens: Der Banker lupft nur dann den Hintern vom Stuhl, wenn das in Kostensätze umgerechnet werden kann.

Um herauszufinden, welche bankinternen Aktivitäten auf irgendeine Weise durch welches Kundenbegehr ausgelöst wird und damit gebührenpflichtig gemacht werden kann, beschäftigen die Banken sündteure Unternehmensberater, deren Stundensatz schon einmal drei- bis vierhundert Mark betragen kann.

Einer, so berichtet Heinz Brestel, der große Kritiker und Berater der Geldszene, hat sich nicht einmal entblödet, die Verweildauer der Angestellten auf dem Klo zu vermessen.

Und er erzählt, daß die Bankmanager ihre Kassen längst als jenen Ort identifiziert haben, der die wenigste Rentabilität bringt – das WC einmal ausgenommen. Sein Schluß aus dieser Erkenntnis: die Kassen müßten längst geschlossen werden. Die Banker waren, wie gesehen, klüger: Sie lassen sich Kassen-Benutzung bezahlen. Die Angestellten hingegen dürfen noch kostenlos aufs Klo; die verlorene Arbeitszeit geht in die „Gemeinkosten" über und wird wohl später in die Gebührenkalkulation übernommen.

Warum, so fragen sich daher bereits ernsthafte Menschen, verzichten die Banken dann nicht auf ihr eigentliches Kern-Geschäft? Dann bräuchten die Manager ihr Machtbewußtsein nicht bei denen auszutoben, die unter die Räder geraten sind. Und sie könnten im Mittelstand, der sowieso bereits unterfinanziert ist, nicht so viel Schaden anrichten.

Wer so denkt, hat auch die treffenden Umfirmierungsvorschläge bereits zur Hand: „Deutsche Sammelstelle"; „Kasse für Gebührenwirtschaft" oder „Kommunale Nebenabgabenkasse". Pure Polemik? Aber ja.

Bis es so weit ist, trainieren die Manager in den modernen Raubritterrüstungen, den Boss-Anzügen und Seidenstrümpfchen, die Herren in den Limousinen und die flotten Cabrio-Yuppies schon einmal ihre Innovationskraft. Beispiele gibt es genug.

Innovator Sparkasse Korschenbroich: Wer mehr als viermal pro Jahr in sein Schließfach schauen will, muß dafür 1,50 DM pro Besuch bezahlen. Es ist bisher nicht zu erfahren gewesen, ob die Sparkasse ihre Mitarbeiter an den Einnahmen daraus beteiligt. Schließlich verursacht der Kunde auch den Angestellten zusätzliche Kosten: Die Schuhsohlen schleißen auf dem Weg vom Kunden- zum Tresorraum übermäßig ab.

Innovator Sparkasse Hannover: zehn Mark, wenn die im Freistellungsauftrag für die Zinsabschlagssteuer genannte Summe herabgesetzt werden soll. Das ist übrigens ein beliebter Gebührentrick aller Banken: Jede Änderung, selbst das Herausreichen des Freistellungsauftrags, kostet ein paar Mark.

Weiter Innovator Sparkasse Hannover: bis zu vierzig Mark für die Kopie oder Zweitschrift eines Schecks. Was muß in dieser Sparkasse ein organisatorisches Chaos herrschen, daß diese Gebühr von den kommunalen Aufsichtspersonen als betriebswirtschaftlich gerechtfertigt empfunden wurde.

Dritter hannoveranischer Innovations-Schlag: zwanzig bis dreißig Mark Pauschale für das Führen eines Kreditkontos. Sie sind zu bewundern, diese erfindungsreichen Beutelschneider.

Innovator Deutsche Bank: die Kundenkarte und Eurocard mit integriertem Telefonchip. Damit können alle Online-Kartentelefone benutzt werden – und die werden immer mehr. Wohlgemerkt: Es handelt sich nicht um die herkömmlichen Telefonkarten, deren Chip ein bestimmtes Guthaben speichert. Die Bank-Telekarten sind so konstruiert, daß die Gebühren vom Konto des Teilnehmers abgebucht werden.

Wer sie benutzen will, muß der Deutschen Bank pro Jahr 18 Mark zusätzliche Gebühren bezahlen; die posteigene Telekarte hingegen kostet im ersten Jahr zehn, in jedem folgenden Jahr 15 Mark (Stand: August 1993). Und während bei der Telekom nur die postüblichen Gebühren von 23 Pfennig pro Einheit abgebucht werden, berechnet die Bank 30 Pfennig pro Einheit.

Neuester Schrei in der Szene: Gebühren dafür, daß die Konten eines Kunden einem Sicherheits-Check unterzogen werden. Und ganz frisch auf den Tisch kommt die Meldung, daß die IKB Industriekreditbank, Berlin, jetzt bei ihren Gläubigern Gebühren für die Tilgung ihrer eigenen (jawohl: die der Bank!) Schulden erhebt. Und das geht so:

Die IKB finanziert sich, wie alle Banken, auch aus dem Geld, das ihr Privatleute in Form von Einlagen oder Anleihen zur Verfügung stellen. Dafür zahlt die IKB Zinsen; bislang stets in der vereinbarten Höhe. Das soll zwar auch so bleiben – nur möchte die IKB jetzt von den Zinsen 30 Mark jährlich abziehen – als Gebühr für pünktliche Tilgung sozusagen. Die Süddeutsche Zeitung nahm am 31. August 1993 diesen unglaublichen Vorgang zum Anlaß, ihre Leser dringend davor zu warnen, ähnliches bei ihrer Gläubigerbank zu versuchen. Zu Recht: Der juristische Haß aller Bankmanager würde mit aller Macht zuschlagen.

Daß die Auflösung eines Sparbuches zehn Mark kostet, wird den kritischen Beobachter nicht mehr verblüffen. Er wird höchstens, auch wenn ihm das Herz blutet, sein Sparguthaben bis auf eine Mark herunterfahren und das Sparbuch dann wegwerfen. Selbst das funktioniert nicht überall: Raiffeisenbanken verlangen für das Führen eines Sparkontos Gebühren und buchen diese, stillschweigend, vom Girokonto des Eigners ab, so er ein solches führt. Da ist bei kleinen Guthaben die Minimalverzinsung des Spargeldes schnell egalisiert.

Wer hingegen dem Rat der Banken gefolgt ist und fleißig Wertpapiere gehortet hat, und wer darüber hinaus bequem genug war, dafür ein Depot einzurichten, statt die Papiere zuhause zwischen den Fußbodendielen zu verstecken – dem wird das spätestens dann leidtun, wenn er das Depot auflöst.

Es muß hier hinzugefügt werden, daß alle Angaben über Gebühren sich auf die Zeit bis zum August 1993 beziehen und auch nur ohne Gewähr erfolgen. Die Szenerie ist derart in Bewegung, daß es wie beim Lotto zugeht: Niemand weiß, welche Zahlen wann fallen.

Bei der Dresdner Bank – andere halten es ähnlich – muß die Auflösung jedes einzelnen Wertpapierpostens mit 30 Mark bezahlt werden, wenn es sich um inländische Papiere handelt. Bei ausländischen Papieren kann die Gebühr sogar auf 200 Mark steigen. Wer also in seinem Depot Wertpapiere im Wert von 10.000 Mark geparkt hat, die sich auf zehn Posten verteilen, der müßte, inländische Titel vorausgesetzt, 300 Mark bezahlen. Das entspricht einem Wertverlust von drei Prozent. Bei ausländischen Papieren verliert er sogar bis zu 20 Prozent.

Weiter im Stichwort Depotkosten: Wollen wir hoffen, daß die damit befaßten Bankmanager inzwischen selber gelernt haben, was sie denn in welcher Höhe anrechnen können. So veröffentlichte die Zeitschrift DM im Februar 1992 die Ergebnisse einer Umfrage zum Thema „Depotgebühren“. Und heraus kam, daß selbst etliche der von den Banken genannten Spezialisten nicht in der Lage waren, die Depotkosten auf Anhieb richtig zu nennen. Häufig, so die Zeitschrift, verschwiegen die Spezialisten die Mindestgebühren für die Depotverwaltung.

Gerade die sind es aber, die nach dem letzten Gebührencoup der Banken dem „kleinen“ Spekulanten oder Anleger die Freude am Börsenspiel vergällen, die inzwischen in exorbitante Höhe gestiegenen Mindestgebühren: die Deutsche Bank zum Beispiel hat ihre Mindestgebühr von 15 auf 25 DM (Spätsommer 1993) erhöht.

Wer über die Commerzbank Rentenpapiere kaufen möchte, der zahlt ab Herbst 1993 statt 5 Mark mindestens 30 Mark Transaktionsgebühr. Bei der Dresdner Bank kostet der Kauf ausländischer Optionsscheine 100 Mark – brutale Renditekiller für alle, die aus wenig Geld mehr machen wollen.

Geradezu vermögensvernichtend kann es sich auswirken, werden bei heißen Spekulationen die Makler- und Handlinggebühren außer acht gelassen. Dazu weiter hinten mehr Erschreckendes. Hier soll nur auf die Hilfsbedürftigkeit der Kleinanleger hingewiesen werden, der nicht einmal die Richter gerecht werden können, weil es Gesetze gibt, an denen Bank-Lobbyisten eifrig mitgestrickt haben.

Es gibt keinerlei Schutz vor der Einfallskraft, mit der die Banken in Zukunft dem Kunden in die Konten greifen. Denn das Oberlandesgericht Frankfurt hat im Februar

1993 diese Praxis ausdrücklich gutgeheißen. Nicht, daß der Richter die Höhe der Gebühren nach etwaigen Indizien für einen Wucher abgeklopft hätte. Nein, er wies darauf hin, daß das Gesetz über die Allgemeinen Geschäftsbedingungen den Gerichten keinen Raum gelassen habe, die Gebühren und Preise zu beurteilen. Was aber auch bedeutet: Die Banken können jederzeit mit neuen Gebühren aufwarten. Und es wird schon seine Berechtigung haben, wenn Rainer Metz, Jurist der Verbraucherzentrale Nordrhein-Westfalen, Düsseldorf, die Banken vorsorglich darauf hinweist, daß rückwirkende Gebührenänderungen ungesetzlich seien. Diesen Praktiken entgehen kann nur, wer die Bankverbindung wechselt.

Aber erstens: wer wagt das schon, wenn sein Konto weit im Minus steht; und zweitens: woher will er wissen, ob er dann nicht vom Regen in die Traufe gerät. Denn erstens passen die Banken ihre Gebühren sehr schnell einander an und zweitens brauchen nicht alle Gebühren auch im Kassenraum auszuhängen; der Gesetzgeber hat da in den Vorschriften zu den Allgemeinen Geschäftsbedingungen ein paar kleine und feine Lücken gelassen. Zu den nicht aushängepflichtigen Gebühren gehört zum Beispiel der Eintrittspreis in den Tresorraum der Sparkasse Kerschenbroich.

Die Gier nach dem Gewinn, der aus den Gebühren stammt, verführt die Kassen gar dazu, die Finanzierungsstrategie des Finanzministers zu torpedieren, wie zugleich, bestehende Gesetze und Vorschriften zu unterlaufen. So hat die Verbraucherzentrale Düsseldorf Anfang 1993 herausgefunden, daß vor allem Sparkassen sich zunächst einmal weigern, Bundesschatzbriefe zu verkaufen – das eigene Produkt; die Sparkassen-Schatzbriefe liegen ihnen mehr an der Seele. Vor allem dann ist es schwierig, an die hochverzinslichen Papiere zu kommen, wenn es sich um kleinere Mengen, etwa Einzelstücke zu 50 oder 100 Mark, handelt.

Die Kaufhürden bestehen etwa darin, daß sich eine Kreissparkasse weigert, Order unter einer Auftragshöhe von 10.000 Mark anzunehmen. Dabei haben alle Banken und Sparkassen, die für den Handel mit diesen Papieren zugelassen wurden, sich ausdrücklich dazu verpflichtet, Einzelkäufe zu akzeptieren.

Eine Regionalbank möchte gleich zweimal an den Schätzen verdienen: einmal an dem Verkaufsbonus, den der Bund ihr eingeräumt hat, und zweitens an den Gebühren, die sie vom Käufer verlangt. Letztere aber sind ausdrücklich nicht erlaubt.

Beliebt auch die Variante, den Kunden eine bankinterne Depotführung mitsamt den damit verbundenen Gebührenchancen einzureden. Dabei bietet die Bundesvermögensverwaltung ausdrücklich eine eigene, kostenfreie Depotverwaltung an. Im August 1993 haben die Banker sogar ihrem allerobersten Institut, der Bundesbank, gezeigt, wo Gott wohnt. Sie setzten durch, daß die neuen Bundes-Liquiditätsschätze nicht, wie zunächst geplant, bereits zu Tranchen ab 100.000 Mark verkauft werden, sondern erst ab einer halben Million Mark. Die Schätze waren insofern hoch gefährlich für die Banken, weil ihre Verzinsung beträchtlich über der damals für Festgelder auf Bankkonten üblichen lag.

So kommt es, daß die Verteuerung der Bankgebühren inzwischen zu einer ernsthaften volkswirtschaftlichen Belastung geworden ist, die im Warenkorb des Statistischen

Bundesamtes inzwischen mehr und mehr zu Buche schlägt. In diesem Warenkorb sind ja die für Privathaushalte üblichen Ausgaben zusammengefaßt. Auf dieser Basis wird monatlich die Preissteigerungsrate ermittelt.

Vor 15 Jahren zahlte der Normalbürger gerade einmal 51 Mark an Bankgebühren; Anfang 1993 waren es bereits 193 Mark; das macht eine Steigerung um 278 Prozent. Zum Vergleich: Im selben Zeitraum betrug die Durchschnitts-Teuerung nur 58 Prozent.

Könnte sein, daß es den Banken gelingt, ihren Anteil an der Inflation in Zukunft erfolgreich zu verschleiern. Der Bayerischen Vereinsbank, München, ist zum Beispiel ein besonderer Gag gegen die Transparenz der Kontogebühren eingefallen: Sie berechnet diese abhängig vom durchschnittlichen Guthaben. Wer überdurchschnittlich viele Buchungen monatlich durchführen läßt, der verliert schnell den Überblick über die Stimmigkeit der aktuellen Gebührenrechnung.

Die Postbank machte es sich noch einfacher: Im Spätsommer 1992 bat sie ihre Kunden, per Vordruck mitzuteilen, wie häufig sie in Zukunft Einblick in ihren Kontostand nehmen wollten – ob wöchentlich oder einbeziehungsweise zweimal im Monat. Was die jeweilige Alternative jedoch an Kosten mit sich bringt, erfuhr der Kunde weder durch das Begleitschreiben, noch bei der Bank selbst. Der Grund: Der Preis richte sich, so die Pressestelle der Bank, nach dem Briefporto und danach, wieviele Blätter der Auszug beinhalte. Damit ersparte sich die Bank den umfangreichen Hinweis auf den wohl auch für sie unübersichtlich gewordenen Gebührendschungel ihrer Schwester Gelbe Post.

Überhaupt ist das so ein Problem mit der Transparenz bei den Kosten. Vor allem dort, wo es um für die Kunden subjektiv wirklich viel Geld geht, bei den Krediten, haben die Bankmanager so manchen Weg gefunden, das Gebot zu umgehen, die Effektivzinsen zu benennen. Natürlich wird in den Verträgen etwas aufgeführt, was „Effektivzins" heißt. Aber von dem bis hin zur tatsächlichen Belastung klafft häufig eine beträchtliche Schlucht. Was die Banken bei der Effektivzinsberechnung nämlich nicht zu berücksichtigen brauchen, das sind Kosten wie die für die Kontoführung, für Bereitstellungszinsen oder die Schätzkosten.

Über die Gebühren für die Kontoführung haben wir uns oben ausreichend aufgeregt; was für den Laien gleichermaßen unverständlich ist, das sind die Bereitstellungszinsen. Die fallen immer dann an, wenn der Kredit zwar bewilligt ist, aber noch nicht abgerufen wurde. Der übliche Lauf bei der Finanzierung eines Hausbaus ist ja der, daß der Kredit Zug um Zug ausgezahlt wird – je nach Baufortgang. Das heißt: die Bank rückt nur jene Summe heraus – und vielleicht ein paar Mark mehr –, welche die Handwerker dem Bauherrn in Rechnung stellen. Für das restliche Geld, das er also noch nicht bekommen hat, zahlt er Bereitstellungszinsen, drei Prozent zum Beispiel.

Einfache Rechnung: Schiebt ein Häuslebauer einen Restkredit von durchschnittlich 100.000 DM ein Jahr vor sich her, weil sich vielleicht der Baubeginn verzögert und die Handwerker nicht pünktlich erscheinen, dann kostet ihn die Verzögerung gut und gerne dreitausend Mark Bereitstellungszinsen zusätzlich. Dafür wäre er dann lieber mit der Dame seines Herzens in die Oper gegangen – mit mittelfeinem Souper dazu.

Manche Bankhäuser verlangen auch noch einen „Teilauszahlungszuschlag“. Der fällt auf den bereits ausgezahlten Kreditbetrag an und kann schon mal 1,5 Prozent Zinszuschlag ausmachen. Wer es trotz Kreditzusage doch noch einmal überlegt und von seinem Bauvorhaben zurücktritt oder zu der Überzeugung gelangt, daß es eine Nummer preiswerter auch geht, der muß mit einer „Nichtabnahmegebühr“ rechnen. Dann fordern die Banken gerne eine pauschale Entschädigung von drei Prozent der Kreditsumme.

Womit sich Bereitstellungszinsen begründen lassen? Keine Ahnung. Wenn der Banker sagt, man müsse das Geld ja bereitstellen, das heißt, dafür selber bei der Girozentrale oder bei der Bundesbank Zinsen bezahlen – wieso haben die das Geld nicht irgendwo auf Festgeldkonten angelegt? Da bekommen sie mehr, als sie der Zentralbank bezahlen müßten – vor allem dann, wenn sie ihr Geld in so lukrativen Investments parken, wie die vorne beschriebenen Australischen Anleihen. Die sie doch so gerne dem Otto Normalverbraucher als Super-Renditeknüller verkaufen – die Herren und Damen Finanzmagier in den Glaspalästen.

Mit den Schätzkosten hat das auch so seine besondere Bewandtnis. Wir haben bereits im Fall des Investors Lützenkirchen darüber berichtet, wie sehr sich der Investor häufig auf dieses Verfahren verlassen kann. Wenn er Pech hat: gar nicht. Dafür muß er aber die Kosten übernehmen. Und die können schon einmal um die 2.000 Mark pendeln: zwischen 0,1 und 0,5 Prozent der Darlehenssumme. Das Dumme: Der Hauskäufer ist auf die Bankschätzer angewiesen. Formell nicht; aber eine Weigerung sorgt sicher nicht für gute Stimmung bei den Geldherausreichern. Und ob diese eine fremde Schätzhöhe auch akzeptieren, ist nie so sicher.

Zu diesem Punkt sei eine kleine Abschweifung in die Gefilde von Klarheit und Ehrlichkeit erlaubt. Selten erfährt ein Kreditnehmer, auf welchen Wert ein Bankschätzer die beliehene Immobilie tatsächlich taxiert hat. Anfragen stoßen meist auf einen harschen Verweis auf die Geschäftsgeheimnisse der Banken. Für den Kunden bedeutet das: tiefe Verunsicherung und damit ein völliges Ausgeliefertsein gegenüber den Aussagen der Kreditsachbearbeiter.

Kommen die Banker mit dem genannten Effektivzins nicht auf ihre Kosten, und das ist vor allem dann der Fall, wenn zinsgünstige staatliche Kredithilfen gewährt werden, dann versuchen sie mit aller Macht, die Kosten auf anderem Wege in die Höhe zu treiben. So ist es ein beliebter Trick, die Kredite verspätet auszuzahlen. Das billige Geld läßt sich trefflich in hoch rentierlichen Anlagen zwischenparken; aus der Zinsdifferenz schöpft die Bank dann ein einträgliches Zubrot. Das geht um so besser, je kleiner die Teilbeträge sind, in denen die Staatsknete zugeteilt wird.

Seit 15 Jahren kämpft ein Unternehmer inzwischen mit den Tücken dieser illegalen Praxis: zunächst Angestellter, erfolgreicher Geschäftsführer großer Schuhhäuser, entschließt er sich zur Selbständigkeit und übernimmt im Nordhessischen ein Geschäft, das aus Altersgründen aufgegeben wird.

Bei der Finanzierung beschließt er, sich der Dienste der ansässigen Volksbank zu versichern; übrigens der Hausbank des bisherigen Besitzers. Die Kreditgarantiegemeinschaft des Hessischen Einzelhandels unterstützt zugleich den Antrag auf Herausgabe von 180.000 Mark zinsverbilligter Existenzgründungsdarlehen; die Volksbank stellt auch Anträge hierzu.

Allerdings nicht, wie sich später herausstellt, über 180.000, sondern über 100.000 Mark. Die werden, trotz Bewilligung der Deutschen Ausgleichsbank, jedoch lange Zeit nicht abgerufen. Die Banker hingegen spiegeln dem Mann vor, die Ausgleichsbank habe den Antrag abgelehnt. So halten sie ihn stets in einer teuren Kontokorrent-Überziehung oberhalb des Limits – wegen der Überziehungsprovisionen. Um die Überziehung gewähren zu können, ziehen die Banker so nach und nach alle möglichen Sicherheiten an sich.

Irgendwann nach zwei Jahren fällt die Sache der Ausgleichsbank auf, und die fragt bei der Volksbank nach, was denn jetzt mit dem bewilligten Geld passieren solle.

Um ihr eigenwilliges Vorgehen zu kaschieren, türken die Banker schnell ein paar neue Anträge und machen der Ausgleichsbank vor, die für die Abrufung der Kreditsumme erforderlichen Unterlagen seien verlegt worden. Irgendwann tauchen Teilbeträge dann auch auf dem Konto des Schuhhändlers auf.

Die helfen ihm aber nicht mehr. Denn finanzielle Belastungen aus einer Scheidung und die überhöhten Zinsbelastungen haben das Unternehmen in den Ruin geführt. 1993 befindet sich der Unternehmer in der Zwangsversteigerung; das Schuhgeschäft wird notdürftig weiterbetrieben. Wie die gerichtlichen Verfahren ausgehen werden, steht in den Sternen. Der Händler wird wohl noch fünf Jahre einen schweren Weg durch die Hölle vor sich haben.

Ein kleines Zubrot verdienen sich die Banker auch gerne, wenn der Schuldner freiwillig höhere Tilgungsraten vereinbart als in der ursprünglichen Berechnung vorgeschlagen. Tatsächlich steigt der Effektivzins dann aber an – was die schnellere Tilgung wieder unsinnig macht.

Gerne vergessen die Banken auch, in ihren Verträgen Sondertilgungsrechte festzuschreiben; selbst dann, wenn diese mündlich abgesprochen werden. Die Vergeßlichkeit hat Methode: Damit sichert sich die Bank das Recht, bei frühzeitiger Rückzahlung des Kredits beträchtliche Abschlagszahlungen, „Vorfälligkeitsentschädigungen", zu verlangen.

Aber selbst, wenn zum Beispiel nach einer zehnjährigen Zinsbindungsphase die Ablöse des Kredits eigentlich erlaubt ist, greift die Bank ihren Kunden gerne noch einmal in den Beutel. Die Westdeutsche Landesbank zum Beispiel verlangt eine „Aufwandsentschädigung". In einem von der Verbraucherzentrale Düsseldorf dokumentierten Fall betrug diese immerhin 570 Mark, die nach geharnischten Protesten später auf 300 Mark reduziert wurden.

Der Trick mit den überhöhten Abschlagszahlungen bei vorzeitiger Vertragsauflösung beginnt inzwischen auch den Leasingfirmen zu gefallen. Die Methode: Wer frühzeitig aussteigen will, wie das der Unternehmer Franz Grote mit der Adrema Leasing vorhatte, dem werden schon einmal abenteuerliche Rechnungen aufgemacht.

Grote sollte über den vertraglich vereinbarten Ablösewert für eine Maschine (die dann in seinen Besitz überging) hinaus zusätzlich 80 Prozent des vorgeblich entgangenen Zinsverlustes herausrücken. Grote wäre damit um dreieinhalbtausend Mark ärmer geworden als im Leasingvertrag vereinbart; erst nach heftiger Gegenwehr machte die Adrema einen Vergleichsvorschlag, der immer noch zweieinhalbtausend Mark über dem Ablösewert gekostet hätte. Kein Einzelfall, wie Torsten Schubert von der Zeitschrift „Impulse" recherchierte.

Besonders kraß schlägt die Gebührenfalle im internationalen Bankverkehr zu. Wer dort zum Beispiel Euroschecks verwendet, der sollte die Vorschriften peinlich genau einhalten.

Denn: Gemäß den internationalen Abkommen darf die Gebühr, die die ausländische Bank für die Annahme des Schecks verlangt, zwar nur 1,75 Prozent betragen. Daran ist sie aber nur gebunden, wenn das festgesetzte Limit auch nicht überschritten wird. Da reichen schon winzige Überschreitungen, die etwa auf der Grundlage von Wechselkursschwankungen entstehen, und die Gebührenbindung fällt. Dann laufen möglicherweise Gebühren in nicht kontrollierbarer Höhe auf – und bis die zurückgefordert sind, muß eine riesige Bürokratie in Bewegung gesetzt werden. Und wer mit Verrechnungsschecks zahlt, der steht selbst bei der kleinsten Summe im vollen Gebührenrisiko.

Noch teurer kann es werden, wenn Geld international überwiesen wird; besonders dann, wenn das in ausländischer Währung geschieht. Das kostet schon einmal knapp 50 Mark bei Überweisungen im Wert bis 150 Mark. Es kann dann der groteske Fall eintreten, daß eine Überweisung mehr an Gebühren kostet als die überwiesene Summe ausmachte. Die Zeitschrift DM hat sich im Frühjahr 1992 einmal die Mühe gemacht, bei einigen Banken nach den Gebühren für Überweisungen in Fremdwährungen nachzufragen. Verblüffendes Ergebnis: Wer über die Postbank 50.000 Mark überweisen wollte, mußte dafür 1.010 Mark berappen; bei der Sparda-Bank in Essen fielen gerade einmal 35 Mark und 50 Pfennige an. Was unterscheidet bloß die Abläufe bei der Postbank so sehr von denen bei der Sparda, daß die beamteten Banker meinen, ihren Kunden das 28fache abknöpfen zu können?

Ungeniert langen die Banken auch zu, wenn es darum geht, die vielen Steuerflüchtigen zur Kasse zu bitten, die mit ihrer Hilfe den Weg ins Ausland gefunden haben. Grenzenlose Kreativität:

Wer zum Beispiel in Luxemburg die Zinskupons seiner Wertpapiere in Bares umwandeln wollte, mußte im Sommer 1993 dafür bis zu vier Prozent Gebühr bezahlen. In den Niederlanden wurden 1,1 Prozent für Zinskupons und zwei Prozent für die Herausgabe von Dividenden verlangt.

Wohl, weil es einen Reichen trifft, langen die Banker bei der Verwaltung hoher Vermögensdepots um so heftiger zu. So sehr, daß – wie die „Wirtschaftswoche" im März 1993 herausfand – sich die Flucht vor der Zinsabschlagsteuer im Grunde kaum mehr lohnt. Wer Anleihen im Wert von einer halben Million Mark besitzt, die zu sieben Prozent verzinst werden, müßte dem Fiskus von den 35.000 Mark Zinsertrag 12.250 Mark abgeben. Dieser Betrag ließe sich bis zur Hälfte reduzieren, steckte der Anleger sein Vermögen in niedriger zu verzinsende Papiere. Er müßte nur ausrechnen, ab welchem Zinssatz ihm netto mehr bleibt als bei der Höchstverzinsung – legale Abgabenreduzierung.

Deponiert er seine halbe Million hingegen im Ausland, etwa in der Schweiz, ist der Anleger pauschal schon einmal die Management- und Depotgebühren los. Die können sich leicht um 2.500 bis 5.000 Mark bewegen. Dazu kommen Transaktionskosten, die entstehen, wenn der Vermögensverwalter zum Beispiel Aktien oder Rentenpapiere verkauft. Wohlgemerkt: auf eigene Initiative hin verkauft. Denn es ist meist Sinn der Vermögensverwaltungsverträge, daß der Investor die Sorge für die gedeihliche Entwicklung seiner Gelder der Kompetenz seines Beraters überläßt. Was auch bedeutet: Käufe und Verkäufe erfolgen meist ohne besondere Genehmigung. Da kann es schon einmal vorkommen, daß ein Berater eher auf die Zahl der gebührenpflichtigen Transaktionen achtet als auf die behutsame Aufwärtsbewegung des Kontostandes.

Ein Blick auf die Gebührentafeln zeigt, wie sich die Abschöpfungen zusammensetzen. Die Schweizer Vermögensverwaltungsgesellschaft Royal Trust International gibt mit schöner Offenheit zu, daß, wer „nur" 300.000 Mark bei ihr anlegt, von vornherein mit 5.000 Mark Gebühr einschließlich der Transaktionskosten rechnen muß. Das sind immerhin knapp 1,7 Prozent der festgelegten Vermögenswerte.

Die Luxemburgischen Töchter der Commerzbank und der Deutschen Bank verlangen je 0,5 Prozent der Anlagesumme als jährlich anfallende Verwaltungsgebühr und 0,2 Prozent als Depotgebühr – plus Transaktionskosten.

Da sind, so die Wirtschaftswoche, Jahresgebühren um die 10.000 Mark bei einem Anlagevermögen von einer halben Million keine Seltenheit – immerhin zwei Prozent der versteckten Anlagesumme.

Klingt zunächst nicht nach einem erheblichen Aderlaß – wäre da nicht die Tatsache, daß 35 Prozent Zinsabschlagssteuer auf einen Zinsgewinn aus 7 Prozent auch nicht mehr als 2,45 Prozent Staatsabgabe auf das Vermögen ausmachen. Bei einem Zinssatz von 6 Prozent sinkt die Staatsquote gar auf 2,1 Prozent; bei einem Zinssatz von 5,5 Prozent gar nur auf 1,925 Prozent.

Wer darüber hinaus bedenkt, wie teuer Überweisungen aus dem Ausland sein können und welche Mühe es anschließend macht, die geretteten Gelder an den wachsamen Augen des Fiskus vorbei wieder in Investitionen oder in den privaten Konsum zu schleusen, der kann sich leicht der Auffassung anschließen, daß die vermeintlich so lukrative Steuerflucht vordringlich die Banken reicher macht. Und wenn dann ein Depotverwalter auf den Gedanken kommt, mit dem Geld der Kunden zu zocken (wie das in Düsseldorf passiert ist), dann ist der Kunde in gleich mehrfacher Weise ungeschützt. Bei der deutschen Muttergesellschaft klagen kann er nicht – dann kommt ihm das Finanzamt auf die Schliche. Und das ausländische Recht beherrscht er nicht – und der Kunde kann davon ausgehen, daß seine Bank dort die besseren Anwälte kennt.

Weitgehend unbeachtet ist die verschärfte Beutelschneiderei in einem für die meisten Anleger eher exotischen Feld: bei den Münzen und Medaillen. Allerdings haben sich so manche wohlmeinende Oma oder großzügige Onkel mit den Erwartungen einer besonderen Rendite für Enkelkind oder Neffen aufs Glatteis führen lassen. Was die Banken da mit happigen Aufschlägen unters Volk bringen, ist bestenfalls nicht viel mehr wert als der Gehalt an Edelmetall. Denn Wertsteigerungen aufgrund der Sammlernachfrage sind in der Regel kaum zu erzielen.

Der Reibach, den die Banken beim Ver- und Rückkauf deutscher Münzprägungen machen, fällt besonders drastisch aus. Verkaufen sie zum Beispiel die in hoher Auflage geprägten Fünf-Mark-Stücke mit den Motiven Albrecht Dürer oder „150 Jahre Eisenbahn" noch zu acht Mark das Stück, nehmen sie dieselbe Münze gerade einmal zum Nennwert zurück – fast vierzig Prozent Verlust für den Kunden.

Dreißig Prozent Abschlag sind üblich: Das Fünf-Mark-Stück „Germanisches Museum", das 1960 geprägt wurde und am Bankschalter mit etwa 2.600 Mark bezahlt werden muß (Stand: Frühjahr 1993), wird nur mit einem Drittel Verlust auch wieder zurückgenommen.

Medaillen, also Prägungen zu bestimmten Anlässen, darüber hinaus aber ohne Münzwert, werden zwar teuer verkauft, wie die Deutschland-Medaille von 1989 zu knapp 200 Mark, werden aber nicht zurückgenommen.

Wer also meint, in Münzen und Medaillen spekulieren zu müssen und sich bei den Banken eindeckt, der muß erst einmal die Verluste durch die Gebühren beim Ein- und Verkauf abziehen, bevor er zum konkreten Gewinn kommt.

Kommen wir zum Schluß zu dem wohl übelsten Kapitel der Beutelschneiderei durch Banken: der verzögerten Wertstellung von Einzahlungen und Überweisungen.

Blicken wir zurück auf den Fall Heidemarie Potthoff. Da hatte sie doch am 23. Dezember 1982 einen Verrechnungsscheck von über 125.000 Mark eingezahlt. Damals war ihr Konto so stark überzogen, daß sie Überziehungsprovisionen bezahlen mußte. Es wäre daher sehr in ihrem Interesse gewesen, wenn der Betrag spätestens am nächsten Tag, dem 24. Dezember, der übrigens ein ganz normaler Arbeitstag war, gutgeschrieben worden wäre.

Es gilt dann zwar die Einschränkung „Eingang vorbehalten“ – aber zunächst einmal hätte der fragliche Betrag die Überziehung gemildert , und damit die Verpflichtung, Zinsen und Provisionen zu zahlen.

Was passiert in der Sparkasse: Der Betrag erscheint erst am 29. Dezember auf dem Konto – die Sparkasse hatte also nicht nur sechs Tage lang Zeit, mit diesem Geld zu arbeiten, sondern sich auch das Recht herausgenommen, für dieselbe Summe bei der Frau Potthoff Super-Zinsen einzufordern. Die Kalkulation ist recht einfach: vielleicht sechs Prozent aus der Verleihung an irgendjemand, der zu dieser Zeit dringend kurzfristiges Geld brauchte, plus 19 Prozent aus Überziehungszinsen, plus Überziehungsprovision. Macht 25 Prozent auf sechs Tage.
In Mark und Pfennig umgerechnet bedeutet das:

– Heidemarie Potthoff hatte rund 400 Mark an die Sparkasse zu zahlen, ohne daß diese im Prinzip berechtigt war, das Geld einzufordern.
– Die Sparkasse zog aus der Anlage des Geldes rund 130 Mark Zinsgewinn.
– Alles in allem brachte diese Transaktion der Sparkasse einen Gewinn in Höhe von 530 Mark. Und das, weil sie sich außerstande sah, einen eingezahlten Scheck zügig zu verbuchen.

Ausnahmesituation? Mitnichten. Die Kontoauszüge der Heidemarie Potthoff belegen, daß diese Verzögerungen die Regel waren. Selbst Bareinzahlungen wurden einen

Tag später erst gutgeschrieben. Und das selbst dann noch, als der Bundesgerichtshof diese Praxis für unerlaubt erklärte. Lapidare Antwort des Sachbearbeiters: Die Entscheidung des Bundesgerichtshofs ziele auf Privatkonten ab; bei ihrem Konto hingegen habe es sich um ein Geschäftskonto gehandelt.

Das leitet nahtlos zum folgenden Kapitel über, das beschreibt, mit welcher Leichtigkeit sich die Banken über geltendes Recht hinwegsetzen. Und dabei paradoxerweise sich stets im Recht fühlen.

Mit dem Recht jonglieren.

Oder:

Wie die Banken ihren Wissensvorteil nutzen.

Im Kindergarten wird sie noch trainiert, die Regel, daß unrecht Erworbenes zurückzugeben sei. Freiwillig und nicht erzwungen.

Es ist dies die Erinnerung an einen Konsens, daß nur derjenige seine ganze Kraft auf die individuelle und gesellschaftliche Weiterentwicklung richten kann, der sich nicht ständig und überall mit der Verteidigung gegen Übervorteilung und Beutelschneiderei zu beschäftigen hat. Ein Kaufmann, der sich an diesen Konsens hielt, galt als nobel – selbst dann, wenn er nicht in feines Tuch gewandet war und in Glaspalästen residierte.

Daß der Konsens selbstverständlich immer wieder durchbrochen wurde, ist die Existenzgrundlage für den Stand der Juristen. Aber wir wagen einmal zu behaupten, daß die Noblesse in früheren Zeiten selbstverständlicher gelebt wurde als heute, wo die Banker-Yuppies eher den generösen Schwung der Drehtüren beherrschen als die Regeln der noblen Kaufmannschaft und die obersten Geldfürsten mit streng-ernster Miene an ihrem seriösen Image feilen.

Manchmal entlarven sie sich jedoch; wenn auch nur intern und mit wenigen Worten. So in der Informationszeitschrift BdB-Info, die der Bundesverband der Banken herausgibt; Ausgabe III/1992, Nr. 10.

Dort steht ein Kommentar zu einem Urteil des Oberlandesgerichts Düsseldorf, das sich mit Fragen der Zinsanpassung befaßt.

Damals, 1989, hat das Gericht festgestellt, daß eine Bank bei der Anpassung ihrer Zinsen an die aktuelle Marktentwicklung nicht jene oberste Bandbreite überschreiten darf, welche die Bundesbankstatistik ausweist. Wird diese Grenze überschritten, gibt es das zuviel gezahlte Geld zurück.

Natürlich nahm sich die Wirtschaftspresse dieses Themas an und forderte die Bankkunden auf, ihre Rechte einzufordern. Das Informationsblatt des Verbandes der deutschen Banken dazu: „Nennenswerte Reaktionen der Kreditkunden sind uns aber nicht bekannt". Wer diesen Satz so richtig genießen möchte, der muß wissen, daß auch nennenswerte Reaktionen der Banken nicht erfolgt sind. Eine größere Zahl von Fällen, wo die Banken von sich aus zuviel eingezogenes Geld zurückerstattet hätten, ist gleichfalls nicht bekannt.

Dahinter verbirgt sich die Strategie, daß die Banker zwar zähneknirschend ein ihnen nicht genehmes Urteil hinnehmen und zuweilen auch die daraus abgeleitete Forderung bezahlen; daß sie aber kaum bereit sind, das Grundlegende eines Urteils auf gleichgerichtete Parallelfälle anzuwenden.

Jetzt werden die Rechtskundigen unter den Lesern natürlich darauf hinweisen, daß es nie zwei gleichartige

Fälle geben kann. Was ja auch stimmt; zumindest das Alter der benachteiligten Kunden unterscheidet sich von Fall zu Fall. Oder der Wohnort. Oder die Höhe des Kredits. Oder, oder, oder ... Exakt das war auch die Begründung für die unerfreuliche Tatsache, daß sich die Banken lange über ein Urteil hinweggesetzt haben, nachdem einem Kreditkunden nicht zugemutet werden darf, Zinsen für eine Schuld zu zahlen, die nicht mehr besteht. Damals, 1991, kam heraus, daß einzelne Hypothekenbanken bezahlte Raten zwar eingebucht hatten, aber es versäumten, ihre Zinsberechnung auf den neuen Kontostand einzurichten. Die Berücksichtigung erfolgte manchmal erst Monate später.

Wer also 100.000 Mark Schulden hatte und zum Beispiel am 1. Juni 1.000 Mark als Tilgung auf das Schuldkonto überwies, dem konnte es passieren, daß er nicht die aktuelle Restschuld von 99.000 Mark verzinsen mußte, sondern weiter die ursprünglichen 100.000 Mark. Die Banker hatten dann ihre Computer so programmiert, daß diese die Verzinsungsberechnung erst am Ende des Monats, also am 30. Juni vornahmen; manchmal lag dieser Zeitpunkt bis zu einem Vierteljahr nach der erfolgten Einzahlung.

Der Effekt war für die Banken außerordentlich angenehm. Sie zogen sowohl beim Kunden die, wie das Gericht feststellte, unberechtigten Zinsen ein. Zugleich gewährte der Schuldner der Bank ein unverzinstes Darlehen.

Für das Verständnis eines weiter unten geschilderten Falles sei darauf hingewiesen, daß das Gericht nicht direkt über die verspätete Berücksichtigung der Tilgung geurteilt hat, sondern darüber, daß dieses Vorgehen nicht ausreichend transparent im Darlehensvertrag beschrieben wurde; die Rede ist von „mangelnder Transparenz der Tilgungsverrechnungsklausel".

Das Urteil des Bundesgerichtshof gegen diese Praxis fiel so vernichtend und so deutlich aus, daß sich Hunderttausende von Häuslebauern auf den nun wohl einsetzenden warmen Regen freuten. Jedoch: zu früh gefreut! Wer seine Ansprüche anmeldete, wurde mit fadenscheinigen Argumenten bis hin zur puren Abrede des Sachbestandes abgespeist.

Manche Banken boten gar minimale Ausgleichszahlungen an; andere stellten nicht einmal ihre Computer um.

Natürlich stieg die Presse gerne und massiv auf dieses eigentümliche, wenngleich symptomatische Vorgehen ein, sodaß sich die BdB-Info genötigt sah, über unfaire Berichterstattung zu klagen. Die Banken, heißt es, hätten doch erst einmal prüfen müssen, ob das Urteil auch auf ihre Berechnungsmodi anwendbar sei, und zudem bedürfe es doch einiger Zeit, die Computer umzustellen.

Was, abgesehen von der Kaltschnäuzigkeit, nur zweierlei dokumentiert: Die Bank-Juristen wissen vielfach nicht, was ihre Mathematiker anrichten; und die Computerprogramme sind offensichtlich so vorsintflutlich gestrickt, daß die simple Eingabe eines Veränderungsbefehls viele, viele Monate in Anspruch nimmt.

Das oben zitierte Urteil des Oberlandesgerichts Düsseldorf zum Thema Zinsanpassung belegt aber einen weiteren Befund, der ein bezeichnendes Licht auf die Geschäftsusancen der Banken wirft. Es beruht auf einer Entscheidung des Bundesgerichtshofes vom 6. März 1986.

Bereits damals wurden, das gibt das Informationsblatt des Bankenverbandes unumwunden zu, „grundlegend die Maßstäbe für einseitige Zinsanpassungen ... festgelegt“; trotzdem, so das offiziöse Organ, „geben Zinsanpassungen immer wieder Veranlassung zu gerichtlichen Auseinandersetzungen.“

Was doch nichts anderes bedeutet, als daß deutsche Banken immer wieder gegen geltendes Recht verstoßen – ob sie es immer im guten Glauben tun, rechtmäßig zu handeln, muß bezweifelt werden.

Der kritische Gedanke darf weitergesponnen werden: Wieso mußte die Bank erst per Bundesgerichtshof gezwungen werden, die Vorschriften des Bürgerlichen Gesetzbuches korrekt anzuwenden? Gilt nicht gerade im Bankgewerbe, daß der, der die besseren Informationsquellen hat und der sich zumindest in der Werbung stets als der omnipotente und faire Ratgeber vorstellt – daß gerade der nichts unversucht lassen darf, seine Kunden („Partner“ heißen sie in der Werbung meist) vor Schaden zu bewahren? Vor allem vor Schaden aus Übervorteilung durch unseriöse Geldverleiher? Die sich keinen Deut um die Gesetze scheren?

Das ist weder polemisiert noch blauäugig in eine nicht existente heile Welt geschrieben. Der Bundesgerichtshof hat zuletzt am 11. Februar 1992 den Banken ins Album geschrieben, daß sie in ihrer Kompetenz derart meilenweit jedem Durchschnittskunden überlegen sind, daß allein aus dieser Tatsache eine besondere Fairneß- und Sorgfaltspflicht erwachse.

An diesem Tag hatte das Gericht eine Bank darauf hingewiesen, daß sie selbst dann gegen die Pflicht verstoße, ihre Geschäftsbedingungen so transparent wie möglich zu halten, wenn es sich bei dem Kunden um einen Kaufmann handele, der im Berufsleben täglich mit Kreditverträgen bedeutender Höhe umgehe.

Der Kaufmann, der eine Bauträgergesellschaft leitete, wollte wie so viele andere Zinsen zurückerstattet bekommen, die er aufgrund der oben geschilderten Geschäftspraxis zuviel bezahlt hatte. Die Bank verweigerte die Herausgabe des Geldes aber, weil es sich bei dem Kläger um einen krediterfahrenen Spezialisten gehandelt habe, dem die Tilgungsverrechnungsklausel eigentlich transparent genug hätte sein müssen, um deren Nachteile zu erkennen. Aber selbst hier fielen die Bankjuristen auf die Nase.

Das Brisante an dieser Entscheidung ist, daß selbst ein in finanztechnischen Fragen hoch erfahrener Manager gegenüber den Banken als „Durchschnittskunde“ dasteht, also umfassend aufgeklärt werden muß. Seien wir froh, daß dieser Spruch so und nicht anders ausgefallen ist – denn der Rattenschwanz an Prozessen, der gefolgt wäre, bis feststünde, wer als Durchschnittskunde zu betrachten sei und wer nicht mehr, wäre nicht zu ermessen gewesen. Inzwischen hat das seit 1993 geltende Gesetz über die Allgemeinen Geschäftsbedingungen der Banken diese Informationspflicht weiter verschärft.

Nun hat jedes Gute auch seine gefährliche Seite: Aufklärung und Aufklärung ist längst nicht dasselbe. Als die dubiosen Drücker des Grauen Geldmarktes, also die freien Anlageberater, nachdrücklich auf ihre Pflicht zur umfassenden Aufklärung über die versteckten Gefahren in ihren Produkten hingewiesen wurden, begannen sie, ihre Prospekte auf schier unerträgliche Weise aufzublähen.

Sie stopfen die Schriften häufig so mit Informationen – wichtigen wie unwichtigen – voll, daß der Normalkunde jetzt gar keinen Durchblick mehr gewinnt. Nach außen hin ist jegliche mögliche Transparenz erreicht; in Wahrheit wird mit Zahlen und Fakten nichts weiter als eine sehr effiziente Vernebelungstaktik betrieben.

Dasselbe gilt jetzt auch im offiziösen Kreditgewerbe. Inzwischen ist der Aufklärungsanhang zu einem Kreditvertrag oft um das Mehrfache dicker als dieser; sind besondere Gefahren (derer gibt es offensichtlich mannigfache!), so wie das Gesetz über die Allgemeinen Geschäftsbedingungen der Banken es befiehlt, mittels fetter Schrift herausgehoben.

Nur: Derjenige, der das begreift, was er da liest, möglicherweise in der streßgeladenen Situation kurz vor der Unterzeichnung eines dringend wichtigen Kreditvertrages, der ist von der intellektuellen Qualität eines Durchschnittskunden so weit entfernt wie eine Ballettänzerin von einer Kuh.

Bleiben wir noch einen Moment beim Thema „Transparenz". Zur Transparenz einer Geschäftsbeziehung gehört wohl auch, daß selbst dann, wenn einer der Partner berechtigt ist, die Bedingungen von sich aus zu verändern, er zumindest seine Kunden über die neuen Gegebenheiten informiert.

Die Preisangabeverordnung schreibt den Banken zum Beispiel vor, daß die Gebührentafeln gut sichtbar in den den Kunden zugänglichen Geschäftsräumen ausgehängt werden. Es lohnt sicher einmal den Test zu machen, hinter welcher hochaufragenden, breit ausladenden Yucca-

Palme dieses verräterische und meist unvollständige Papier versteckt wurde. Schließlich gibt es Gebühren, die, so zumindest behaupten es die Banken, nicht ausgehängt werden müssen. Wenn dem so ist – wäre es da nicht ein besonderes Zeichen von Seriosität, daß diese trotzdem präsentiert würden?

Kaum ein Banker, so haben Tests erwiesen, hat sich nach dem Stichtag 1. Januar 1993 die Mühe gemacht darauf hinzuweisen, daß neue Allgemeine Geschäftsbedingungen gelten. Er wird sich noch weniger darum gekümmert haben, ob diese auch zum Kunden gelangt sind.

Übliche Ausrede: Die Geschäftsbedingungen liegen doch aus; in die kann jeder Einblick nehmen. Wo denn? In einer lärmerfüllten Halle in der Hauptstelle der Bank? In dem wohnzimmergroßen Schalterräumchen einer Nebenstelle mitten auf dem Lande? Inmitten der Nachbarn, die sich wundern, was ihr Freund da gerade so verbissen studiert?

Nur kann der Kunde über eines sicher sein: Wenn irgendetwas mit seinen Krediten schiefgehen sollte – der Banker wird sein Brandschreiben stets mit dem Bezug auf die Allgemeinen Geschäftsbedingungen zu schmücken wissen. Aber er wird sicher nicht darauf hinweisen, was das denn bedeutet, zum Beispiel Paragraph zwölf, Absatz eins, Abschnitt 2.

Einem Friseur, der erst erklärt, er arbeite grundsätzlich mit aidsverseuchten Scheren, nachdem er seinem Opfer das Ohrläppchen geritzt hat, dem würden alle Instanzen dieser Republik das Handwerk legen. Was aber passiert einem solchen Banker?

Dabei ist es außergewöhnlich gefährlich, die Pflichten, die sich aus den neuen Allgemeinen Geschäftsbedingungen ergeben, nicht zu kennen. Wer sie mißachtet oder darauf vertraut, daß die Bank alles zu seinem Besten tut, der tappt schnell in eine Falle. Wichtigste Mitwirkungspflicht: Der Kunde muß alle Kontoauszüge scfort auf ihre Richtigkeit prüfen.

Wer weiß, wie unübersichtlich die Banken zum Beispiel die Abrechnungen von Kreditkonten anlegen und wieviele unverständliche Kürzel und Fachbegriffe darin auftauchen, dem kommt schon einmal der Verdacht, daß da bewußt mit Desinformation gearbeitet wird.

Der Kunde ist sogar verpflichtet, ausgebliebene Kontoauszüge unverzüglich zu reklamieren. Das geht nach der guten alten Regel beim Kaufmann an der Ecke: „Wechselgeld sofort nachzählen. Spätere Reklamationen zwecklos!"

Für den rechtsunkundigen Bürger entsteht da ein unübersehbares Schadenspotential. Denn daß er gelinkt wurde, das bemerkt er meist erst dann, wenn ihm das Wasser am Hals steht. Kein Wunder, daß die Banken-Lobby dem neuen AGB-Gesetz so freudig zugestimmt hat.

Und es darf auch niemanden verwundern, wenn der auf seine Umsätze und Kostendeckungsbeiträge fixierte Filialleiter noch weniger als bisher unternimmt, die Kunden auf für sie bessere Konditionen bei bestimmten Anlageformen hinzuweisen.

Was sollte denn dem Sparkassen- oder Raiffeisen-Banker passieren, der zum Beispiel einen Kunden nicht darauf aufmerksam macht, daß sein Sparbuch nun nicht mehr in allen Instituten des Verbunds zur Abhebung gültig ist? Der Kunde kann möglicherweise am Ferienort seine Rechnungen nicht so bezahlen, wie er das vorhatte, und muß sein Girokonto mittels Euroscheck überziehen – dem Banker hingegen winkt dadurch ein kleiner Zusatzgewinn. So vergrätzt man Kunden und zwingt sie, teurere Leistungen in Anspruch zu nehmen. Am Beispiel der geänderten Handhabung von Sparbüchern läßt sich schön zeigen, wie sich die Taktik, Kunden dumm zu halten, verargumentieren läßt. Der Sprecher der Commerzbank, Jürgen Wagner, redete sich im Frühjahr 1993 darauf hinaus, die Bank könne ihre Kunden über die neuen, zu deren Vorteil veränderten Vorschriften deshalb nicht informieren, weil die Adressenkartei der Sparbuchbesitzer nie auf dem neuesten Stand sei. Welch ein Management!

Die Postbank fürchtet gar, eine Briefaktion würde den ganzen Apparat blockieren. Der Hintergrund, warum die Sparbuchinhaber zum Beispiel über die individuellen Gestaltungsmöglichkeiten bei der Verzinsung dumm gehalten werden, ist jedoch ein anderer, doppelter: Für Guthaben auf Sparbüchern mit dreimonatiger Kündigungsfrist braucht die Bank nur zwei Prozent der Guthabensumme zinslos bei der Landeszentralbank als Sicherheit zu hinterlegen. Bei Girokonten beläuft sich die Mindestreserve auf zwischen sieben und zwölf Prozent.

Zweitens: je niedriger die Zinsen, desto höher der Gewinn an der Ausleihe. Im Jahr 1991 erwirtschaftete das Bankgewerbe immerhin 91,6 Milliarden Mark allein aus dem Zinsüberschuß, der Differenz aus Soll- minus Habenzinsen der Banken. Ein Großteil dieses Gewinns kam damals aus dem riesigen Unterschied zwischen dem Sparbuch-Zins um die drei Prozent und dem Ausleihzins bis 20 Prozent (Girokokonten-Überziehung plus Überziehungsprovision).

Keine Frage, daß den Banken diese Gewinnspanne lieb ist und sie wenig Mühe darauf verwenden, ihre Kunden eines Besseren zu belehren.

Es gibt noch eine andere Rechtsnorm, die den Normalkunden vor Übertölpelungen durch die Bank schützen soll: die Preisangabenverordnung. Sie wurde an verschiedenen Stellen bereits gestreift; hier daher nur ein besonders interessanter Einblick in die Mechanismen der Lobby und zugleich dorthin, wo wichtige Informationen gerne zugunsten des eigenen Umsatzbestandes „vergessen“ werden.

Die veränderte Preisangabenverordnung, die vorschreibt, daß eigentlich alle Bankgebühren auf einer Preistafel aufgeführt werden, existiert seit 1992.

Zentraler Teil der Verordnung ist zudem, daß bei jeder Kreditvergabe und, das ist besonders wichtig, bei jeder Konditionenänderung der Effektivzins errechnet werden muß.

Wem die Bank also schreibt, leider müsse man die Zinsen für den Kredit xy um 1,3 Prozent auf 12,5 Prozent erhöhen, der darf davon ausgehen, daß es sich hier um den Effektivzins handelt.

Nun war es der Lobby gelungen, eine wichtige Übergangsfrist durchzusetzen – vom 1. Januar bis zum 1. Juli 1993. Der Bundesverband deutscher Banken informiert darüber mit folgenden Worten, und der Hintersinn ist mit Händen zu greifen: „Bis zu diesem Zeitpunkt werden die Behörden nicht einschreiten, wenn der Effektivzinssatz bei Konditionsänderungen nicht angegeben wird.“

Das bedeutet für den Kreditkunden: Bis zum 1. Juli 1993 erhielt er, wenn er Pech hatte, trotz eindeutiger Verordnung keine Information über den Effektivzins bei seiner Bank. Das konnte dazu führen, daß er sich, wegen der vermeintlich günstigen Konditionen, nicht um ein besseres Angebot einer Konkurrenzbank bemüht hatte. Bei langfristigen Verträgen kostet ihn das möglicherweise gut und gerne ein paar zehntausend Mark.

Daß sich die Banken da selbst nicht auf der sicheren Seite des Gesetzes sahen, zeigt der folgende Satz in der Informationschrift: „Ein Restrisiko durch Abmahnungen von Verbraucherschutzorganisationen bleibt allerdings bestehen.“

Holla! Was bedeutet denn dieses „Restrisiko“? Ist möglicherweise die Übergangsfrist illegal? Wer hat daran mitgestrickt? Stecken Gesetzgeber und Bankenverband unter einer Decke von Illegalität? Niemand wird es klären können.

Weiter heißt es in diesem Kommentar zur neuen Preisangabeverordnung sinngemäß: Wenn die Konditionen jüngerer Kredite mit variablem Zinssatz geändert werden, dann kann die Bank davon absehen, die nicht „verbrauchten“ Einmalkosten in die Berechnung des Effektivzinses mit einzubeziehen. Einmalkosten sind zum Beispiel Bearbeitungsgebühren und das Disagio, die eigentlich relativ zur Laufzeit berücksichtigt werden müssen. Geschieht das nicht, sieht der geforderte Zinssatz natürlich günstiger aus, als er es tatsächlich ist. Soweit der Dispens für die rigide Vorschrift.

Wenn das jedoch so geschieht, dann müssen die Kunden ausdrücklich auf diesen Umstand hingewiesen werden. Und ihnen muß die Möglichkeit zu einer individuellen Effektivzinsberechnung angeboten werden. Wo ist das bisher geschehen?

Wagen wir einen Sprung in die für den Normalbürger schier unerfindlichen Gefilde der Kreditbesicherung. Jede Bank legt Wert darauf, für das Geld, das sie verleiht, Sicherheiten zu bekommen. Am liebsten ist ihr natürlich Bargeld; ob in Sparbüchern, Edelmetallen oder Wertpapieren angelegt, macht nur marginale Unterschiede. Es folgen in der Rangreihe der Begehrlichkeit Immobilien, Lebensversicherungen (von den aktuellen Problemen damit einmal abgesehen) und Bürgen.

Nun gibt es Vorschriften, die vor allem Ehepartner in Fragen der Kreditnahme gegenseitig schützen. So darf ein Ehepartner sich nicht ohne weiteres bei einer Bank Geld leihen, ohne daß der andere etwas davon weiß. Das ist vor allem dann verboten, wenn mit dem Kredit wesentliche Teile des gemeinsamen Vermögens gefährdet sind.

Einzige wichtige Ausnahme von dieser Vorschrift: wenn es sich um Vermögen handelt, über das der Ehepartner, vielleicht im Rahmen einer Gütertrennung, unbeschränkt verfügen darf.

Gibt eine Bank trotzdem Kredite heraus, sind die Verträge nichtig; die Bank handelt sich zumindest die Pflicht ein, Schadensersatz zu leisten; etwa, wenn das Kreditvolumen so ausgeschöpft wird, daß für wichtige Investitionen, zum Beispiel in ein gemeinsam betriebenes Geschäft, kein Spielraum mehr bleibt.

Ganz und gar unzulässig sind solche Geschäfte, wenn damit beiden gehörende Grundstücke belastet werden.

Es gibt jedoch ein Schlupfloch, meinte der Kreditsachbearbeiter der Stadtsparkasse Iserlohn, als eines Tages vor ihm eine ziemlich verzweifelte Anna G. saß. Anna G. brauchte Geld, weil ihre Tochter, aus welchem Grund auch immer, einen Sparkassenkredit nicht mehr bedient hatte, den sie für den Kauf eines Apartments aufgenommen hatte. Die Sparkasse, bei der die Tochter sich vor Jahren das Geld besorgt hatte, drohte mit der Zwangsversteigerung. Es handelte sich übrigens um dieselbe Sparkasse, bei der Anna G. vorstellig wurde. Der Grund für die Verzweiflung: Sollte der Ehemann davon erfahren, daß der Kredit der Tochter zu platzen drohte, würde über die Familie eine persönliche Tragödie losbrechen. Schließlich war man froh, nach schlimmer Plackerei mit der Kredittilgung für das eigene Haus weitgehend fertiggeworden zu sein. Das sie, Sparkassenkunden sind treue Seelen, auch über die Stadtsparkasse Iserlohn finanziert hatten.

Natürlich finden Kreditsachbearbeiter in solchen Situationen immer einen Dreh. Bürgen lassen durfte er die Frau nicht; das wäre auch sinnlos gewesen. Es gab da aber noch die Grundschuld auf das Haus – und die war weitgehend frei. Also fertigte er flugs ein Darlehen aus, das er mit eben dieser Grundschuld besicherte; er brauchte nicht einmal einen Notar dazu – der hätte ihm auch auf die Finger geklopft. Dadurch verpflichtete sich die Mutter, Rentnerin wie ihr Ehegatte, die Schulden ihrer Tochter zu bezahlen. Denn die konnte das weiterhin nicht; die begonnene Fortbildung hin zum Abitur hinderte sie. Später sollte dann ein Studium nachfolgen.

Es kam, wie es immer kommt: Anna G. wurde krank und verstarb binnen zweier Jahre nach der Kreditaufnahme. Die Annäherung an den Tod dürfte ihr nicht leicht gefallen sein, lebte sie doch in der ständigen Angst, der Gatte könne ihr hinter das Geschäft kommen.

Die Sparkasse drängte die Erben nach dem Tod der Mutter nachdrücklich, den Verpflichtungen weiterhin nachzukommen, wodurch der Deal aufgedeckt wurde.

Zwar konnte das Haus durch eine halsbrecherische Umschuldungsaktion für die Familie gerettet werden – aber diese brach kurz darauf auseinander. Das Apartment, um das es ging, war hingegen für die Tochter nicht mehr zu retten. So hat die Sparkasse Iserlohn dank eines juristischen Tricks noch ein paar Monatsraten eines dubiosen Kreditvertrages in ihre Taschen gerettet, um die abzusehende Liquidierung dann doch noch durchzusetzen.

Nicht umsonst hat sich das geflügelte Wort festgesetzt, daß, wer bürgt, später dann von den Banken gewürgt wird. Für eine Bank fällt eine Bürgschaft umso einträglicher aus, je leichter es ihr gelingt, den Bürgen nicht nur für die Summe einzuspannen, für die er einzuspringen bereit war, sondern für alle Schulden des Kreditnehmers, die dieser in Zukunft bei dieser Bank machen wird. Wer also für einen Ratenkredit von zum Beispiel 20.000 Mark gebürgt hat, dem kann es passieren, daß ihn die Bank selbst dann mit der Gesamtsumme zur Kasse bittet, wenn der Kredit bereits zum Teil getilgt ist.

Das ist regelmäßig dann der Fall, wenn der Kreditnehmer mit den Zahlungen in Rückstand gerät und mit der Bank eine Umschuldung vereinbart; möglicherweise gar – um Schulden bei anderen Banken oder Lieferanten zu tilgen – einen zusätzlichen Kredit aufnimmt. Dann verlängert sich die Verpflichtung des Bürgen ins Unendliche; was dem spätestens dann schadet, wenn er selbst einen Kredit braucht und die Bank seine bestehenden Belastungen prüft.

Das geht, weil viele Banken einen entsprechenden Passus in die Bürgschaftsformulare eingebaut haben, den der Bürge, meist ohne weiter darauf zu achten, ahnungslos unterschreibt. Allerdings müssen die Banken aufpassen, daß ihnen dieses Geschoß nicht nach hinten losgeht. Denn zumindest das Landgericht Kleve hat darin eine „überraschende Klausel“ gesehen, die nichtig ist und daher nicht angewandt werden darf.

Verlassen sollte sich der betroffene Bürge nicht auf diesen Richterspruch. Denn wer die Bereitschaft der Banken kennt, ihre Juristen bis hin zum Bundesgerichtshof zu beschäftigen, der kann sich ausrechnen, daß mit diesem Urteil noch lange nicht das Ende der Fahnenstange erreicht ist.

Schier unüberwindbare Probleme tun sich bei der Beantwortung der Frage auf, wie denn die Bonität von Bürgen zu bewerten sei. Besonders krasse Fälle sind in Bayern bekannt geworden. Da hatte die Bayerische Landesbank Kredite für Wohnungskäufe nach dem Erwerbermodell herausgereicht, bei denen völlig Mittellose, Studenten etwa, den Investoren als Bürgen gedient hatten. Es war sogar die Rede davon, daß die Studenten dafür mit einem Butterbrot entlohnt wurden.

Die Bayerische Landesbank kam dadurch zu extrem hohen Kreditumsätzen; die Bauherren, die sich solch zweifelhafter Methoden bedient hatten, gingen natürlich reihenweise pleite. Der Effekt: Heute sitzen die Studenten für den Gegenwert von ein paar Bier und einer warmen Mahlzeit bis über die Halskrause in Schulden.

Manche Gerichte sagen, das müsse auch so bleiben; niemand könne abstreiten, daß diese Studenten früher oder später doch einmal zu Geld kommen könnten und so die Schulden fremder Leute freudig abstottern würden.

Andere Gerichte sagen, daß völlig mittellose Personen, die mit der eigentlichen Ursache des Geschäfts nicht zu tun haben, niemals als Bürgen akzeptiert werden dürften. In manchen Fällen wurden sogar Frauen, die für die Firmenkredite ihrer Ehemänner als Bürgen eingesprungen sind, aus den Verpflichtungen herausgepaukt. Allerdings nur dann, wenn sie sich zum Zeitpunkt der Verschuldung tatsächlich mit nicht viel anderem als der Haushaltsführung befaßt hatten.

Wie auch immer die Streitigkeiten ausgehen mögen – die Banken akzeptieren auch weiterhin mittellose Personen als Bürgen und schicken damit vor allem die Ehefrauen in den Schuldturm. Der steht ganz plötzlich und sehr drohend vor ihnen, wenn nach einer Scheidung der Mustergatte alle seine Zahlungen an alle Gläubiger einstellt.

Wie skrupellos da Banken vorgehen, zeigt ein Fall, den im Januar 1992 das Landgericht Hamburg entschieden hatte. Da ging es um die Frage, ob es denn rechtens sei, daß ein mehr oder weniger zufällig anwesender, dazu noch mittelloser Dritter so mir nichts dir nichts zur Bürgschaft verdonnert werden darf.

Vor der Darstellung des Falles aber zunächst die ausdrückliche Würdigung des Mutes eines Richters am Landgericht, sich mit der Auffassung des Bundesgerichtshofs über die Bestallung von Bürgen auseinanderzusetzen. Der Mut ist umso höher zu bewerten, als der Richter der Spruchpraxis des Bundesgerichtshofs die Auffassung des Verfassungsgerichts entgegensetzt – ein Vorgehen, das einen Zivilrichter leicht die Karriere kosten kann.

Der Fall: Da hatte sich ein Türke (oder Grieche; die Angaben zur Person werden bei der Veröffentlichung von Urteilen stets durch das Gericht verschlüsselt) mit der Bitte um die Gewährung eines Kredits in Höhe von 26.000 Mark an seine Bank gewandt.

Damit die Verhandlungen besser abliefen, hatte der Türke (oder Grieche) eine entfernte Bekannte gebeten, ihm Dolmetscherdienste zu leisten. Als dann der Bankangestellte sich bereit erklärte, den Kredit herauszurücken, allerdings nur, wenn ein Bürge gestellt würde, fiel die Wahl auf die Dolmetscherin.

Diese war damit zunächst gar nicht einverstanden und wies noch darauf hin, daß sie selber mit Kreditverbindlichkeiten belastet sei. Dem Kreditsachbearbeiter gelang es jedoch, die Frau zur Bürgschaftserklärung zu überreden. Unter anderem gelang ihm dies, indem er die Bürgschaft als reine Formalität hinstellte.

Fast möchte man sagen, der Kredit ging „natürlich" in die Binsen. Und ebenso natürlich stellte sich für die Frau heraus, daß die Bürgschaft alles andere als eine harmlose Formalität war. Gott sei Dank fand sie jedoch den Mut, die Zahlung zu verweigern, sodaß die Bank klagen mußte.

Nach herkömmlicher Rechtsphilosophie hätte die junge Frau keine Chance gehabt. Denn: Was sich einer einbrockt, das muß er auch selber auslöffeln; dafür haben die Juristen ja den Begriff „Privatautonomie". Der Staat und damit die Gerichtsbarkeit hat von dieser Privatautonomie tunlichst die Finger zu lassen.

Der Richter hatte jedoch die Entscheidungen des Verfassungsgerichts sehr genau gelesen, gemäß derer die Privatautonomie sehr wohl doch angetastet werden kann –

nämlich immer dann, wenn ein Vertragspartner ein derart großes Übergewicht erhält, daß er die vertraglichen Regelungen faktisch einseitig bestimmen kann.

In solchen Fällen können Schutzmechanismen greifen, die das Bürgerliche Gesetzbuch seit nun fast hundert Jahren bereithält. Und ein solcher Fall, so der Richter am Landgericht, sei hier im Verhältnis der jungen, sehr wenig bankerfahrenen Türkin und der allmächtigen, mit Hunderten von rechtlich vorgebildeten Bankern in der Tat der Fall. So braucht die Bürgin nicht zu zahlen – wollen wir für uns alle hoffen, daß das Urteil hält.

Nicht zu schade sind sich die Banker auch, junge Familienmitglieder mit in die Pflicht zu nehmen; sozusagen als Wechsel auf die Zukunft; mit möglichst nach oben offener Haftung. Solch Sippenhaft ist im Jahre 1992 einer Landesbausparkasse eingefallen. Damals hatten sie die Eltern einer damals 19jährigen Frau und diese selbst dazu gebracht, ein gemeinsames Schuldanerkenntnis zu unterschreiben.

Allerdings hatte die Frau, Kind noch, als die Eltern in die Schuldfalle tappten, niemals aktiv bei der Erlangung der Kredite mitgewirkt.

Der gekürzte Text des Schuldanerkenntnisses: „Der Kreditnehmer erkennt an, – mehrere Kreditnehmer als Gesamtschuldner – von der Landesbausparkasse ... folgende LBS -Kredite ... erhalten zu haben ...“. Folgt die Datums- und Unterschriftenleiste.

Damit, das durchschaute die junge Frau nicht, hatte sie anerkannt, zusammen mit ihren Eltern erhebliche Kredite erhalten zu haben. In einer Höhe, daß mehrere Grundstücke, die als Sicherheit dienten, vollkommen überschuldet waren. Das war wohl auch der Grund, warum die Bausparkasse so dringend bemüht war, mit der Tochter eine weitere Schuldnerin in die Hand zu bekommen.

Weil ihnen das alles aber wohl noch nicht genügte, zwangen sie Eltern und Tochter dazu, einen zweifelhaften Deal abzuschließen: Die Eltern übertrugen der Tochter auf Betreiben der Bank formell die Grundstücke. Und unter die Unterschriften zum Schuldanerkenntnis setzten sie einen weiteren Text: „Unterschriften aller Kreditnehmer gem. Nr. 1 und aller Grundstückseigentümer. Die vorstehenden Unterschriften wurden von Kreditnehmer und Grundstückseigentümer geleistet".

Die perfekte, unentrinnbare und ein Leben lang festhaltende Falle. Dachten die Banker. Eine Falle, die ein künftiges Lebensglück zu zerstören und eine Familie auseinanderzubringen in der Lage war und den Rechtsfrieden in diesem Land erheblich beeinträchtigte – mögen, wir wollen es hoffen, die Richter vom Oberlandesgericht Hamm gedacht haben. Gesagt haben sie das natürlich nicht.

Sie verwiesen in ihrer kühlen Art jedoch darauf, daß das konfuse Schriftstück nicht eindeutig festlegte, in welchem Umfang die junge Frau, die tatsächlich bereits in Anspruch genommen worden war, denn jetzt wirklich haften mußte. Mit den nun ihr gehörenden Grundstücken, oder auch mit ihrem weiteren jetzigen und künftigen Vermögen?

Daher, so die Richter, ist das Geschäft auch rechtswidrig und nichtig. Und auch deshalb, weil die Bank es versäumt hat, die junge Frau ausreichend auf die Gefahren aus diesem Geschäft aufmerksam zu machen.

Was, so möchte man fragen, ist in die Köpfe dieser Landesbausparkassen-Juristen gefahren, die sich diesen Knebel ausgedacht haben? Was erlaubt ihnen, mit der Zukunft junger Menschen so umzugehen – bloß, weil deren Eltern sich als schlechtere Kaufleute erwiesen haben als die mit allen Wassern gewaschenen öffentlich-rechtlichen Geldverweser?

Die, das wird noch zu behandeln sein, so hervorragende Kaufleute auch nicht sind, sondern eher selber Mißmanager am Rande des Bankrotts?

Ist es tatsächlich so, daß die Sparkassen anfangen dürfen, die Sippenhaft wieder einzuführen? Es sei hier noch einmal mit allem Nachdruck darauf hingewiesen, daß es Politiker sind, die über das Geschäftsgebaren der Sparkassen wachen. Eben jene, die alle vier Jahre mit ein paar Fähnchen winken, den guten Onkel oder die süße Tante mimen und wiedergewählt werden wollen. Als Vertreter der Bürgerinteressen natürlich und sonst nichts.

Es sind dieselben Politiker, die Kinder in den Schuldturm treiben lassen, ohne den verantwortlichen Sparkassenvorständen auf die Finger zu klopfen. Sie würden ja im Falle der Unbotmäßigkeit, auch das sei einmal erwähnt, der Sitzungsgelder verlustig, die bei jeder Verwaltungsrats- und Kreditausschußsitzung fällig werden. Zwischen hundert und dreihundert Mark üblicherweise.

Aber von dem Deal mit den Kinderseelen mehr im folgenden Kapitel. Zunächst jedoch weiter mit den Praktiken der zweifelhaften Kreditsicherung.

Gern lassen sich die Kreditsachbearbeiter ihre Ausleihungen auch mit Lebensversicherungen, in der letzten Zeit auch mit Unfallversicherungen besichern. Beileibe nicht ausschließlich mit solchen, bei denen bereits eine erkleckliche Summe angespart wurde. Hier würde der Rückkaufwert tatsächlich eine sofort greifbare Summe Geldes darstellen; eine Sicherheit erster Klasse somit.

In vielen Fällen jedoch wird der Kunde genötigt, mit dem Darlehensvertrag zugleich einen Kapitallebens- oder Unfallversicherungsvertrag abzuschließen. Dem Banker bringt es die Vermittlungsprovision; dem Kunden außer Nachteilen nichts. Denn er muß zu den Raten der Kredittilgung und -verzinsung auch noch die Versicherungsprämien bezahlen; was ihn in der Regel überfordert. Vor allem dann, wenn das Geschäft im Rahmen einer Umschuldung abläuft. Dann ist der Kunde zwar ausreichend knieweich, sich der Zumutungen des Kreditsachbearbeiters nicht erwehren zu können; andererseits ist seine finanzielle Situation dermaßen angespannt, daß er in absehbarer Zeit überhaupt keine Zahlungen mehr wird leisten können. Dann hat er zwei Partner am Hals, die ihm an das bißchen Rest seines Einkommens wollen.

Was die Banker nicht beachtet haben: Bereits seit 1989 hat der Bundesgerichtshof gegen derartige Praktiken sein Veto eingelegt. Er hat nämlich in einem Fall von Kombinationskredit auf der Basis einer Lebensversicherung errechnet, daß in diesem Fall der Tatbestand des Wuchers gegeben war. Das heißt: die Endbelastung des Kunden lag in einer nicht vertretbaren Weise über dem Zinssatz, den die Bundesbank als üblich errechnete.

Das Besondere und für die Banken Gefährliche an diesem Spruch: Selbst der Hinweis, der Kunde könne doch Steuervorteile geltend machen, womit die Gesamtbelastungen durch die Lebensführungskosten sänken, haben nichts geholfen.

Vor allem die Volks- und Raiffeisenbanken haben sich 1992 und 1993 mit der neuen Variante der Kombiversicherung hervorgetan, bei der Kredite und Unfallversicherungen gekoppelt wurden. Der Grund: Unfallversicherungen sind ungeheuer lukrativ – in der Bundesrepublik verunglückt kaum jemand so stark, daß er die Versicherung in Anspruch nehmen müßte. Andere finanzielle Schutzinstrumente greifen da viel früher.

Die im Verbund der DG-Bank angesiedelte R+V-Versicherung hat es sich daher bis in die letzte Zeit sehr angelegen sein lassen, diese Kreditform zu propagieren. Nicht zuletzt wohl, um der angeschlagenen Muttergesellschaft finanziell unter die Arme greifen zu können.

Es scheint, daß die Verantwortlichen in den Banken ihre Hausaufgaben, nämlich die Kenntnisnahme der Rechtsprechung, auch in anderen Fällen nicht oder nur unzulänglich erledigen. Im Juli 1992 erging im Bundesgerichtshof ein Urteil, daß es einer Bank nicht erlaubt sei, Sicherheiten ohne Rücksicht und von heute auf morgen zu verwerten, wenn der Kunde mit seinen Tilgungsverpflichtungen in Rückstand geraten ist.

Auf der Basis dieses unzulässigen Verfahrens sind in der Bundesrepublik Abertausende von Lebensversicherungen, Bausparverträgen, Aktiendepots oder Festgeldkonten geplündert und unzähligen Freiberuflern die Altersversorgung genommen worden.

Aus der Raiffeisenbank Mangfalltal mit Sitz in Bad Aibling drang noch im August 1993 die Kunde, daß ein in Panik geratener Filialleiter dem Kunden Gerd W. ohne

Rücksprache an das Festgeld gegangen ist, als dieser einen finanziellen Durchhänger hatte.

Wenn es um die Abwicklung notleidend gewordener Kredite geht, sind die Banken besonders erfindungsreich. Nicht, daß sie dem fallierten Kunden vielleicht wieder auf die Beine zu helfen versuchten; sie knüppeln ihn vielmehr mit einer Vielzahl von Gebühren, von denen noch lange nicht erwiesen ist, ob sie der rechtlichen Prüfung standhalten könnten, nieder.

Unvergessen der Fall eines Münchner Unternehmers, dem die Deutsche Bank vor Gericht nie exakt den aktuellen Kontostand belegen konnte, bis der dem Zivilprozeß vorsitzenden Richterin der Kragen platzte und sie ihren Unmut über die Unfähigkeit der Deutschen Bank kundtat.

Mag dieser Fall auch so seinen morbiden folkloristischen Reiz haben – die Usancen bei der Bestimmung der Verzugszinsen haben ihn nicht mehr.

Und es ist anzunehmen, daß eine Vielzahl von Konkursen hätte verhindert werden können, wenn die Belastungen in der Stunde der schlimmsten Not nicht künstlich in die Höhe geschraubt worden wären.

Es hat bis zum Februar 1992 gedauert, bis der Bundesgerichtshof mit der Unsitte Schluß machte, daß bei Krediten, die durch Immobilien besichert waren und die notleidend wurden, plötzlich höhere Zinsen berechnet wurden als zuvor.

Bis dahin war es gern geübte Praxis, den Verzugszins nach der Formel Diskontsatz plus fünf Prozent zu berechnet – mit dem abstrusen Ergebnis, daß aus vielleicht 7,5 plötzlich zehn oder zwölf Prozent Zinsbelastung wurden.

Ganz böse geht es für viele Schuldner aus, wenn der Lohn oder das Gehalt gepfändet wird. Aus einer Statistik der Bundesarbeitsgemeinschaft Schuldnerberatung, Kassel, geht hervor, daß aus diesem Ereignis viele Kündigungen resultieren, und daß damit der erste Schritt in die Verelendung eingeleitet wurde.

Im Juli 1992 verbot der Bundesgerichtshof die schlimme Praxis, Lohnpfändungen ohne Vorwarnungen durchzuführen. Bis dato hatte der Schuldner keinerlei Chance, der Katastrophe durch weitere Verhandlungen zuvorzukommen oder zumindest frühzeitig Unterstützung beim Betriebsrat oder den Schuldnerberatungsstellen einzuholen. Jetzt haben die Schuldner wenigstens dazu die Möglichkeit.

Womit der Bundesgerichtshof zugleich ein Ende gemacht hat, ist der Trick der Banken, die Angriffsrollen bei einem möglichen Rechtsstreit zu vertauschen. Denn, so erkannten die Richter, wenn der Kreditnehmer im Kreditvertrag unterschreiben mußte, er willige von vornherein in die vorwarnungslose Verwertung seiner Sicherheiten ein, dann wird ihm zugleich die Möglichkeit erschwert, überhaupt die Rechtswirksamkeit des Kreditvertrages anzufechten.

Was weg ist, ist weg, gilt die Regel; und für die Rückholung ungerechtfertigt abgebunkerter Gelder gilt dann wieder ein anderer Rechtszug.

Bedenken hatte das Gericht auch gegen die Praxis, die Sicherheitsverwertung ohne Rücksicht auf die Höhe der Restschuld durchzuführen. Überspitzt ausgedrückt hieße das nämlich: Kommt einer mit dem Rest seines Kredits zum Beispiel für den Kauf eines Hauses in Probleme, und hat er für die Besicherung sowohl das Haus als auch sein Golddepot eingesetzt, dann kann die Bank ihm das Haus unterm Sitzfleisch wegpfänden, selbst dann, wenn der Erlös aus dem Verkauf des Golddepots zur Begleichung der Schulden ausgereicht hätte. Solche Fälle gibt es genug.

Mit besonderer Leichtigkeit setzen sich einige Kreditkarten-Unternehmen über geltendes Recht hinweg. In den Allgemeinen Geschäftsbedingungen des Kreditkarten-Unternehmens Visa befanden sich gleich drei Klauseln, die den Gesetzen widersprachen und den Richtern mißfielen.

Erstens der Passus, daß das Vertragsverhältnis ohne Einhaltung einer Frist gekündigt werden kann. Das ist für den Kartennutzer insofern peinlich, als es ihm passieren kann, im Ausland plötzlich ohne Zahlungsmittel dazustehen; vielleicht allein aufgrund eines technischen Versehens seiner Bank.

Der Richter mochte das nicht akzeptieren und verwies auf eine Vorschrift des Bürgerlichen Gesetzbuches, nach der entgeltliche Dienstverträge nur mit einer Frist von sechs Wochen gekündigt werden können.

Zweite Knebel-Klausel der Visa, die dem Recht nicht entsprach: Wer seinen Mindestbetrag nicht pünktlich zahlte, mußte eine Überziehungsgebühr von fünf Mark berappen. Geht nicht, sagte der Richter; was soll eine Mahngebühr ohne Mahnung!?

Dritter Knebel: Wer nicht innerhalb oder spätestens am letzten Tag der Zahlungsfrist zahlte, mußte fast 15 Prozent Zinsen berappen. Nicht etwa ausschließlich für die Zeit nach dem Ablauf der Zahlungsfrist, sondern zusätzlich für die drei Wochen davor.

Wer jedoch seinen Kunden eine Zahlungsfrist einräumt, der ist zu keinem Zeitpunkt berechtigt, dafür Zinsen zu verlangen, wenn das nicht in einem speziellen Passus festgelegt wurde. Das war aber hier nicht der Fall.

Darüber hinaus wollte der Richter die starre Zinshöhe nicht akzeptieren. Im Maximum sei ein Verzugszins zu akzeptieren, der fünf Prozent über dem aktuellen Diskontsatz liegen dürfe.

Mit derartigen Unternehmen arbeiten also unsere Banken eng zusammen: Firmen, die es schaffen, in ihre Allgemeinen Geschäftsbedingungen gleich drei hanebüchene Fehler zu schreiben. Niemand weiß, wieviel Unglück die Firma Visa mit diesen Klauseln im Laufe der Zeit schon angerichtet hat.

Wenn sich Banken über gültiges Recht hinwegsetzen, sieht das manchmal ganz harmlos aus, kann jedoch schlimme Folgen nach sich ziehen. Bei der Sache mit den Überweisungsbelegen, bei denen das Unterschriftenfeld an der falschen Stelle vorgesehen ist, handelt es sich um eine solche vermeintliche „Harmlosigkeit".

Auch bei der Sache mit den Zinseszinsen, die die meisten Bankkunden als so unbedeutend ansehen, daß sie leicht und schnell in die ihnen damit gestellte Falle tappen.

Zunächst die Geschichte mit den Unterschriften an der falschen Stelle der Überweisungsformulare. Da hat sich 1990 ein Bankkunde mit seiner Auffassung durchgesetzt, eine Überweisung, bei der die Unterschrift an den oberen Rand des Formulars gesetzt ist, sei unwirksam.

Die Gründe für diese Beschwerde seien einmal dahingestellt – aber im Prinzip hatte der Mann recht. Unterschrieben wird im Prinzip stets unterhalb eines Vertrags oder eines Auftrags. Sonst könnte ja jeder hergehen und das Vertragswerk nachträglich verändern. Indem er zum Beispiel ein paar sinnentstellende Sätze oder Zahlen anfügt.

Der Mann behielt recht. Natürlichste Sache der Welt wäre es gewesen, jetzt sofort alle Überweisungsbelege einzustampfen und neue drucken zu lassen. Wie das aber so ist bei den computerabhängigen Banken – das geht nicht. Die Programme erwarten eine maschinenlesbare untere Zeile; nicht gestört von dem Unterschriftsgekrakel des sehr geehrten Kunden.

Was geschieht zwangsläufig? Die Formulare bleiben, wie sie waren – Richterspruch hin oder her. Und wurden für die Banken zu barem Gold. Denn jetzt kann folgendes eintreten:

Da verfertigt ein Kunde, Geschäftsführer eines großen Unternehmens, eine Überweisung von, sagen wir einmal, einer Million Mark. Weil er Maschinen einkaufen will, für die er bereits einen Kunden gewonnen hat. Die Million stellt die in der Branche übliche Anzahlung von einem Drittel dar.

Jetzt sei, der Vorsicht halber, ausdrücklich erwähnt, daß das Folgende einen hypothetischen Charakter hat, es sich also allein um ein Gedankenspiel handelt.

Aber weiter: Was der Maschinenhändler nicht weiß, ist, daß sich seine Bank und sein größter Konkurrent inzwischen einig sind: der muß weg. Es gibt in Deutschland Unternehmer, die laut beschwören, daß auf dieser Grundlage ihr Konkurs herbeigeführt wurde.

Wie stets, ist der Maschinenhändler ein wenig klamm; er überzieht daher, wie schon so häufig, mit dieser Überweisung sein Konto ein bißchen stark über das Limit hinaus. Zunächst geschieht nichts Nachteiliges. Das Geld ist überwiesen, die Maschinen werden ausgeliefert.

Da, eines Tages, der Unternehmer bereitet gerade die Auslieferung der Maschinen vor, erreicht ihn der wütende Anruf seines Lieferanten: was das denn solle, die Überweisung zurückzuziehen? Die Maschinen zurück, aber dalli! Und außerdem klage man wegen Betrugs.

Später, bei der Bank, erfährt der Unternehmer dann die volle Wahrheit: Man habe das Geld zurückbeordert, er sei sowieso pleite, und das sei alles mit gutem Recht geschehen. Seine Überweisung sei ja nicht ordnungsgemäß ausgestellt gewesen; siehe Unterschriftenzeile rechts oben. Er, der Unternehmer, sei verpflichtet gewesen, auch rechts unten zu unterschreiben. Daß der Angestellte am Schalter ihn nicht darauf hingewiesen habe, könne man nicht so recht glauben. Außerdem kündige man die Kredite; jetzt und sofort. Der Unternehmer, hat er schwache Nerven, wird sofort den Gang zum Konkursrichter antreten.

Ein Gedankenspiel? Natürlich. Aber warten wir ab. Nach dem vorne beschriebenen Versuch, eine junge Frau bis zu ihrem Tod in die Zinssklaverei zu führen, läßt sich jedes Gedankenspiel über Banken-Chuzpe mit hoher Erwartung auf dessen Realisierung durchführen.

Jetzt zu der Sache mit dem Zinseszins. Der ist im Prinzip bei Krediten verboten. Verzinst wird nur einmal und dann nicht mehr. Es geht, so die Gesetzgeber, nicht an, daß einer erst Zinsen für geliehenes Geld zahlt, damit möglicherweise in Schwierigkeiten gerät; einen Rest der Zinsen schuldig bleibt, sich die Kreditsumme dadurch erhöht und er dann die Summe aus Kredit und Zinsen erneut verzinsen muß.

Trotzdem geschieht das in abertausend Fällen Tag für Tag. Ein Blick zurück auf das Beispiel Potthoff: Da wurden bis zu zwanzig Prozent Zinsen plus Provision auf eine Kontokorrent-Überziehung berechnet. Weil keine Tilgung erfolgte, wuchs die Überziehung schließlich in astronomische Höhen; maßgeblich daran beteiligt waren natürlich die Zinsen; plus die Zinsen plus Überziehungsgebühren aus den Zinsen; plus die Zinsen plus Überziehungsgebühren aus den Zinsen aus den Zinsen plus Überziehungsgebühren aus den Zinsen; plus die Zinsen plus Überziehungsgebühren aus den Zinsen aus den Zinsen plus Überziehungsgebühren aus den Zinsen plus den Überziehungsgebühren; plus den ... Allein dieses Spiel mit Wörtern zeigt, wie schnell die Summen steigen und wie unübersichtlich das Ganze dann wird. Das ist der erste Trick.

Der zweite Trick ist nur scheinbar ein Befreiungsschlag: Die Bank initiiert eine Umschuldung. Damit wird aus den Zinsen plus Überziehungsgebühren aus den Zinsen aus den Zinsen plus Überziehungsgebühren aus den Zinsen plus den Überziehungsgebühren wieder etwas sehr Seriöses und Übersichtliches: ein Kredit.

Dafür zahlt der Kunde natürlich Zinsen. Jetzt aber so, wie es sich gehört: erst die Zinsen, dann die Tilgung. Und mit der Zeit werden die Zinsen weniger und die Tilgungsrate mehr; bis der Kredit schließlich getilgt ist. Und der ganze Ärger ist vergessen.

So soll es sein; ist es aber nicht für jeden.

Denn wenn der Kunde keine ausreichenden Sicherheiten vorweisen kann (und das läßt sich ja leicht behaupten), schuldet die Bank nur einen Teil des Kontokorrent-Solls um. Und läßt exakt so viel Miese auf dem Konto, daß es dem Kunden schwerfällt, diese abzutragen. Als kleine erfrischende Zutat droht man ihm auch immer wieder einmal damit, die Forderung glattzustellen, sprich: das Geld sofort zurückhaben zu wollen.

Und so geht das dann wieder los mit den Zinsen plus Überziehungsprovision plus den Zinsen aus den Zinsen plus der Überziehungsprovision; plus ... Bis hin zur nächsten Umschuldung.

Das, lieber Leser, ist die Innenansicht eines der schrecklichsten Orte dieser Erde: des modernen Schuldturmes. Wenn Sie drin sind, haben Sie nur noch die eine Genugtuung: wenigstens ihren Banker glücklich gemacht zu haben.

Jetzt wollen wir uns den Kindern zuwenden, die frühzeitig für den Schuldturm zu präparieren die Banken sich zur Zeit so innig bemühen.

Das Kinderlegen. Oder:

Die früh verlorene Unschuld.

Ein paar Jahrzehnte hat Gerd K. noch Zeit, sich über eine Jugendtorheit zu ärgern: Als er mit 16 Jahren den Einflüsterungen eines Versicherungsvertreters erlegen war und den Vertrag über eine Kapitallebensversicherung abschloß, da wußte er noch nicht, daß diese Art Geldanlage beileibe nicht immer die bestmögliche ist.

Er hatte auch nicht damit gerechnet, daß ihm die monatlich abzuzweigende Summe dann und wann doch Schwierigkeiten bereiten würde.

Normalerweise wäre das Problem ja zu heilen gewesen: Hätten die Eltern sich geweigert, die an sich notwendige Genehmigung zu diesem Vertrag zu erteilen, hätte er nicht einmal die erste Prämie bezahlen müssen.

Gerd K. verschwieg jedoch seinen ersten Vertragsabschluß mit der großen Geldwelt – und das ist der Grund, warum er sich noch heute, wo er längst volljährig ist, über seine Dummheit ärgert: Normalerweise hätte er die Gültigkeit des Vertrages kurz nach dem Erreichen der Volljährigkeit anfechten können. Die Versicherung hätte ihm danach alle Prämien, gut verzinst, zurückzahlen müssen.

Das ist die normale rechtliche Situation, selbst dann, wenn Eltern einen Vertrag, den ihr minderjähriger Sprößling abgeschlossen hat, genehmigen. Nicht bei Gerd.

Daraus, daß er den Vertragsabschluß verheimlicht hatte, schloß der Richter am Oberlandesgericht Koblenz, daß er gewußt habe, daß da etwas faul war. Und das war wohl in den Augen des Richters eine Art Vorgriff auf die Volljährigkeit. Der Vertrag muß erfüllt werden, will Gerd K. nicht mit der vorzeitigen Kündigung erhebliche Verluste akzeptieren. Was bedeutet: mangelndes Vertrauen zu den Eltern macht erwachsen.

Wer den Gedanken zu Ende verfolgt, kommt zu kuriosen Schlüssen: Wenn einer, zum Beispiel mit 17, etwas wirklich Schlimmes anstellt, etwas, das erst nach fünf Jahren verjährt, darf er eigentlich nicht damit rechnen, nach dem Jugendstrafrecht verurteilt zu werden, wenn ihm das Unrecht seiner Tat bewußt wurde und er diese der Polizei verschwiegen hat. Er müßte nach der Logik des Oberlandesgerichts eigentlich mit voller Härte des Erwachsenenstrafrechts zur Rechenschaft gezogen werden.

Dieses Beispiel zeigt, daß, wer sich mit den Banken einläßt, im Streitfall nicht von vornherein mit viel richterlichem Verständnis rechnen darf. Die im vorigen Kapitel vorgestellten Entscheidungen dienen ausschließlich dazu aufzuzeigen, wie häufig und wie selbstverständlich sich die Banken über geltende Normen hinwegsetzen – und wie sehr sie sich im Recht fühlen. Sonst würden sie nicht so verbissen bis in die letzten Instanzen klagen. Verbraucherfreundliche Urteile dürfen jedoch nicht zu dem Trugschluß verleiten, die höchste Gerichtsbarkeit stehe mehr auf seiten der Verbraucher.

Daher kann auch niemand im Ernstfall damit rechnen, daß seine Kinder (oder er selbst) automatisch vor Schaden geschützt sind, wenn diese sich auf die wohltönenden Versprechungen der Banken eingelassen haben.

Die Indoktrination beginnt ja schon früh mit Comic-Figuren, mit Luftballons oder Jugendzeitschriften, die, wenigstens in den Augen der Bank-Werber, ganz nach dem Geschmack der Kleinen sind und früh auf die psychologischen Positionierungen der jeweiligen Banken fixieren.

Es soll hier nicht einer werbefreien Kindheit das Wort geredet werden; das wäre der absolute Unsinn. Nur: Wer um die jungen Kunden wirbt, der müßte eigentlich seiner Aufklärungspflicht besonders sorgfältig nachkommen.

Und nicht billigend in Kauf nehmen, daß Kinder sich schon früh verschulden. Besonderes Verdienst, die rigorosen Werbemethoden mit der Lässigkeit bei der Herausgabe von Krediten an Kinder in Verbindung zu bringen, hat sich die Verbraucherzentrale Nordrhein-Westfalen in Düsseldorf erworben. Sie legte im Sommer 1993 eine erschütternde Dokumentation vor.

Danach räumte die Sparkasse Witten an der Ruhr dem minderjährigen Telekom-Lehrling Thorsten Waue einen schier unerschöpflichen Dispositionskredit ein.

Bei zweitausend Mark Überziehung jedoch machten die Banker dicht; und schlugen einen Ratenkredit zu für sie traumhaften Konditionen vor: 2.500 Mark zu 17,5 Prozent Zinsen plus zwei Prozent Bearbeitungsgebühr. Der Bub, 600 Mark Lehrlingsvergütung monatlich, konnte damit sein Konto glattstellen und hatte noch fünfhundert Mark bar auf der Hand. Sozusagen zum Anfüttern.

Die Eltern wußten nichts von diesen Vorkommnissen; selbst der Kreditvertrag blieb unter der Decke. Mit einigem Grund: Denn das Vorgehen der Sparkasse Witten an der Ruhr war von Anfang bis Ende illegal.

Zwar dürfen Lehrlinge ein Girokonto eröffnen; das verlangt schließlich der Arbeitgeber, damit er die Löhne und Gehälter problemlos anweisen kann. Daher darf ein Lehrling das auch ohne Einwilligung der Eltern. Schülern ist diese Freiheit nicht gegeben; sie brauchen die elterliche Zustimmung in jedem Fall.

Bei beiden, Schülern wie Lehrlingen, ist die Nutzung des Kontos im Prinzip jedoch ausschließlich auf das Abheben von Bargeld vom Guthabenkonto beschränkt. Selbst eine Überweisung bedarf der elterlichen Genehmigung. Und natürlich jede Überziehung.

Will der Minderjährige gar Geschäfte abschließen, die ihn über die Volljährigkeitsgrenze hinweg belasten, bedarf es in vielen Fällen sogar der Genehmigung des Vormundschaftsgerichtes. Dazu gehört auch die Aufnahme eines Kredites.

Wird jedoch der Vertrag so spät abgeschlossen, daß der Jugendliche ihn bis zur Volljährigkeit geheimhalten kann – dann ist für späte Reue kein Platz mehr. Die Bank hat den nun Erwachsenen voll am Kredithaken.

Nun gibt es da einen Trick, von dem die Banker meinen, daß er alle ihre obskuren Verleihpraktiken nachträglich legalisiert: Sie lassen die Eltern eine Generaleinwilligung unterschreiben. Die könnte so lauten: „Wir genehmigen im voraus alle Geschäfte".

Was wiederum die Eltern so einfach nicht dürfen. Denn, wie oben bereits gesagt, bei vielen dieser Geschäfte hat das Vormundschaftsgericht das letzte Wort. Und das wird sich hüten, eine Generaleinwilligung abzugeben.

Allerdings, und hier ist das größte Schlupfloch für die Bankjuristen, die Einwilligung ist durchaus wirksam für Geschäfte, die bei Kindern und Jugendlichen zu erwarten sind. Schließlich leiht sich jedes Kind mal vom Klassenkameraden ein paar Mark für Süßigkeiten. Und was, so könnten die Banker argumentieren, ist das im Prinzip anderes, als wenn wir einem Schüler einen Fünfziger rausrücken, damit der in der Disco nicht allzu dumm neben dem Imponiergehabe der gut betuchten Lehrlinge dasteht? So kommen dann Schuldsummen um die zweitausend Mark zusammen wie bei Thorsten Waue und eine erste Kostprobe des Gefühls, disponible Masse eines Geldwechslers zu sein.

Die Annäherung dazu beginnt immer früher. Viele Eltern gehen in ihrem Wunsch, die Kinder so früh wie möglich an das harte Leben zu gewöhnen, so weit, selbst Zwölfjährigen die Einrichtung eines Girokontos zu erlauben – mitsamt Generalklausel. Sie geben da sicher auch dem sozialen Druck nach, der auf den Kindern lastet, und der durch eine Werbung angeheizt wird, die das Geldabheben aus dem Automaten als den absoluten Übergag darstellt: „Was werden die Erwachsenen da bloß für Augen machen!“

Logisch in den Augen der Banker, daß den Kindern dann auch eine Kontoüberziehung erlaubt wird wie bei der Sparkasse Korschenbroich. Die läßt bei Zwölfjährigen bis zu 200 Miese auf dem Konto zu.

Die Sparkasse Korschenbroich ist jene, die Geld noch vor Liebe stellt. In aufwendigen Anzeigen wirbt sie für eben jenes Schüler-Konto, das sich so leicht überziehen läßt.

Verräterisch, daß die Banker in der Anzeige die Wörter „First Cash“ um ein vielfaches auffallender placierten, als die dort ebenfalls zu findenden Wörter „First Love“. Es läßt sich im Lesefluß sogar eine Art Steigerung erahnen.

Wobei zugleich die Verbindung Liebe und Geld mindestens unterschwellig transportiert wird. Das, wie gesagt, verantworten Politiker, unter denen mit höchster Wahrscheinlichkeit auch Lehrer zu finden sind.

Wenn's herauskommt mit der Überziehungs-Schluderei, setzt es für die Banken Unangenehmes; zumindest theoretisch. Denn da hohe Überziehungen illegal sind, braucht das Geld nicht zurückgezahlt zu werden.

Die Banker fürchten sich jedoch nicht allzusehr vor diesem Risiko. Sie setzen vielmehr darauf, daß die Eltern mit roten Ohren und möglicherweise sogar schlechtem Gewissen die Konten ausgleichen.

Wenn sich die Eltern hartschalig zeigen, hilft oft die versteckte Drohung mit einer Strafanzeige: Das Kind habe sich möglicherweise eines Mißbrauchs seiner Scheckkarte strafbar gemacht; und darauf stehen, zumindest für den Erwachsenen, bis zu drei Jahre Haft.

Vielleicht winkt der Banker auch mit der zivilrechtlichen Haftung der Eltern für Schäden, die ihre Kinder anrichten – und ist eine nicht einbringbare Forderung etwa kein Schaden? Dabei verschweigen die Banker bei ihren Nötigungsstrategien gern, daß niemand sie gezwungen hat, den Kredit herauszurücken. Da sind sich die Juristen einmal einig: Derartige Drohungen sind nichts als hohles Geschwätz; das Mitverschulden der Bank wiegt schwerer als ein Versäumnis der Eltern, so denn überhaupt eines vorliegt.

Für viele der jetzt Erwachsenen kommt allerdings zu spät, was die Verbraucherzentrale da an Unappetitlichem aufgedeckt hat: Früh an das Schuldenmachen gewöhnt, haben sie nie gelernt, ihre Wünsche zu zügeln.

So wie Gerd Leyendecker, von dem der „Spiegel" in seiner 17. Ausgabe des Jahres 1993 berichtete: Mit 17 erfüllte er sich den Wunsch nach einem Motorrad, zu dem ihm die Kreissparkasse Köln einen Kredit von 4.000 Mark beisteuerte. Mit 30 ist das Leben des Mannes verpfuscht: Obwohl er als Kundenmonteur recht gut verdient, steht er mit 30.000 Mark vor einem für ihn schier unüberwindbaren Schuldenberg. Da er seinen Verpflichtungen nur mit Mühe nachkommen kann, machen ihm Gehaltspfändungen das Leben schwer. Sein Abstieg in die Arbeitslosigkeit scheint vorprogrammiert. Womit es ihm noch schwerer fallen wird, die Schulden zu bezahlen. Es folgt das Ausklagen der Forderungen bis zum letzten, die Taschenpfändung, die Wohnungskündigung, die Ehescheidung, der Alkoholismus ... die Dossiers der Sozialämter sind voll mit diesen Fällen.

Und immer verdient noch eine Bank mit. Gibt es doch Institute, die sich darauf spezialisiert haben, auch den Nackten noch in die Tasche zu greifen. Vor allem Teilzahlungsbanken übergeben ihre „ausgeklagten" und längst abgeschriebenen Forderungen gerne an Inkasso-Firmen. Manchmal sind sie an diesen auch beteiligt. Die Inkasso-Haie sind es auch, welche die Klaviatur der Drangsalierung am vortrefflichsten beherrschen: Sie pfänden rigoros in den Lohn hinein und scheren sich keinen Deut um die prekäre Situation der Schuldner. Ihre Gebühren jedoch sind um so höher und ihre Methoden ausgesprochen rabiat. Dabei wissen diese Fledderer recht gut, daß es längst Urteile gibt, nach denen die Weitergabe von Forderungen gegenüber Privatleuten an Inkassobüros vollkommen sinnlos ist. Der Tenor der richterlichen Meinung: Kann einer zahlen oder besteht noch pfändbares Vermögen, kommt der Gläubiger auch ohne Inkasso-Firma an sein Geld.

Ist nichts mehr da, kann auch das Inkasso-Büro nicht zaubern. Es handelt sich also um eine unzulässige Gebührenschinderei.

Daher sind selbst die rabiatesten Gläubigerbanken (zu denen vor allem auch die Teilzahlungsinstitute der Versandhäuser gehören) schnell bereit, bei fachkundiger Intervention etwa der Schuldnerberatungsstellen klein beizugeben. Auch dann, wenn sie, wie so oft, mit ihren direkten Ansprüchen gänzlich danebenliegen. Da versuchte im Juli 1992 doch tatsächlich die Berliner ABC Barkredit-Bank, die neuen Pfändungsfreigrenzen zu unterlaufen. Die Rechtsabteilung schrieb an ihren sehr geehrten Kunden folgenden Brief:

„Sehr geehrter Herr,
durch die neue Festlegung der Pfändungsfreigrenzen haben wir von dem für Sie zuständigen Arbeitsamt erfahren, daß ab Juli 1992 zunächst kein Pfandbetrag mehr anfällt.

Damit die bei uns bestehende Kreditrestschuld jedoch auch weiterhin abgebaut wird, bitten wir Sie, auf der beiliegenden Einzugsermächtigung Ihre Bank- bzw. Postgiro-Kontonummer sowie Bankleitzahl einzutragen und mittels ebenfalls beigefügtem Freiumschlag unterschrieben

an uns zurückzusenden, damit wir sodann ab 15. 8. 92 DM 130,00 von Ihrem Konto abbuchen können. Somit sparen Sie sich den Weg, jeden Monat zur Bank oder zur Post gehen zu müssen, um den obigen Betrag einzuzahlen. Um schnelle Rücksendung wird daher gebeten.
Mit freundlichen Grüßen."

Das bedeutet doch: Wir lassen Dich trotz gesetzlichem Schutz nicht aus den Krallen. Und wenn Du uns erst die Einzugsermächtigung erteilt hast, dann hast Du mit uns einen Vertrag über monatliche Ratenzahlung abgeschlossen – und das ganz freiwillig. Und da kommst Du überhaupt nicht mehr raus.

Ein Banker, der vielleicht etwas unseriöser arbeitet, als der in der Rechtsabteilung der ABC Barkredit-Bank, Berlin, hätte vielleicht noch hinzugefügt:

Und was wir mit der Einzugsermächtigung auf Deinem Konto anrichten werden – das wirst Du auch noch erleben!

Soweit die vorsätzlichen Beugungen von Rechten und Vorschriften. Jetzt zu den Roßtäuschereien, welche den Boden bereiten für den leichtfertigen Umgang mit den Rechten.

Roßtäuschereien. Oder:

Wenn Werbung zur Lüge wird und Beratung zum Betrug.

Friedrich P., Bergbau-Kumpel im rheinischen Braunkohlerevier, wollte sich endlich den großen Traum von der kleinen, aber feinen eigenen Hütte erfüllen. Sein Problem: Trotz Überstunden und Leistungsprämien hat der Lohn für nennenswerte Ersparnisse nicht gereicht. Trotzdem ist er zu seinem Häuschen gekommen – wenngleich ihm die Zwangsenteignung durch den Kreditgeber droht und er sich zudem fast einen Eintrag in die Strafregister eingehandelt hätte.

Die Freude am Haus, die Angst vor der Zwangsversteigerung und dem Strafverfahren (denn das ist tatsächlich durchgeführt worden) haben zwei Geschäftsführer der Bauträgergesellschaft Schnitzler und Jacob mit Sitz in Moers, deren Haus-Architekt sowie zwei Angestellte einer Commerzbank-Filiale in Duisburg angerührt.

Den „infernalischen Fünf", als die sie inzwischen bei etwa vierhundert gleichermaßen Geschädigten bekannt sind, steht selber ein Strafverfahren ins Haus: Seit August 1992 liegt beim Landgericht Kleve eine 293seitige Klage vor, über deren Zulassung der zuständige Richter zu Abschluß der Recherchen für dieses Buch noch immer brütete.

Die Beschuldigten (und noch nicht offiziell Angeklagten) behelfen sich mit allerlei Tricks, um einer frühzeitigen Verhandlung zu entgehen. So beanspruchen die Anwälte, die zudem erst sehr spät in das Verfahren eingeführt wurden, zur Lektüre der Klageschrift natürlich luxuriös viel Zeit.

Was ist passiert? Die Bankmanager machten den in Finanzfragen sehr unerfahrenen Arbeitern und kleinen Angestellten vor, sie könnten auch ohne einen Pfennig Eigenkapital bauen. Diese Schönfärberei ist an sich nichts Neues; außerordentlich innovativ hingegen war der Weg hin zum Eigentum.

Dazu muß man wissen, daß unter besonderen Voraussetzungen der Staat dem Häuslebauer beträchtliche Summen zuschießt; er muß dafür nur nachweisen, daß er über eine bestimmte Summe Eigenkapitals verfügt. Daß damit aber eher Angespartes als Zusammengepumptes gemeint ist, und daß die Bauherren in spe über diesen Umstand nicht aufgeklärt wurden – das wurde den Moerser Kumpeln zum Verhängnis.

Der Kniff, ohne eigenes Geld an staatliche Fördermittel zu kommen, funktionierte so und wird wohl in diesem Land so selten nicht angewandt: Irgend jemand leiht den Bauherren kurzfristig exakt die Summe, die er als Mindestkapital für die Herausgabe der Fördermittel nachweisen muß. So auch dem Friedrich P. Befand sich der Kontostand vorher bereits durch andere Anschaffungen im Minus, wurde auch diese Summe mit abgedeckt.

Die Bank bestätigte daraufhin hochoffiziell, daß Friedrich P. über ausreichend Geld verfügte, um bauen zu können, schickte womöglich noch einen Kontoauszug als Beleg mit und befürwortete das Vorhaben. Reichte es immer noch nicht, legte sie eine (fingierte) Gehaltsbescheinigung der Ehefrau bei. Der Blitzkredit hingegen wurde genauso schnell und kurzfristig wieder abgebucht, wie er vorher auf dem Konto erschienen war.

Mit den beschafften öffentlichen Geldern konnte die Bauträgergesellschaft die projektierten Immobilien und damit die Eigenheime der Moerser Familien erstellen.

Das machten alle so, versicherten die Berater auf Banken- und Bauträgerseite den Kumpeln und es sei auch ein ganz korrektes und sicheres Verfahren.

Das alles ist vollständig illegal, urteilten die Richter in Moers und überzogen die vierhundert Bauherren mit Strafverfahren, die später dann meist gegen Zahlung von Bußen eingestellt wurden. Trotzdem sind die Kumpel von Moers noch längst nicht aus dem Schneider: Sie müssen befürchten, daß die staatlichen Fördermittel zurückverlangt werden.

Zudem zeigte sich, daß die errechneten monatlichen Belastungen zwischen 800 und 1.000 Mark doch nicht so einfach zu schlucken waren, wie vordem gedacht: Inzwischen sind in der Regel alle Familienmitglieder in die Tilgung der Kredite eingespannt.

Die eigentlichen Initiatoren des Desasters hingegen warten relativ gemütlich auf ihren Prozeß beziehungsweise auf die Verjährung.

Ausnahmefall? Möglicherweise in dieser krassen Form schon. Wenngleich die bislang geschilderten Beispiele von Fehlberatung, Beutelschneiderei und Rechts-Reiterei eher die Vermutung suggerieren, es handele sich hier lediglich um einen besonders giftigen Pilz eines von Grund auf verrotteten Myzels.

Und das, was sich weiteres über die Wahrheitstreue der Geldmanager dokumentieren läßt, untermauert diesen Verdacht weiter.

Bleiben wir zunächst bei den Machenschaften um das Bauen. Die Bausparkassen verbreiten ja mit einigem Erfolg den Nimbus, ohne sie ließe sich keinerlei kostengünstige Finanzierung durchführen.

Längst haben sich jedoch gewiefte Analysten einmal über die Konditionen der Bausparkassen hergemacht und herausgefunden, daß es sich bei der vermeintlichen Kostengünstigkeit eher um einen Bluff handelt. Vorreiter in der Aufgabe, die Bausparkasse vom Thron zu hebeln, sind das Wirtschaftsmagazin „Capital“, der Informationsdienst „Gerlach-Report“ und die Finanzzeitschrift „Spitze“. Die darf ungestraft behaupten, daß zum Stichtag 31. Dezember 1992 allein 18 Millionen Bundesbürger als Besitzer von Bausparverträgen mit einem Vertragsbestand von über einer Billion Mark für dumm verkauft und verschaukelt wurden.

Kernbefund: Nur, weil die Manager der Bausparkassen nicht alle Nebenkosten bei der Kreditvergabe in die Berechnung des effektiven Jahreszinses einbeziehen, kommen sie auf die im Vergleich zu den Bankkonditionen niedrigen Zinsen. „Eigentlich“, so der Präsident des Deutschen Bundesverbandes für Steuer-, Finanz- und Sozialpolitik e. V., München, „müßten die Effektivzinsen, mit denen die werben, strafrechtlich geahndet werden.“ Das sei aber leider nicht möglich, weil die entsprechenden Tricks nicht verboten seien.

Was die Bausparkassen gerne „vergessen“ einzuberechnen, sind

- Darlehensgebühr,
- Abschlußgebühr,
- Kontoführungsgebühr,
- Prämienantragsgebühr,
- die Differenz zwischen den meist ungünstigen Prämien für die Risikolebensversicherung aus der konzerneigenen Lebensversicherungsgesellschaft,
- die Verluste aus den minimalen Guthabenzinsen in der Ansparphase. Diese müßten eigentlich deshalb in die Kostenberechnungen mit einbezogen werden, weil niedriger Ansparzins und darauf folgende vermeintlich niedrige Kreditzinsen als ein Gesamtpaket verkauft werden.

Wer aber genau rechnet, und das tat im Frühjahr 1993 die Schutzvereinigung der Versicherten, Sparer und Kapitalanleger, Heilbronn, der kommt bei einem Guthabenzins von 2,5 Prozent schnell auf einen späteren Kredit-Zinssatz von brutto knapp 9 bis sogar fast 20 Prozent. Zur Bausparkassen-üblichen Guthaben-Verzinsung von 2,5 ganz nebenbei nur das eine: Dabei wird, wegen der Inflation, Vermögen nicht ausgebaut, sondern vernichtet.

Schlaflose Nächte bereiten die Bausparkassen den Bauherren durch die Auswirkungen der desolaten Finanzlage bei den Instituten. Die haben einfach nicht genug Geld, die Zuteilungen der Kredite in einem vernünftigen Zeitraum zu garantieren.

Es ist ein weit verbreiteter Fehler, daß der Bausparer glaubt, die in den Prospekten und im Gespräch mit dem Berater herausgestellten Zuteilungsfristen seien verbindliche Zusagen.

Tatsächlich müssen die Bausparer manchmal über Jahre auf die Zuteilung warten; beim Beamtenheimstättenwerk sind Fälle von sieben Jahren Wartezeit bekannt geworden. Was das für den Häuslebauer bedeutet, der diese Zeit möglicherweise mit einer extrem teuren Zwischenfinanzierung überbrücken muß, kann sich jeder vorstellen. Allein daran sind viele Träume vom Eigenheim zerbrochen.

Die Bausparkassen wissen von diesen schweren Nachteilen bestens abzulenken. Auch sonst sind sie gut im Verschleiern der wahren Tatsachen – durch Auslassungen oder Verdrehungen.

So wirbt zum Beispiel die Bausparkasse Wüstenrot damit, daß ihre Kunden, so sie es wollen, ihr angespartes Kapital durchaus mit 4,5 Prozent verzinsen lassen können – immerhin etwas mehr als die drei Prozent bei einem normalen Sparbuch. Was für all jene besonders interessant ist, die die Weisheit verinnerlicht haben, Bausparguthaben müßten nun einmal besonders niedrig verzinst werden.

Gleichzeitig spricht Wüstenrot aber auch von „zinsgünstigem Bauspargeld“, also der Verzinsung der gewährten Darlehen, nennt aber wohlweislich den an die relativ hohen Guthabenzinsen gekoppelten Kreditzins nicht. Der machte nämlich in der damaligen Konstruktion satte 6,4 Prozent aus – wesentlich mehr als sonst üblich. Und was aus 6,4 Prozent „Effektivzins“ werden kann, wurde oben schon gezeigt.

Auch die jedes Jahr erneut künstlich geschürte Hysterie jeweils zum Ende eines zweiten Quartals, dem 30. Juni, ist den Streßschweiß nicht wert, der da vergossen wird.

Suggeriert wird, daß alle Bausparverträge, die bis zu diesem Tag abgeschlossen werden, schneller zur Zuteilung gelangen als alle, für die danach die Unterschrift geleistet wird.

Die Werber verschweigen allerdings, daß dieser Stichtag nur jener ist, an dem die angesparte Summe mit der angepeilten Bausparsumme in Relation gesetzt wird, was sich in den berühmten Wertungspunkten niederschlägt.

Dieser Stichtag ist demnach völlig unerheblich für junge Verträge, für die möglicherweise erst die Abschlußgebühr (die der Verkäufer einbehält) oder nur geringe Sparbeiträge bezahlt wurden. So weit die Beschreibung des Prinzips Roßtäuscherei bei den Bausparkassen.

Hinzu kommt, daß notfalls Argumente und Fakten in einer Weise gedehnt werden, daß es schon an Lüge herankommt.

Die Bausparkasse Mainz warb 1992 in einem Brief, der an Bauspar-Interessenten gerichtet war, mit einer Wohnungsbauprämie von 15 Prozent. Diese Aussage traf jedoch nur für einen kleinen Kreis von Berechtigten unterhalb einer bestimmten Einkommensgrenze zu. Zudem existierte die Prämie auch nur bis Ende 1993, wenn – dritte Einschränkung – ausschließlich wohnwirtschaftliche Zwecke damit verfolgt wurden. Davon stand in dem Brief keine Silbe. Vielmehr konstruierte das Institut mit Hilfe dieser Wohnungsbauprämie eine Vielzahl von Doppelförderungen, die in dieser Form nie erreicht werden konnten.

Besonders schlimm ist die Behauptung, ein Bausparvertrag begründe einen Rechtsanspruch auf ein Bauspardarlehen. Da würden sich natürlich alle diejenigen freuen, die, aus welchem Grund auch immer – jegliche Kreditwürdigkeit verloren haben. Wahr hingegen ist: auch Bausparkredite gibt es nur nach aufwendigen Bonitätsprüfungen.

Abgesehen von diesen Täuschungsstrategien einzelner Anbieter vermeidet es jede Bausparkasse tunlichst, ihr gesamtes Gebührenkontinuum auszuweisen. Wer einmal Bausparkosten und -prämie gegenrechnet, kommt schnell zu dem ernüchternden Ergebnis, daß er draufzahlt.

Bei einer Bausparsumme von 15.000 Mark fallen bei einem Alleinstehenden mit 500 Mark Jahresbeitrag nach sieben Jahren 560 Mark Prämie an; bezahlt hat er dafür mit 651 Mark Gebühren: Abschluß- und Kontogebühr; die Gebühren für die Bausparkassenzeitschrift; Prämienantragsgebühren; Kosten für die Erstellung der Prämienanträge wie Porti etc; sowie der entgangene Zins auf die Abschlußgebühren und auf sonstige Kosten.

Eine Bausparsumme von 45.000 Mark generiert nach derselben Rechnung, so „Spitze", sogar 811 Mark Verlust.

Kein Wunder, daß die Bausparkassen inzwischen für sterbende Saurier gehalten werden, die spätestens nach Wegfall der staatlichen Förderung ihre Existenzberechtigung verloren haben.

Zumindest für den Nutzen der Bausparer. Für die Manager und viel mehr noch für die Konzerne, in die sie eingebettet sind, geben Bausparkassen nach wie vor den bestmöglichen Geldstaubsauger ab – wo sonst als bei den dumm gehaltenen Anlegern gibt es ähnlich billiges Geld?

Kein Wunder, daß die Bausparkassen inzwischen groß in die kommunale Finanzierung einzusteigen versuchen. Da bot eine Doris Kiontke, Gießen-Rödgen, im Mai 1992 einer Gemeindeverwaltung in Thüringen namens einer nicht benannten Bausparkasse eine Finanzierung über 2,5 Millionen Mark an; effektiver Jahreszins 9,04 Prozent.

Das Konstrukt sah ganz nach dem Muster der Hundert-Prozent-Finanzierung privater Bauvorhaben vor, daß die Schuldsumme nicht durch Tilgungsraten zurückgeführt würde, sondern auf einen Schlag; dann nämlich, wenn das Bausparguthaben die Höhe des Kredites erreicht hätte. Bis dahin wären nur die Zinsen fällig gewesen.

Ein schöner Reibach für die Vermittlerin Doris Kiontke; ein herber Verlust jedoch für die Gemeindeverwaltung. Denn kommunale Kredite gab es im Mai 1992 bereits für 8,5 Prozent effektiven Jahreszins – ohne Abschlußprovision. Und wer den pessimistischen Urteilen der Finanzpresse über das Verhältnis von effektivem zu Brutto-Jahreszins bei Bausparverträgen folgt, der kommt leicht auf Werte zwischen zwölf und zwanzig Prozent. Genaueres läßt sich aus dem Angebot nicht folgern, da über die Höhe der Verzinsung des Guthabens nichts gesagt wurde.

So viel zu den Bausparkassen, über deren Geschäftsgebaren seit 1991 im Bundesbauministerium eine Studie mit dem Titel „Notleidende Baufinanzierungen“ vorliegt. Die Ministerin hält diese unter dem Vorwand zurück, es hätten sich Schwächen bei der Erhebung ergeben; vor allem, weil die entsprechenden Institute nicht ausreichend zu Wort gekommen wären.

Täuschung mit schönen Worten, unvollständigen Berechnungen und nur auszugsweiser Bekanntgabe der Geschäftsbedingungen sind inzwischen wohl zum Allgemeingut in der Branche geworden. Meist können sich die

Genasführten nicht einmal wehren – weil alles so legal ist. Und manchmal findet die Roßtäuscherei auf alleroberster Ebene des weltweiten Geldverkehrs statt.

Da hatten die Geldeinsammler der Weltbank im Jahre 1991 eine Anleihe herausgebracht, die sie bis 2001 mit 8,5 Prozent zu verzinsen versprochen hatten. Ein schönes Schnäppchen für jemanden, der auf fallende Zinsen spekulierte und sich für die kommenden Jahre eine überdurchschnittliche Rendite sichern wollte. Oder auf den unweigerlichen Kursgewinn setzte.

Doch kaum war im Frühjahr 1993 die schlimme Zeit der Hochzinsphase vorbei, beschaffte sich die Weltbank über eine neue Anleihe billigeres Geld, zahlte die vorherigen Investoren aus und freute sich über die gesparten Millionen. Ganz legal übrigens, denn in den Verträgen stand (und die hatten sich die wenigsten Investoren zu Gemüte geführt), daß eine vorzeitige Rückzahlung jederzeit möglich war.

War das schon schlimm für einen Anleger, der zum ursprünglichen Ausgabekurs an die Papiere gekommen war, wurde diese Praxis für jene besonders unerfreulich, die sich die Papiere für einen wesentlich höheren Kurs auf dem freien Markt beschafft hatten: Ausgezahlt wird nämlich nur zu hundert Prozent; es fielen also auch noch Kursverluste an.

Beide, Früh- wie Späteinsteiger, mußten sich jetzt, ausgerechnet in einer Zeit fallender Zinsen, um neue Anlagemöglichkeiten bemühen. Und mußten sich, natürlich, mit erheblichen Depotgebühren herumplagen.

Daraus folgt zumindest: Es gilt auch in der Welt der Hochfinanz das Ehrenwort nicht mehr viel.

Manchmal widerlegt auch die Kraft des Faktischen die Werbeaussagen der Bank-Manager. Wer sich Anfang 1993 mit der unbekannten Schönen arrivierteren Habitus' darüber gefreut hat, daß er jetzt Miteigentümer eines Bürokomplexes ist, wie das in einer Anzeige der DG Anlage GmbH, Frankfurt, zu sehen war, dessen Freude wird sich spätestens dann in blankes Entsetzen verwandelt haben, als er die ungeschminkte Wahrheit über den Markt der Büroimmobilien lesen mußte: flau, sehr flau mit der Tendenz ganz nach unten.

Pikanterweise mußte die DG-Bank, Frankfurt, als eine der ersten den Beweis für die miese Stimmung am Markt liefern: Am 3. April 1993 war in der Wirtschaftspresse zu lesen, daß es zur Zeit sehr schwer sei, Büroraum zu vermieten. Bedauerte zumindest Hans-Jürgen Peiter, Geschäftsführer der DG Immobilien Management; wie die DG Anlage GmbH eine Tochter der DG Bank. Wurde da vielleicht einer, der Anleger etwa, verscheißert?

Darauf, daß niemand so recht glauben will, daß Äpfel und Birnen nur sehr begrenzt zu vergleichen sind, setzt wohl die Bast Bau, Düsseldorf. Die zieht nämlich, natürlich um die Wertzzuwachspotentiale ihrer Immobilien zu beweisen, die zu erwartende Entwicklung vierer Anlageformen binnen 22 Jahren dafür zur Hilfe heran.

Der Vermögenszuwachs festverzinslicher und steuerpflichtiger, zu sieben Prozent verzinster Wertpapiere: mit 103.000 Mark die schlechteste Wahl. Die Lebensversicherung kommt mit 251.000 Mark an zweitschlechtester Stelle, und das „sehr rentable Wertpapier" mit sieben Prozent Rendite nach Steuern erreicht den zweitbesten Rang: 266.000 Mark Wertzuwachs.

Absoluter Renner und Überflieger: die „Qualitätswohnungen“, natürlich die von Bast: plus 547.000 Mark.

Der Rechenansatz ist an sich schon eine Zumutung: Wer will denn garantieren, daß die Steuergesetzgebung über 22 Jahre so hält, wie sie Anfang 1993 bereits knieweich genug war?

Und wer möchte in Abrede stellen, daß, außer bei den festverzinslichen Werten, alle Zinsprognosen auf wackligen Beinen stehen? Wer garantiert, daß zum Beispiel die Gewinnausschüttungen der Lebensversicherungsgesellschaften in dieser langen Zeitspanne auf dem heutigen Niveau bleiben? Da wackelt doch auch schon der eine oder andere Hochmut.

Und wer, um zum Schluß der Auseinandersetzung mit diesen unerfreulichen Beispielen unehrlicher Werbung zu kommen, kann denn vorhersehen, was in 22, vielleicht schon in 10 Jahren wirklich unter „Qualitätswohnung“ verstanden wird? Vielleicht ist die Qualität von heute dann bereits der Schrott von gestern?

Nun sage keiner, es handele sich hier um den werblichen Irrläufer eines Einsammlers grauer Anlagegelder. Schließlich sind die Westdeutsche Landesbank und die Bast-Bau sehr eng liiert.

Mit falschen Renditeangaben hat sich auch die Postbank hervorgetan. Die hatte sich 1992 für einen Sparplan engagiert, der einen Bonus von 5,5 Prozent nach fünf Jahren Laufzeit vorsah. Gewitzte Konkurrenten rechneten nach und siehe da: Der Bonus betrug nur 4,3 Prozent, weil allein die zu Beginn eingezahlte Spareinlage in Höhe von 2.000 Mark mit 5,5 Prozent begünstigt wurde, der Rest der Ansparsumme hingegen nicht. Damit sank natürlich der Bonus auf die gesamte Sparsumme entsprechend.

Vor allem in Hochzinsphasen, bei denen die Anleger mit angeblichen Superrenditen überfüttert werden, fällt es cleveren Bankern leicht, ihre Beute auf die Spur der Gier zu führen. Dabei brauchen es nicht einmal die ominösen 38-Prozenter zu sein, die manchen Investoren die Gehirnwindungen verkleistern. Selbst zehn oder elf Prozent reichen aus, den Rechenstift erlahmen zu lassen.

Nun ist es wirklich nicht so besonders leicht, den Kalkulierkunststückchen der Mathematiker auf die Schliche zu kommen.

Fest steht nur eines: Was sie bei der Berechnung von Kredit-Effektivzinsen absolut nicht beherrschen, nämlich die Berücksichtigung wirklich aller Faktoren – das praktizieren sie bei der Einbeziehung auch des letzten Schnipselchen Erlöses ihrer Sparbriefe aufs perfekteste. Dann werden simple Sparbriefe zu Money-Turbos.

Wie kamen zum Beispiel Anfang 1992 die 10,86 Prozent zusammen, die die BfG-Bank, Frankfurt, aus ihrem 8,125-Prozenter, einer acht Jahre laufenden „Wachstumsobligation", herausholte? Dieses Papier wurde für 535,20 Mark verkauft und soll nach acht Jahren Laufzeit für 1.000 Mark zurückgenommen werden. Macht nach Adam Riese einen Ertrag von 535,20 Mark – 58,10 Mark pro Monat. Die wiederum bedeuten 10,86 Prozent Verzinsung auf den Kaufpreis. Doch logisch, oder?

Ist es aber nicht, was eine einfache Gegenrechnung beweist: Wenn nach etwa sieben Jahren der Wert der Wachstumsobligation bei 900 Mark liegt, dann macht der Durchschnittsertrag nur magere 6,456 Prozent auf das inzwischen angesammelte Kapital aus. Doch logisch, oder?

Mit diesem Zinssatz werben die Banker aber lieber nicht. Man kann es drehen und wenden, wie man will. Am Schluß kommen immer nur 8,125 Prozent effektive Verzinsung heraus. Abgesehen von den Depotkosten.

Die Citibank, Frankfurt, kam auf einen Kunstgriff, der nach gleichem Muster gestrickt war. Sie sprach von einem „Durchschnitt mit Zins und Zinseszins". Da wuchs der Ertrag eines offiziell mit 8,5 Prozent dotierten Sparbriefes auf beträchtliche 9,65 Prozent. Wie das ging? Die Citibank stellte ebenfalls den am Ende der Laufzeit zu erwartenden Zinsgewinn in Relation zum Einstandspreis und hatte so ihre Rendite nach oben geschönt.

Im Endertrag waren aber sowohl die Zinsen als auch die Zinseszinsen enthalten – also Kapital, das der Anleger im Prinzip auch anderswo hätte anlegen können. Wer also Zinserträge auf seinem Sparkonto beläßt, legt nur immer wieder neues Kapital nach. Anders hätte er das Perpetuum mobile der Finanzwelt erfunden.

Entdeckt und für die Öffentlichkeit verständlich gemacht hat diese Augenauswischerei Professor Jürgen Kunze von der Fachhochschule Berlin. Er sieht in diesen Taschenspielertricks extreme Gefahren für die Transparenz der Finanzmärkte.

Es lauern aber auch Gefahren für die Zukunft des Anlegers. Was passiert zum Beispiel, wenn ein Häuslebauer endlich nicht mehr den Versprechungen der Bausparkassen folgen will? Dem also eine individuell ermittelte, höchst rentierliche Ansparphase und ein reell errechneter Bankkreditzins lieber sind als eine ungewisse Zuteilung und eine noch ungewissere Kreditzukunft? Wenn der seine ganze Lebensplanung auf die irreführenden Ertragsversprechungen setzt, um dann später erleben zu müssen, daß das ganze Finanzierungskonzept nichts taugt?

Auch die Aufsichtsbehörden haben inzwischen die Gefahren erkannt und mahnen die Banken immer wieder, sich auf die Angabe der Effektivverzinsung zu beschränken. Reaktionen darauf erfolgten keine. Vielleicht können die Manager in den Werbeabteilungen nicht rechnen.

Die Verkäufer am Bankschalter oft genug genauso wenig. Laut Stiftung Warentest wissen die Anlageberater an den Marmor- und Eichenschaltern häufig selbst nicht den Unterschied zwischen Durchschnittsertrag und effektiver Verzinsung zu erläutern. Sie sind ebenfalls auf die schönsprecherischen Parolen hereingefallen.

Zu welch grotesker Verschleierung der Wahrheit die Werbung verhilft, demonstriert Herr Kaiser, die Werbe-Kunstfigur von der Hamburg-Mannheimer. Da freut er sich zusammen mit einem Gesprächspartner darüber, daß sich Versicherungssummen binnen 25 Jahren verdoppeln.

Abgesehen davon, daß es sich hier lediglich um einen Wechsel auf die Hoffnung handelt (denn wer weiß schon, wie sich die wirtschaftliche Situation gerade der Hamburg-Mannheimer entwickeln wird?), so besagt die Verdoppelung doch nicht mehr, als daß die Versicherung das angelegte Geld um klägliche 5,1 Prozent verzinst. Bei kräftigen Inflationsraten steht da nach 25 Jahren eher ein Verlust als ein Gewinn unter dem Strich.

Der wohl größte Vernebelungs-Coup, der der Geldwirtschaft in den letzten Jahren gelungen ist, rankt sich um eines der gefahrenträchtigsten Geschäfte, die ein

Bankkunde sowieso eingehen kann: die Baufinanzierung. Wir hörten bereits von den mannigfachen Fallstricken, die inzwischen bei jedem Schritt ausgelegt werden.

Jetzt ist es den Banken auch noch gelungen, die vorletzte gesetzliche Schutzbestimmung zum Kippen zu bringen: Bisher waren die Institute dazu angehalten, den Endbetrag der Kreditsumme zu benennen. Wenngleich das vor allem bei variablen Zinssätzen schwierig war. Wichtig war diese Rechengröße vor allem bei den üblicherweise teuren Zwischenfinanzierungen. Hier gilt es, besonders genau zu rechnen.

Damit ist es, der Banken-Lobby sei Dank, nun vorbei. Worauf sich der Kreditnehmer jetzt nur noch stützen kann beim Konditionenvergleich, das ist der effektive Zins. Und wie der manipuliert wird, darüber wurde bereits ausführlich berichtet.

Zum Schluß und zur Erheiterung vor ernstem Hintergrund die Geschichte, wie sich die Commerzbank für einen bundesweiten Bluff hat einspannen lassen, begangen 1991 vom Verlag Das Beste in Stuttgart.

Der Verlag, der für seine Buchreihen ständig per Brief auf Kundenfang ist, ist bei einer seiner großen Preisausschreibe-Aktionen eine Kooperation mit der Commerzbank eingegangen.

Wer so richtig verstehen will, wieso der Bank dadurch Abertausende von verschnupften Kunden entstanden sind, der muß wissen, nach welch kindischem Muster diese Preisausschreiben gestrickt sind. Da flattern Millionen von Bürgern vermeintlich verheißungsvolle Gewinnankündigungen ins Haus: „Sie gehören zu den Auserwählten, die ein Auto/eine Reise/ein Haus gewinnen können. Der erste Schritt ist bereits getan, wenn Sie in beiliegendem Losbrief Ihre persönliche Glückszahl 12345 wiederfinden.“

Selbstverständlich findet der Auserwählte seine persönliche Glücksnummer, und viele Adressaten machen auch beim zweiten Schritt mit – die Glücksnummer einschicken und womöglich irgendwas zu bestellen, was in dem Werbebrief sonst noch angeboten wird.

Bei dem Preisausschreiben des Verlages Das Beste ging es um 330.000 Mark und um das Abonnement einer neuen Buchreihe.

Beigelegt waren zwei Schecks, die denen der Commerzbank täuschend ähnelten. Die Bank schrieb gar noch, daß sie gerne zur Beratung bereitstehe – ganz gleich, was der verehrte Kunde mit dem Geld anstellen wolle.

Wer die Schecks dann bei der Commerzbank einreichte, bekam jedoch kein Geld und auch keine guten Ratschläge, sondern nichts weiter als den Teilnahmeschein für das Gewinnspiel. Getäuscht fühlten sich nicht nur die Simpleren unter den Commerzbank-Kunden. Sondern auch die intellektuell Anspruchsvolleren; viele kündigten die Bankbeziehungen gleich auf. Commerzbank-Aufseher Dr. Walter Seipp sah sich gezwungen, sich bei den Kunden zu entschuldigen.

Wenn Banker doch öfters einmal die Größe dazu aufbrächten!

Disziplinarisches. Oder:

Wie die Menschenwürde mit Füßen getreten wird und wie aus dem Kunden- ein Feindbild wird.

Der Chef der Bayerischen Hypotheken- und Wechselbank ist nicht irgendeiner aus den Reihen der vielen unbekannten Regionalbankiers, die in ihrem Hause in quasi rechtsfreiem Raum schalten und walten können. Dr. Eberhard Martini steht einem Institut vor, das sich seiner weltweiten Beziehungen gerne rühmt und als Hausbank vieler exportintensiver bayerischer Firmen agiert.

Dr. Eberhard Martini kommt aus dem Marketing; und als Marketing-Experte hat er gelernt, daß es wichtig ist, die Wünsche der Kunden aufzugreifen. Er hat auch gelernt, Kunden nach Gruppen zu sortieren und die wichtigen – sprich ertragspotenten – von den überhaupt nicht wichtigen – sprich ertragsmindernden – zu trennen. Und er weiß aus dieser Unterscheidung sicher die richtigen Schlüsse zu ziehen.

Vor allem aber ist Dr. Martini der Präsident des Bundesverbandes deutscher Banken – und als solcher kommt ihm Leitfunktion zu. Ihm und seiner Bank.

Die Bayerische Hypotheken- und Wechselbank hat im Juli 1993 einen sehr beachteten Schritt getan: Sie hat bewiesen, daß sie durchaus in der Lage ist, Kunden, die sie nicht schätzt, die Teilnahme am Giroverkehr zu verweigern.

Lassen wir einmal unberücksichtigt, daß es sich bei dem ausgesperrten Kunden um einen Senegalesen mit Namen Moussa Diatara handelt. Einen Senegalesen mit deutscher Ehefrau, einer unbefristeten Aufenthaltsgenehmigung und einem Schufa-freien Leumund.

Es lag somit nichts gegen ihn vor, was nach objektiven Maßstäben gegen die Aufnahme einer Geschäftsbeziehung sprechen könnte.

Vielleicht nur das eine: daß ein Kunde mehr der Bank natürlich auch mehr Arbeit einbrockt; die ja Geld kostet und daher abgewehrt werden muß.

Wenn dem so gewesen sein sollte, dann müssen wir, die Klagen der Verbandsfunktionäre im Ohr, die Gebühren reichten immer noch nicht aus, die Kosten des Massengeschäfts zu decken – dann müssen wir uns entweder darauf gefaßt machen, daß in Kürze eine umfassende Kündigungswelle anläuft – oder daß die Gebühren sehr bald noch drastischer in die Höhe schnellen als sie es jetzt schon tun.

Es spricht einiges an Indizien dafür, daß es sich bei der Ablehnung des Moussa Diatara wirklich nicht um einen ausländerfeindlichen Akt gehandelt hat. Es spricht eher viel dafür, daß zumindest die Bayerische Hypotheken- und Wechselbank einen Aufnahmestop durchzusetzen versucht.

Denn der verantwortliche Sachbearbeiter in der Filiale Moosach, die ja beileibe nicht nur mit den bestsituierten Münchnern zu tun hat, dieser Sachbearbeiter verweigerte dem Senegalesen das Girokonto „nach Rücksprache mit der Zentrale". Und, nach Gründen befragt, es gebe keine. „Schleich' Di!" heißt die bayerische Kurzformel für derartige Abweisungen.

Und als der Senegalese, natürlich etwas sensibel eingedenk der grassierenden Diskriminierungswelle in Deutschland und vielleicht auch eingedenk der hehren Worte des Dr. Eberhard Martini, jeder einzelne müsse sich gegen Fremdenfeindlichkeit, Rassismus und Antisemitismus engagieren, diesem einen entsprechenden Brief schrieb – da antwortete der nicht etwa prompt und persönlich – vielleicht, um sich zu entschuldigen.

Nein, der Chef der Bayerischen Hypotheken- und Wechselbank und der Präsident des Bundesverbandes deutscher Banken reichte den Beschwerdebrief an die Abteilung „Zentraler Kundenservice" weiter. Und die holte natürlich gleich mit der großen juristischen Sense aus – wie auch sonst beim Kundendienst einer großen bayerischen Bank?

Der Zentrale Kundenservice schrieb und interpretierte seine Servicefunktion auch ein wenig als Verpflichtung zur rechtlichen Nachhilfestunde. Der Zentrale Kundenservice schrieb unter anderem: „Auf Basis der geltenden Vertragsfreiheit lehnen wir neue Geschäftsverbindungen von uns aus auch ab. Solche Ablehnungen ereignen sich grundsätzlich bei allen Kundengruppen."

Nun wird der Senegalese möglicherweise nicht ausreichend des bayerischen Idioms mächtig gewesen sein, um nach dieser Belehrung in ein stilechtes „Ja, mi leckst!" hervorbringen zu können – den Ausdruck der tiefsten Verblüffung. Aber er wird begriffen haben, daß die Zweigstelle Moosach, respektive der Zentrale Kundenservice, respektive der Vorstand, damit nichts anderes ausdrückten als: „Da könnte ja jeder kommen. Ab jetzt wird gesiebt!“ Dabei schauen wir natürlich nicht auf Hautfarbe, Rasse und / oder Religionszugehörigkeit.

Den anderen Ausruf, den etwas derber-drastischen, das „Leckts mi!“, hat er aber zumindest sinngemäß herausgebracht, der Moussa Diatara. Denn natürlich tat er der mit allzu vielen Kunden gebeutelten Bayerischen Hypotheken- und Wechselbank den Gefallen, ihm nicht Arbeitszeit und Kostensätze hinterherschmeißen zu müssen. Er verzichtete auf das Konto bei der Bayerischen Hypotheken- und Wechselbank.

Allerdings konnte er es sich nicht verkneifen, der Münchner Boulevardzeitung „Abendzeitung“ von diesem Erlebnis zu berichten – und die fragte dann bei dem Pressesprecher der Bank, Peter Kulmburg, etwas genauer nach, was da passiert ist.

Worauf die Bayerische Hypotheken- und Wechselbank dann doch ein wenig erzitterte; schließlich ein menschliches, aus allerlei diffusen Befürchtungen resultierendes Drängen verspürte. Denn nach kurzer Recherche teilte der Pressesprecher mit, da sei in der Bank was in die Hose gegangen. Das hätte nicht passieren dürfen.

Ein Befund, dem der kritische Beobachter der Bankenszene sicher zustimmen wird. Denn dafür gibt es Toiletten, deren Nutzungsdauer, siehe weiter vorne, ja akribisch gemessen wird.

Wir lernen daraus: Die Banker denken wirklich immer nur an das eine: die Kosten so niedrig wie möglich zu halten und, was damit offensichtlich eng verbunden ist, so wenig Kunden wie möglich durchzufüttern.

Daß vielleicht in der eigenen Organisation, und nicht nur beim Kunden, irgend etwas nachhaltig rationalisiert werden könnte, darauf wird man vielleicht erst in hundert Jahren kommen. Nein, es gilt, am Kunden zu sparen; und vor dem Controller sind alle gleich, egal welcher Hautfarbe, Religions- und Stammeszugehörigkeit.

Daß es dann schon mal die Ärmsten der Armen mit voller Wucht trifft; und dann auch noch die Asylanten, diese armen Schweine, die wenigstens in ihren heruntergekommenen Ländern noch den Mut fanden, ihr Elend in die eigene Hand zu nehmen – wen kümmert's besonders?

Das ist beileibe nicht nur ein Problem der Bayerischen Hypotheken- und Wechselbank. Im Info-Blatt des Bundesverbandes der deutschen Banken (richtig! Der hochnoble Verein, dem Dr. Eberhard Martini vorsitzt) steht in der Ausgabe II/1993 Nr. 7 ganz versteckt ein Textlein, das von solch arroganter Menschenverachtung zeugt, daß er es wert ist, hier vollständig abgedruckt zu werden. Der Text lautet:

„Von Mitgliedsinstituten insbesondere in der Region Köln/Bonn/Aachen sind wir auf eine mittlerweile weit verbreitete Behördenpraxis hingewiesen worden, bei der anstelle von Bargeld Wertgutscheine an Asylbewerber zur Bezahlung ihrer Einkäufe im Einzelhandel ausgegeben werden. Diese Wertgutscheine sollen vom Einzelhandel bei den Kreditinstituten zum Einzug im Zahlungsverkehrsweg eingereicht werden.

Diese Problematik ist zwischenzeitlich in den Gremien des Verbandes erörtert worden, mit dem Ergebnis, daß solche Wertgutscheine keinesfalls über den Zahlungsverkehrsweg eingezogen werden können. Andernfalls wäre vom Kreditgewerbe ein Sonderverfahren zu schaffen, das mit einem sehr hohen organisatorischen Aufwand verbunden wäre.

Äußerst negativ auswirken würde sich dabei u.a. die Vielzahl von Belegen über Kleinstbeträge und das Erfordernis, einen einheitlichen Vordruckaufbau und eine einheitliche Vordruckgestaltung verbindlich vorzuschreiben sowie eine entsprechende Sondervereinbarung zum Einzug des Gegenwertes zwischen Kunde (Händler) und Kreditinstitut und zwischen den Kreditinstituten zu treffen. Außerdem wäre eine erhebliche Beeinträchtigung in der Entwicklung zur aus Rationalisierungsgründen unumgänglichen Beleglosigkeit im Zahlungsverkehr und damit eine unvertretbare Kostenbelastung zu verzeichnen.

Aus diesen Gründen haben wir den Deutschen Städtetag, den Deutschen Städte- und Gemeindebund und den Hauptverband des Deutschen Einzelhandels darüber informiert, daß der Einzug der Wertgutscheine über den Zahlungsverkehrsweg nicht akzeptiert werden kann. Vielmehr sollten die Wertgutscheine von den Einzelhändlern unter Beifügung eines ausgefüllten Überweisungsvordrucks bei den zuständigen Behören eingereicht werden. Letztere sollten die Einreichung prüfen und die Überweisung zugunsten des Händlers ohne Beifügen weiterer Belege bei ihrer Hausbank einreichen.

Sofern die zuständige Verwaltung bzw. der Einzelhandel das Ansinnen an Ihr Institut herantragen sollte, Wertgutscheine über den Zahlungsverkehrsweg einzuziehen, sollte dieses mit der o.g. Begründung abgelehnt werden."

Jetzt wird auf einmal die an sich schon ärgerliche Meldung verständlich, daß die Einzelhandelskette Aldi und auch andere Discounter sich weigerten, eben diese Wertgutscheine in Zahlung zu nehmen. Das hat denen einfach zuviel Arbeit bereitet, der Zahlungswirrwarr durch die Amtsstuben!

So mutiert Kostenbewußtsein blitzschnell zu Fremdenfeindlichkeit, und es erscheint angebracht, dem Herrn Dr. Eberhard Martini noch einmal sein Bekenntnis vorzuhalten: „Jeder einzelne muß sich gegen Fremdenfeindlichkeit, Rassismus und Antisemitismus engagieren."

Es erscheint auch gerade an dieser Stelle angebracht, auf die Menschenwürde jener hinzuweisen, die in den Schuldturm der Kontenüberziehungen geraten sind. Zitiert werden soll hier Christa Lobner, die couragierte Sprecherin des „Vereins für Kreditgeschädigte und in finanzielle Not geratene Menschen" in Sulingen. Sie hat es selbst miterlebt und weiß, daß es ihr nicht als einziger so zugestoßen ist.

Sie hat dieses Gefühl des Ausgeliefertseins über Jahre gespürt und mit ihr die Kinder, die ihr diese schrecklichen Bittgänge oft abgenommen haben, als es überhaupt nicht mehr ging.

Sie hat diese Situation bis zu bitteren Neige auskosten dürfen, Freitag abend, kurz, bevor die Schalter schlossen (oder: morgens, wenn noch nicht soviele Nachbarn in der Schalterhalle zu erwarten waren) schnell mal um dreihundert Mark bitten zu müssen.

Sie wurde dann immer gleich ins Zimmer des Filialleiters gebeten, der ihr dann – ratsch – mit schnellem

Strich den Auszahlungsschein ungültig machte, um irgendeine andere Summe einzusetzen.

Sie hat es auch erlebt, wie der Geldwechsler dann den Mitarbeitern durch die Tür zurief, sie mögen der Frau doch schnell mal 80 Mark geben. Die mußten dann ausreichen für die Wochenend-Einkäufe. Christa Lobner: „Und dann stand ich am Montag natürlich wieder da – denn bei drei Kindern und Ehemann kommt man mit 80 Mark nicht weit.“

Christa Lobner hat auch erleben müssen, wie die Kinder sich reihum zunächst weigerten, ihr den schrecklichen Canossa-Gang abzunehmen: „Ich war doch das letztemal schon dran!“ Bis sich dann doch ein Opfer bereit erklärte.

Es sei hier noch einmal auf Heidemarie Potthoff hingewiesen, der ein Sparkassenvorstand auf der Straße zurief, sie möge doch ihr Geschäftskonto in Ordnung bringen.

Es sei Karl-Heinz Neubauer zitiert, Präsident der Schutzvereinigung „Roter Ring“, Hannoversch-Münden, dessen Frau in einem Verschlag sterben mußte, weil die Banker es so gnadenlos eilig hatten, das Haus der Familie unter den Hammer zu bringen.

Wem von den Bankangestellten das alles als gerechte Strafe für unordentliche Buchführung und schlechtes kaufmännisches Handeln erscheint, der sei darauf hingewiesen, daß auch er von dieser Situation so weit entfernt nicht sein könnte.

Denn Banken, auch davon werden wir später noch hören, sind beileibe kein sicherer Arbeitgeber mehr. Dr. Ulrich Castellieri, Vorstandsmitglied der Deutschen

Bank, hat es schon gewagt zu prognostizieren, die Banken seien die Stahlbranche des nächsten Jahrzehnts. Womit er gemeint hat: schmerzliches Siechtum, dann Massenentlassungen. Die jungen, bedenkenlosen Drehtürwirbler, die jetzt gerade an ihrem Karrierebeginn basteln, werden es wohl noch erleben. Aber es geht hier nicht um die Yuppie-Würde.

Hier geht es um die Verfolgung des Primats der Menschenwürde, das zu beachten gerade einem öffentlichrechtlichem Institut wie zum Beispiel auch der Postbank gut anstünde. Aber selbst hier herrscht der Kostendruck; dem mit den Einschränkungen der Leistungen begegnet werden soll.

Unter anderem mit der Abschaffung der Post- und Zahlungsanweisungen. Mit anderen Worten: der Geldbriefträger wird wegrationalisiert. Und damit die einzige noch halbwegs preisgünstige Möglichkeit, sich in den regional übergreifenden Zahlungsverkehr einzuschleusen. Vor allem bettlägerige und ältere Menschen sind vielfach auf diesen Dienst angewiesen: Nur die Postbank bringt Geld bis zur Haustür.

Die Schuldnerberatungsstelle Köln hat ihre entsprechenden Bedenken im August 1992 dem Bundespostminister brieflich vorgetragen.

Bemerkenswert an der Reaktion auf diesen politischen Anstoß ist zuerst einmal die Tatsache, daß sich nicht die politische Ebene, also das Ministerium, um eine Antwort bemüht, sondern die Antwort der Postbank selbst überlassen hat.

Es lag also gar nicht im Interesse des Ministeriums, auf die Bedenken einzugehen. Ihm lag vielmehr an einer

Rechtfertigung der Postbank durch diese selbst. Die fiel dann entsprechend aus, und der entlarvenden Schlichtheit halber sei auch dieser Text hier im ganzen Wortlaut wiedergegeben:

„Ihre Eingabe an den Bundesminister für Post und Telekommunikation

Sehr geehrte Damen und Herren,
der Bundesminister für Post und Telekommunikation hat uns Ihre Eingabe zur Beantwortung übergeben. Wir dürfen Ihnen dazu folgende Erläuterung geben:

Die Deutsche Bundespost Postbank ist seit 1989 ein selbständiges Unternehmen. Sie ist nach dem Postverfassungsgesetz (§ 37 Abs. 1) zur wirtschaftlichen Unternehmensführung verpflichtet. Dies bedeutet, daß die Erträge die Kosten decken sollen und darüber hinaus ein angemessener Gewinn zu erwirtschaften ist.

Vor diesem Hintergrund ist die Überlegung zu sehen, hoch defizitäre Dienstleistungen abzubauen.

Auch wenn die von Ihnen vertretenen Bürger über keine Bankverbindung verfügen, so haben doch die anweisenden Ämter (Arbeitsämter, Sozialämter usw.) dafür gesorgt, daß Geldbeträge unproblematisch mittels Zahlungsanweisung zur Verrechnung überwiesen werden können. Diese Anweisungen können bei allen Postämtern eingelöst werden.

Im übrigen handeln wir nach unseren Allgemeinen Geschäftsbedingungen, wonach (Nr. 3 Abs. 1) jedermann zur Inanspruchnahme der Einrichtungen der Postbank berechtigt ist, wenn die für die einzelnen Dienste festgelegten Bedingungen erfüllt sind. Die Postbank kann (Nr. 3 Abs. 3) demjenigen die Inanspruchnahme bestimmter Einrichtungen und Leistungsangebote verweigern, der ihre Einrichtungen mißbräuchlich benutzt hat oder von dem eine ordnungsgemäße Nutzung nicht zu erwarten ist (z.B. wegen mangelnder Zahlungsfähigkeit, wegen Zahlungsunwilligkeit oder ungeordneter wirtschaftlicher Verhältnisse).

Wir bitten Sie daher um Verständnis, falls die Postbank aus wirtschaftlichen Gründen unpopuläre Entscheidungen treffen muß.

Mit freundlichen Grüßen
Im Auftrag
gez. Erich Luzner“

Was will uns Erich Luzner damit sagen? Erich Luzner beweist zuerst einmal, daß er sein juristisches Einmaleins gelernt hat; keine große Leistung. Zweitens beweist er, daß er und die Postbank – wie sollten sie auch? – um die Innenansicht des Schuldturms nichts wissen. Denn es geht ja nicht darum, irgendwelche Gelder der sozialen Hilfsinstitutionen abzuholen.

Es geht darum, daß einer, der möglicherweise von einer Bank gelinkt worden ist, die einem Gläubiger fälligen Zahlungen anweisen kann. Vielfach geht das eben nicht anders als über den Postschalter.

Und was ist, wenn einer, der sich einen Arbeitsplatz ergattert hat, kein Girokonto vorweisen kann? Dann muß wenigstens die Möglichkeit bestehen, daß der Arbeitgeber eine Postbaranweisung ausstellt.

Nein, Erich Luzner versteht nichts von Armut; es sei ihm auch nicht gegönnt. Dafür weiß er aber sehr wohl, wann die Postbank jemanden von ihren Leistungen ausschließen kann.

Eine etwas subtilere Methode, den Kunden seine Bedeutungslosigkeit spüren zu lassen, ist die Taktik, seine Einwände nicht ernst zu nehmen und Wünsche, und seien sie noch so nachdrücklich vorgetragen, einfach zu ignorieren. Da wird der Betroffene so richtig schön sauer und schimpft zusammen mit dem Banker über die Computer; in Wirklichkeit handelt es sich meist um pure Schlamperei beziehungsweise Faulheit.

Diese Einstellung hat eine Hamburgerin exakt 3.500 Mark gekostet, die sie wohl nie wiedersehen wird. Beteiligt an dem Desaster ist die Postbank. Die hatte sich schlichtweg darüber hinweggesetzt, daß die betroffene Kundin keine Scheckkarte mit Geheimnummer haben wollte, weil sie keine Geldautomaten benutze.

Für die Postbank war dieses einfache Ansinnen schlichtweg zu kompliziert – Scheckkarten ohne Geheimnummer gibt es nicht, basta!

So kam es, daß der Frau eines Tages die Karte aus einem verschlossenen Zimmer gestohlen wurde; wie der Dieb dann an die Geheimnummer kam, ist nicht mehr feststellbar.

Selbstverständlich trifft die Postbank keinerlei Schuld an der Misere; zumindest keine, die sich im Sinne des Bürgerlichen Gesetzbuches als zum Schadenersatz verpflichtende Schuld darstellen ließe. Nur: Hätte die Postbank dem Wunsch der Kundin entsprochen, wäre die Frau um 3.500 Mark reicher geblieben.

Es besteht jedoch eine Möglichkeit, und das wissen nur die Eingeweihten, sich selbst dann vor dem Verlust des

Geldes zu schützen, wenn der Dieb sich schon bedient hat und die Summe abgebucht ist: die Stornierung der Buchung. Passiert das, hat die Bank den Schwarzen Peter: Sie muß, will sie an ihr Geld kommen, eine „Forderung gegen Dritte“, also gegen den unbekannten Dieb, geltend machen. Da ihr aber meist jeglicher Ansatzpunkt fehlt, die Person des Diebes zu identifizieren, wird sie sich folgerichtig weigern, den Stornierungsauftrag auszuführen.

Es ist nicht einmal geklärt, ob sie dazu gezwungen werden kann. Falls ja, und die Stornierungen träten massenhaft auf, wären wohl die jetzt vorhandenen erheblichen Sicherheitsmängel bei den Bankkarten sehr schnell behoben.

Plötzlich wäre es zum Beispiel möglich, vor der Auszahlung eine Identifizierung des Kunden vorzunehmen. Es wäre auch nicht mehr so leicht, jene Sperre auszuschalten, die ein mehrmaliges Abheben pro Tag verhindern soll.

Ein weiterer Beweis, wie gleichgültig zum Beispiel der Postbank die Sicherheitsbedürfnisse der Kunden sind, ist die Tatsache, daß die Rufnummer, mit der auch am Wochenende eine Sperrung der Kreditkarte eingeleitet werden kann, ausgerechnet auf der Karte aufgedruckt ist. Geht diese verloren, geht auch die Service-Nummer verloren – nur wenige Bankkunden sind der Kartensicherheit gegenüber so mißtrauisch, daß sie diese Rufnummer separat aufheben. Wird hingegen die Handtasche geklaut, in der die Servicenummer aufbewahrt war, ist auch diese Vorsichtsmaßnahme für die Katz' gewesen.

Einen entsprechenden Eintrag in die öffentlichen Telefonbücher sparen sich die Banken selbstverständlich; und wer von seiner Bank Hilfe und Rat erhofft, der wird außerhalb der Schalterzeiten nicht einmal auf einen automatischen Anrufbeantworter stoßen, der die Nummer herunterleiern könnte. Nein, für die Sicherheit seiner Konten muß der Kunde schon selber sorgen; selbst dann, wenn ihm das Risiko aufgedrängt wurde.

Deutlich wird: Der Kunde gilt als Last, dem man jede Bitte abschlagen muß, wenn sie auch nur die geringste Mühe macht, mit Kosten verbunden ist oder die Position der Bank in irgendeiner Weise tangieren könnte.

Was zum Beispiel ist davon zu halten, daß es erst eines Urteils des Bundesgerichtshofes bedurfte, bis klargestellt war, daß der Kunde jederzeit ein weit in die Vergangenheit reichendes Anrecht hat, eine ordnungsgemäße und verständliche Abrechnung der Konten zu erhalten?

Was ist davon zu halten, daß dasselbe Gericht erst ein Machtwort sprechen mußte, bis die Bank einen Darlehensvertrag, den der Kunde verloren hatte, diesem als Zweitschrift herausgab?

Und was ist von jenem Banker zu halten, der einer Kundin die Bitte nach einer Bescheinigung, wann welche Darlehensteile geflossen sind, mit der Floskel abtut, die Dame habe ausreichend Informationen erhalten; alles weitere wisse der Steuerberater.

In dieses Gesamtbild der allgemeinen Unlust an den Interessen der Kunden paßt eine Untersuchung, deren Ergebnisse die Stiftung Warentest im Dezember 1991 vorgestellt hat. Dabei wurden Testpersonen in 200 Bankfilialen geschickt, die herausfinden sollten, wie gut dort die Anlageberatung funktioniert.

Der Test war nachgerade hundsgemein angelegt: Die Tester gaben sich als Personen mit einem Netto-Einkommen von 3.000 Mark im Westen bzw. 2.000 Mark im Osten der Republik aus. Es bestünden nur geringe Sparreserven, aber weder Lebensversicherungen noch Wertpapierdepots. Schulden seien allerdings auch keine vorhanden. Anlageziel: früher oder später einen angesparten Betrag von 90.000 DM zur Verfügung zu haben. Ganz schön schwer.

Heraus kam: bei etwa 14 Prozent der Gespräche fühlten sich die Tester, so „Finanztest", die Geld-Hauszeitschrift der Stiftung Warentest, „vollkommen ungenügend oder mangelhaft beraten". Bei etwa der Hälfte der Gespräche sei die Beratungsqualität zufriedenstellend gewesen; wirklich gute Tips gab es nur in Ausnahmefällen.

Was aber die Mehrklassengesellschaft unter den Bankkunden nachhaltig dokumentiert, das ist die Tatsache, daß die so hochgelobten Computer-Anlageprogramme erst gar nicht zum Einsatz kamen. Die bleiben wohl den Leuten mit den richtig dicken Portemonnaies vorbehalten. Die werden dann, hofft zumindest Stiftung Warentest, wirklich individuell beraten.

Anlaß, ein weiteres Mal daran zu zweifeln, daß die Bankangestellten die Werbung ihres Arbeitgebers ernstnehmen. Zum Beispiel jenen Spruch, der so eingängig verheißt: „Wir machen den Weg frei". Da haben vor allem ostdeutsche Jung-Unternehmer ganz etwas anderes erlebt, wenn sie versucht haben, an die so großherzig offerierten Aufbaukredite der Bundesregierung zu kommen. Dabei wurden sie, haben Rechercheure des „Spiegel" herausgefunden, bereits bei der Informationsbeschaffung falsch bedient: Kredite, so hieß es vielerorten, gebe es nur gegen Sicherheiten.

Falsch, sagen das Wirtschafts- und Finanzministerium, diese Kredite gibt es auch dann, wenn keine Sicherheiten vorliegen, das Konzept aber als tragfähig erscheint.

Problem: Es sind die Banken, die das Konzept prüfen und für gut befinden müssen. Einmal abgesehen von der Beratungsqualität der Bankenmitarbeiter (es sei auf die vergessenen Betriebsmittel bei der Einrichtung eines Autohauses verwiesen), sind die Banken gar nicht sehr an dieser Gutachtertätigkeit interessiert.

Bei der Weitergabe staatlicher Gelder verdienen sie nämlich nicht mehr als ein Prozent der Kreditsumme; und wenn ihnen da nicht ein Dreh einfällt, das billige Geld erst einmal für sich selber arbeiten zu lassen, wird das Ganze uninteressant.

Also blockieren sie den Jungunternehmer mit Negativ-Gutachten so lange, bis der auch ohne staatliche Zuschüsse mit der selbständigen Existenz anfängt. Wenn er auf die Nase fällt – egal. Wenn er Erfolg hat – dann braucht er früher oder später Kredite. Die aber nicht aus dem Aufbaufonds, sondern aus der tiefen Tasche der Banken. In die er, mit ziemlicher Wahrscheinlichkeit, weil von vornherein unterkapitalisiert, früher oder später als Bankrotteur hineinfallen wird.

Hier ist nicht mehr Dummheit oder Faulheit im Spiel, hier manifestiert sich oft genug Handeln wider besseres Wissen. Um exakt dieses Thema geht es auch im nächsten Kapitel, wo die alltägliche und die verschärfte Schlamperei mitsamt ihren Auswirkungen beschrieben wird.

Schlampereien.
Oder:
Wie interne Pannen einzelne ruinieren und alle schädigen.

Werner H., Fernsehtechniker, zur Zeit seiner Verurteilung 1992 Mitte Vierzig, muß der Prototyp eines Erfolgsverkäufers sein. Er schaffte es, dem Leiter der in Lenggries ansässigen Filiale der Bayerischen Hypotheken- und Wechselbank einfach so 150.000 Mark abzuschwatzen.

Es ist für die Einschätzung dieses Falls eminent wichtig zu wissen, daß sich Werner H. nicht zum erstenmal vor Gericht wiederfand, nachdem er sich auf betrügerische Weise bereichert hatte.

Werner H. war einer, dem das Beste zur Lebensführung gerade gut genug sein kann; und darüber hinaus einer von jener Sorte Mensch, die, selbst (oder gerade?) wenn sie lügen, so ungeheuer glaubwürdig erscheinen.

Solche Leute erscheinen in den Datenbanken der Kreditwirtschaft, bei der Schutzgemeinschaft für allgemeine Kreditsicherung Schufa, Wiesbaden, regelmäßig als solche, bei denen eine Geschäftsverbindung nicht angeraten scheint. Natürlich verfügt auch die Filiale der Hypobank in Lenggries über einen Zugang zu diesen Dateien. Es ist jedoch nicht nachvollziehbar, ob es im April 1989, als der hier behandelte Fall seinen Lauf nahm, überhaupt einen Eintrag in Werner H.s Datenblatt gab; oder ob ein solches überhaupt existierte. Wir werden später noch erfahren, daß den Informationsspeichern der Schutzvereinigungen nicht immer zu trauen ist.

Wenn wir zugunsten des Lenggrieser Filialleiters annehmen, es habe keinerlei Eintragungen über Werner H. gegeben, dann ist es immer noch weitgehend unverständlich, warum diesem drei Kredite im Gesamtwert von 150.000 Mark herausgegeben wurden.

Denn Sicherheiten konnte H. keine vorweisen; außer einem nur in der Phantasie des H. existierenden Depots voller festverzinslicher Wertpapiere bei einer Bank in Liechtenstein. Die, so hatte er versprochen, wolle er in Kürze auf ein Depot bei der Hypobank in Lenggries übertragen.

Bleiben wir ein wenig bei diesem Detail, das vielleicht Aufschluß gibt über den realen Einblick lokaler Banker in die internationalen Geldgebräuche. Depot in Liechtenstein – da hätte dem bayerischen Filialleiter doch über das wissende, komplicenhafte Lächeln hinaus gleich eine Alarmglocke angehen müssen: Depots in Liechtenstein sind mit hoher Wahrscheinlichkeit solche, die für das Parken von Steuerfluchtgeld angelegt werden. Einen anderen sinnvollen Grund gibt es für Deutsche kaum, ihr Geld in teure Liechtensteiner Bankgrüfte versinken zu lassen.

Das mag der Banker ja noch als läßliche Sünde hinnehmen dürfen. Aber hätte er nicht erwarten müssen, daß das Finanzamt einiges Interesse an der Herkunft der Wertpapiere gezeigt hätte, so diese dann in Deutschland aufgetaucht wären? Hätte er nicht voraussehen müssen, vorsichtig, wie Filialleiter üblichweise nun einmal bei der

Bearbeitung eines, sagen wir, Ratenkredites von 3.000 Mark vorgehen, daß das Finanzamt das Geld erst einmal einer Pfändung unterziehen würde? Dem Verdacht, der Banker hätte bei einer weiteren Verschleierung der Gelder mitwirken wollen, möchten wir hier lieber nicht nachgehen.

Nun muß man wissen, daß Werner H. wirklich keiner ist, der bei den Banken um einen Kleinkredit zur Anschaffung eines Fernsehers vorstellig wird. Die Güter seines luxuriösen Lebenswandels mietete er lieber und blieb die Mietraten schuldig. Bei Käufen zahlte er nur ein paar Mark an und blieb den Rest dann regelmäßig schuldig – so war er durchaus in der Lage, mit schweren Limousinen bei der Bank vorzufahren.

Das ging deshalb alles so leicht, weil er, zusammen mit anderen, im April 1989 in Lenggries das Hotel „Jäger von Fall" übernommen hatte. Damit gehörte er dort zum neuen Adel, zum Betreiber eines touristischen Unternehmens; damit zur kaufmännischen und politischen Elite. Die insgesamt 150.000 Mark von der Hypobank brauchte er zum Betrieb des Hotels.

Im Prinzip hatte der Bankier richtig spekuliert: Wer ein gut gehendes Hotel wie den „Jäger von Fall" betreibt (und das war damals tatsächlich so), der kann sich in Zukunft wirklich zum Geldesel der ihn kreditierenden Bank entwickeln; vor allem dann, wenn er unterkapitalisiert anfängt.

Erst einmal in der Kreditmühle, lassen sich bequem astronomische Zinssummen herausholen. Und 150.000 Mark im Risiko sind dann für eine Bayerische Hypotheken- und Wechselbank mit ihrem Umsatz von 220 Milliarden Mark wirklich ein Pappenstiel.

Vielleicht hat dem Banker auch imponiert, daß Werner H., der vor Gericht rückhaltlos geständig war, einer Münchner Brauerei den Betrieb eines dortigen Biergartens abschwatzen konnte; mit dem Ergebnis, daß die Brauer auf 5.000 Mark aus Rechnungen für gelieferte Getränke sitzenblieben.

Vielleicht wußte der Banker, denn Lenggries ist klein, daß der Gerichtsvollzieher im „Jäger von Fall“ Dauergast war – um immer wieder einmal offenstehende Summen einzubringen.

Denn irgendwann wurde es dem Banker dann doch mulmig, und er forderte Werner H. auf, endlich die Wertpapiere zu hinterlegen. Werner H. fand aus dieser Zwangslage, indem er einen Bekannten dazu brachte, ihm drei Wechsel im Wert von insgesamt 167.000 Mark auszustellen, die H. dann als Ersatzsicherheiten bei der Hypobank hinterlegte.

H. hatte sich die Wechsel erschlichen, indem er dem Bekannten vorflunkerte, er könne in Jugoslawien eine größere Menge Eisenbahnschwellen erwerben, die er in der Bundesrepublik mit hohem Gewinn verkaufen wolle. Um an dieses Geschäft heranzukommen, brauche er aber Sicherheiten, die nie eingelöst, vielmehr Ende 1989 zurückgegeben würden. Der Bekannte ging auf den Deal ein.

Diese Geschichte in der Geschichte zeigt, wie wehrlos die Mitmenschen der Überzeugungskraft des H. ausgeliefert waren.

Sein Meisterstück machte der Fernsehtechniker Werner H. dann wenig später, als er einem Kreditvermittler Geld abschwatze – ausgerechnet einem aus jener Branche, in der die Ausgebufftesten und Hartschaligsten der Finanzbranche sich tummeln.

H. erzählte dem Kredithai, er wolle der Bundesbahn das Gelände des alten Münchner Rangierbahnhofes abkaufen und habe dafür bereits 100.000 Mark Anzahlung geleistet; jetzt sei er aber etwas klamm geworden und brauche dringend die 15.000 Mark.

Einem Bekannten luchste er 72.000 Mark, dessen gesamte Ersparnisse, mit der Phantasie-Story ab, er sei vom jugoslawischen Staat beauftragt worden, Darlehen in dreistelliger Millionenhöhe zu vermitteln. Die Wechsel, die er als Sicherheiten hinterlegte, waren sämtlich gefälscht.

Dies alles wird hier nur erzählt, um die extreme verkäuferische Potenz des Werner H. zu dokumentieren – und damit als Indiz für die Tatsache, daß unsere deutschen Banker offensichtlich gerne auf Schein, Lug und Betrug hereinfallen, wenn sie aus einem Geflecht aus Exotik, Geldgier, Prominenz und Unwahrscheinlichkeiten gewoben sind. Es geht ja nicht umsonst der Spruch, daß einer, der der Bank 10.000 Mark schuldet, ein großes Problem habe. Daß jedoch einer, der der Bank zehn Millionen Mark schuldet, sicher sein kann, daß die Bank ein großes Problem habe – nicht aber er.

Werner H. kam, obwohl vorbestraft, glimpflich davon: zwei Jahre auf Bewährung. Darüber, was aus dem Banker geworden ist, schweigt sich die Zentrale der Bayerischen Hypotheken- und Wechselbank aus.

Dieser Fall ist symptomatisch für viele andere, bei denen mittelschwere Betrüger arglose Manager aufs Kreuz gelegt haben, und bei denen die so überaus zahlreichen

Sicherungsinstrumente der Geldwirtschaft offensichtlich elegant umschifft wurden.

Oft auch, indem sich die Banker als Komplizen des Betrügers betätigten. Ob das hier der Fall war, ist nicht nachzuweisen. Erstaunen muß aber doch, daß in Lenggries nicht etwa ein einziger Kredit in Höhe von 150.000 Mark herausgerückt wurde, sondern deren drei. Wer die Gebräuche der Banken kennt, weiß um die „Kompetenz" der Filialleiter: Sie dürfen Kredite bis zu einer bestimmten Höhe, meist 50.000 Mark bei Privatbanken, ohne Rückfrage eigenmächtig vergeben. Was darüber liegt, muß dem Vorstand und dem Kreditausschuß zur Genehmigung vorgelegt werden. Eine Splittung in drei Tranchen hätte eine Verschleierung zumindest bis zur Vorlage der vermeintlichen Sicherheiten ermöglicht.

Ein anderer Trick, wackelige Kredite vor den Augen der Kontrollinstanzen zu verbergen, besteht in der Technik des „Fahrstuhlfahrens". Darunter verstehen Banker die kurzfristige Verlagerung der Kredite auf eine nächsthöhere Ebene.

Wenn zum Beispiel eine kleine lokale Sparkasse, bei denen funktioniert das am besten, mehrere wackelige Risiken der größeren Klasse im Portefeuille herumschleppt, dann kann das bei einer Überprüfung durch die Verbandsrevision zu Beanstandungen führen. Daher parkt die Sparkasse ihre Forderungen kurzfristig bei der Landesbank und bekommt dafür Geld; in den Büchern steht dann aktuell nur ein Kredit bei der Landesbank. Und der kümmert einen Revisions-Spezialisten zumeist sehr wenig.

Der Landesbank machen die wackeligen zusätzlichen paar Hunderttausend auch nicht viel, hat sie denen doch ausreichend „gute“ Risiken entgegenzusetzen. Man muß in diesem Zusammenhang wissen, daß jede Bank über einen Topf voll Spielgeld verfügt: Arbeitet sie seriös, dürfen etwa vier Prozent der „guten“ Kredite in die Sparte der „wackeligen“ fallen. Bei den Erwerbermodellen, wir haben davon gehört, werden bis zu 25 Prozent von vornherein fauler Kredite einkalkuliert.

Später, wenn die Revisionsgefahr vorüber ist oder der Jahresabschluß vorliegt und testiert wurde, nimmt die Sparkasse der Landesbank die verlagerten Risiken wieder ab. Selbstverständlich werden dafür Gebühren fällig, die der Kunde dann auch in irgendeiner Weise bezahlt; wie, das wird ihm nur selten unmißverständlich dokumentiert.

Was für jeden einzelnen Bankkunden das Gefährliche ist an den Wackelkrediten: platzen sie, bleibt die Bank auf den nicht eintreibbaren Restforderungen sitzen. Diese schreibt sie zwar ab und mindert damit ihre Steuerschulden – aber ein Restverlust bleibt stets. Der wird dann, über den Weg der Gemeinkostenumlage, auf die Gebühren und Zinsen aufgeschlagen.

Damit wird jeder Schlamper in den Reihen der Bankangestellten zum Kostenrisiko für alle Kunden. Die Regel gilt: Was eine Bank verbockt, geht stets zu Lasten derer, die für die Dienstleistungen Geld bezahlen. So werden Schlamperei und deren Folgen ein Nullsummenspiel für die Bank: Was die eine Seite verliert, muß die andere Seite bezahlen. Die, die den Schlamassel anstellen, tangiert es wenig.

Zum Beispiel wird es kaum jemanden so sonderlich aufregen, was im Sommer 1993 bei einer Filiale der deutschen Bank in Iserlohn passiert ist: Da verschwanden 36.000 Mark spurlos. Nicht, daß das Geld sich in Luft aufgelöst hätte; es ist auf einem Konto gelandet, wo es nicht hingehört hätte. Und der, dem solch warmer Regen zuteil wurde, der hat sich aus dem Staub gemacht.

Angefangen hat die Geschichte mit einer lobenswerten familienpolitischen Entscheidung: Elisabeth N. wollte ihren Eltern endlich das viele Geld zurückgeben, das sie ihnen schuldete – 36.000 Mark. Schließlich reichte ihre Bonität aus, bei einer Bank um den notwendigen Kredit nachzukommen.

Da traf es sich gut, so wird Elisabeth N. gedacht haben, daß sie über finanztechnisch versierte Bekannte verfügte: zum Beispiel einen Anlageberater, der ihr riet, Kontakt mit der Deutschen Bank Iserlohn aufzunehmen. Warum gerade die in Iserlohn, das wollte Frau N. damals zwar nicht so recht in den Kopf; aber wenn der Bekannte ihr die empfahl ...

Was Frau N. nicht wußte, war, daß der Anlageberater mit einer Angestellten der Deutschen Bank in Iserlohn gut befreundet war. Und daß beide, so fand es später der Ehemann der N. heraus, bei einem Dritten recht hoch verschuldet waren.

Zunächst aber sollte alles Geld auf das Düsseldorfer Konto der Frau N. überwiesen werden. Sie freute sich auch noch über die Zuvorkommenheit der Angestellten, den Überweisungsauftrag auszuschreiben; hilfreiche Dienstleistungen, man weiß es inzwischen, sind bei Banken ja nicht selbstverständlich.

N. hätte sich die Mühe besser selber machen sollen. Denn kurz darauf erhielt sie ein Schreiben ihrer Düsseldorfer Bank, doch für den Ausgleich ihrer Konten zu sorgen – offenbar war das geliehene Geld nicht angekommen.

Als der Ehemann dem Geld nachspürte, stellte er zu seinem Entsetzen fest, daß der Kredit auf das Konto eines für ihn und seine Frau wildfremden Mannes gegangen war. Nicht so wildfremd war der Mann hingegen für den Anlageberater und dessen Freundin – es handelte sich um jenen Dritten, bei dem beide verschuldet waren.

Natürlich stellte N. die Verantwortlichen zur Rede; die hingegen retteten sich in Ausflüchte: bedauerliches Versehen und so weiter. Es sei aber nichts zu holen, das Konto sei aufgelöst. Und natürlich müsse Frau N. ihren Verpflichtungen aus dem Kreditvertrag nachkommen.

Was bedeutet: N. muß über Jahre einen Kredit abstottern, von dem sie überhaupt nichts hat – außer 4.000 Mark, die sie sich in Iserlohn hat bar auszahlen lassen. Vorsatz? Das müssen die Gerichte klären. Denn N. hat inzwischen einen Anwalt eingeschaltet.

Wenn es kein Vorsatz war – das Leben spielt einem schon einmal die absurdesten Streiche. Und es wäre noch zu klären, ob N. vielleicht doch in den Genuß jener Regelung in den neuen Allgemeinen Geschäftsbedingungen kommen könnte, die nur wenige Monate nach diesem unerfreulichen Ereignis in Kraft getreten sind, die den Banken eine recht umfangreiche Haftung für die Irrtümer ihrer Mitarbeiter aufbürdet.

Große Hoffnungen bestehen jedoch nicht; denn neben der Haftungspflicht durch die Banken besteht da auch die Mitwirkungspflicht durch den Kunden: aufpassen, ob die Bankangestellten auch ja alles richtig machen. Und mit der Reklamation nicht etwa warten, bis von irgendwo anders her der Fehler aufgedeckt wird.

Nebenbei bemerkt: Da die Banklobbyisten am Entwurf dieser Allgemeinen Geschäftsbedingungen fleißig mitgewirkt haben, darf der naive Leser davon ausgehen, daß sich die Bankmanager schon darüber im klaren sind, wieviele für den Kunden höchst gefährliche Schlampereien in den noblen Schalterhallen anfallen.

Zum Beispiel bei der Einlösung von Schecks. Da kommt es immer wieder vor, daß Fälschungen vorgelegt werden. Die Banken hatten sich stets mit der Ausrede retten können, ihre Mitarbeiter seien nun einmal keine Schriftsachverständigen und könnten daher nicht feststellen, welcher Scheck denn echt sei und welcher nicht.

Das ist in der Tat ein Problem, zumal sich bei den meisten Menschen die Schrift im Laufe der Zeit verändert. Bei langjährigen Geschäftsbeziehungen liegt dann schon einmal eine Jahre alte Unterschrift zum Vergleich vor.

Aber gerade das kann man den Bankern ja auch zum Vorwurf machen: Wieso bestehen sie nicht darauf, die Unterschrift hin und wieder zu aktualisieren? Aber das nimmt ja Zeit in Anspruch und kostet Geld. Allerdings: Wäre das nicht ein schöner Ansatz, zu einer neuen Gebühr zu kommen?

Polemik zur Seite: Inzwischen haben sich auch einzelne Richter entschlossen, den Bankern hier auf die Sprünge zu helfen. So verurteilte ein Frankfurter Amtsrichter die Postbank dazu, einer Kundin ein Drittel des Schadens von 2.100 Mark zurückzuzahlen, der ihr durch eine gefälschte Unterschrift auf einem Barscheck entstanden war.

Zwei Drittel des Schadens muß die Frau allerdings selber tragen: Sie hatte ihre Scheckkarte nicht von den Formularen getrennt aufbewahrt. Nur so konnte der Dieb erfahren, wie er die Unterschrift nachmachen mußte.

Da es sich hier nicht um eine der üblichen Betrügereien handelte, bei denen der Dieb mit gestohlenem Scheck und Karte in irgendeinem Geschäft wertvolle Ware entsteht, sondern um eine Barabhebung bei der kontoführenden Postbank, ist das Versäumnis des Bankmitarbeiters in der Tat beträchtlich. Denn er hätte ja zumindest einmal genauer nachsehen können, ob mit dem Scheck alles seine Ordnung hätte; 2.100 Mark sind immerhin ein nicht unbeträchtlicher Betrag.

In anderen Fällen haben die obersten Richter schon wesentlich härtere Sprüche gefällt. So zum Beispiel zugunsten einer Studentin, die jeden Monat per Scheck exakt 1.000 Mark von ihrem Postbank-Konto abhob und sonst keinen weiteren Pfennig. Darüber hinaus erhielt sie das Geld auch immer von derselben Postbeamtin.

Der fiel dann nichts weiteres auf, als ein Unbekannter binnen vier Wochen vier Schecks dieser Studentin für insgesamt 6.800 Mark präsentierte. Die Richter des Bundesgerichtshofs sahen dann auch keinerlei Anlaß, die Bank von ihrer Schadenersatzverpflichtung loszusprechen und von ihrer Pflicht, sich zumindest von der Identität des Abholers zu vergewissern. Auch Rückfragen bei der Geschädigten, so die Richter, wären kein unzumutbarer Aufwand gewesen. Beide Urteile wurden Anfang des Jahres 1993 veröffentlicht. Sie signalisieren eine deutliche Wende der Rechtsprechung zugunsten betrogener Bankkunden.

Das ist auch gut so, denn mit dem Home-Banking scheinen neue, bisher ungeahnte Gefahren für den Kontostand jeder einzelnen Person aufzutauchen.

Zur Erinnerung: Beim Home-Banking erledigt der Kunde viele Bankgeschäfte von zuhause aus am Telefon.

Ihn schützen üblicherweise lediglich ein Codewort, die Kontonummer und der Name; wenn alle drei bei der Identitätsprüfung durch die Bankmitarbeiter stimmen, hat er ungehinderten Zugriff zu seinem gesamten Vermögen.

Im Prinzip müßte das reichen – wenn nicht eben auch Name, Codewort und Kontonummer anderen bekannt werden könnten. Es reicht zum Beispiel, wenn ein Anrufer Störungen in der Leitung überschreit und Nachbarn beziehungsweise Passanten das mithören.

Kann auch sein, daß ein illegaler Wanderer durch den Äther zufällig auf eine vom schnurlosen Telefon aus geführte Home-Transaktion stößt – alles Zufälle die sich, zugebenermaßen, sehr unwahrscheinlich anhören. Was aber, wenn sich ein Bankangestellter schnell mal ein paar Mark nebenher verdienen möchte, indem er seine Spez'ln mit den notwendigen Daten versorgt? Die Passwörter für das Home-Banking liegen nämlich den herkömmlichen Kontenblättern bei und sind jedem Mitarbeiter hinterm Schalter zugänglich. Nachzuweisen wäre ihm nie etwas.

Da hilft selbst die zweifelhafte Sicherung nicht, daß zum Beispiel bei der Citibank nur 2.000 Mark pro Tag bewegt werden dürfen (Stand: Frühjahr 1993), und daß jede Transaktion per Post dokumentiert wird. Wir kennen die Post: Wenn der Brief zwei Tage unterwegs und dann auch noch ein Wochenende ist, dann sind schnell mal 10.000 Mark abgezweigt.

Es kann ja auch sein, daß einer der Operateure in den Telefoncentern nicht ganz astrein ist an Gesinnung und Gemüt. Er könnte ja auf den Gedanken kommen, einen anderen Empfänger als den vom Anrufer genannten einzusetzen; möglicherweise auch einen viel, viel höheren Betrag.

Dann ist der Kunde sein Geld für ewig los. Denn so steht es in den Geschäftsbedingungen für das Home Banking bei der Citibank: Für Schäden wird keine Haftung übernommen. Selbst für jene nicht, die aus Mißverständnissen und Übermittlungsfehlern oder Irrtümern bei der Abwicklung der Aufträge entstanden sind. Und wer will den Bankern etwa Vorsatz bei der Verwendung einer falschen Kontonummer nachweisen?

Es gibt eben nichts Unmögliches in der Kriminellen-Szene; also kommen auch Unbefugte an die Datenbestände – und so wollten die Redakteure der Zeitschrift DM denn einmal testen, was dann passierte. Und es passierte Wunderliches.

Daß eine männliche Stimme irrtümlich als die des Kontoinhabers identifiziert wurde, mag ja noch angehen; daß eine weibliche Stimme jedoch immer als die der Ehegattin interpretiert wurde, stimmt dann doch bedenklich.

Schon einmal etwas von k.o.-Tropfen gehört und deren schädlicher Wirkung auf alle kleinen und großen Geheimnisse? Daß diese nicht nur in Bordellen eingesetzt werden, sondern zu später Stunde selbst in ganz normalen Gaststätten, das wissen wir seit dem Skandal um das Münchner Donis'l.

Es konnte auch vorkommen, daß einer der Citibank-Operateure dem agent provocateur freundlich bei der Suche nach dem vorgeblich vergessenen Codewort half.

Den Managern von der Citibank war das alles sehr peinlich. Sie versuchten per Gericht, zu einer Gegendarstellung zu kommen, mit der sechs der Testpunkte als fingiert und unrealistisch hingestellt werden sollten. Das Landgericht wies das Ansinnen zurück: „inhaltlich und in allen Punkten unbegründet“.

Es steht wirklich nicht zum besten mit der Sicherheit bei den deutschen Banken. Da verschickt die GZS, Gesellschaft für Zahlungssysteme, Frankfurt, (sie ist im Auftrag aller deutschen Banken für die Abwicklung der Eurocard-Transaktionen zuständig) ihr Plastikgeld per einfachem Brief und ohne weitere Sicherung an die Kunden. Ihr Chef, Detlev Buchal, schätzte bereits Anfang 1993, daß jährlich 10.000 Karten auf dem Postweg verloren gehen.

10.000 von 4,5 Millionen Eurocards – das macht zwar nur 0,2 Prozent; summiert sich aber bei einem Schaden von vielleicht 2000 Mark pro Karte auf immerhin 20 Millionen Mark. Diesmal als Minimum angenommen.

Da müssen andere Kräfte am Werk sein als die, die den üblichen Schwund an Geschenkbriefen mit Bargeld-Inhalt zu verantworten haben. Aus England ist zum Beispiel ein Trick bekannt, bei dem die Verteiler im Postamt entsprechende Briefe einfach mit neuen Adress-Etiketten versehen; solchen von Kumpeln zum Beispiel, die für jede prägefrische Karte gut bezahlen.

In Wiesbaden ist ein Briefträger aufgeflogen, der die leicht identifizierbaren Briefe der GZS einfach verschwinden ließ und den Inhalt an kundige Freunde weiterleitete, die binnen weniger Wochen auf diese Weise 300.000 Mark ergaunerten.

Das Bundeskriminalamt vermutet hinter den Kartenverlusten jedoch statt krimineller Einzelgänger straff organisierte Banden. Wer auch immer da mittut: Tatsache ist, daß weder die Briefpost noch die GZS noch die Banken irgend etwas tun, um die Quellen zu verstopfen, aus denen die Betrüger schöpfen.

Der Kunde ist, wenn er das übliche Pech im Umgang mit den Banken hat, wieder einmal der Gelackmeierte: Wie soll er beweisen, daß er sich nicht Scheckkarte und Geheimnummer zusammen hat klauen lassen; was die Banken stets zu Lasten des Geprellten auslegen?

Nicht direkt zu schmerzlichem Schwund auf den Konten führt der laxe Umgang mit dem Bankgeheimnis. Trotzdem können Ausspähaktionen nicht nur der Steuerfahnder großen Schaden anrichten. Vor allem der Postbank scheint das wenig auszumachen: Mitarbeiter der Verbraucherverbände haben herausgefunden, daß die Angestellten der Postgiroämter noch im Frühjahr 1993 selbst dann Informationen über Kontostände und -bewegungen erteilten, wenn die Anrufer sich nicht ausreichend ausweisen konnten. Es genügte, das Geburtsdatum zu kennen, um an die Daten heranzukommen.

Die Kontostände sind zum Beispiel für einen Betrüger dann von Interesse, wenn er unbedingt wissen will, wo die Grenzen seiner illegalen Transaktionen liegen.

Nachteilig für die Integrität und die Wettbewerbsfähigkeit von Unternehmen und Selbständigen fällt auf jeden Fall eine Schlamperei aus, die bei den Auskunftsstellen der Banken, der Schutzgemeinschaft für allgemeine Kreditsicherung, Schufa, oder den konkurrierenden Auskunfteien festzustellen ist.

Da kann nicht für die Korrektheit der gebunkerten Informationen garantiert werden. So hat die Zeitschrift Focus im Sommer 1993 einen Fall aufgedeckt, bei dem ein seriöser Kaufmann in Dortmund dadurch geschädigt wurde, daß eine ihm wildfremde Bank die Schufa mit falschen Daten gefüttert hatte; der Kaufmann wurde Opfer einer simplen Namensverwechslung. Die schlimmen Folgen: Zwangsmaßnahmen der eigenen Hausbanken und, was auf lange Sicht noch schlimmer ist, ein nun von den Hausbanken selbst eingetragener Vermerk über nicht einbringbare Forderungen.

Derartige Makel bleiben, sorgt der Betroffene nicht schnell für Löschung, lange in den Datenbeständen erhalten. So werden den Datenschutzbeauftragten inzwischen derart oft Beschwerden über nicht getilgte Eintragungen bekannt, daß diese inzwischen schon von Routinebeschwerden sprechen.

Die moderne Technik potenziert die Gefahr ein weiteres Mal. Heute ist es zur Routine geworden, Schufa-Auskünfte per Telefax zu erbitten, was zwei Fehlermöglichkeiten beinhaltet: die Übermittlung an einen völlig fremden Fax-Teilnehmer – etwa dann, wenn die Bank neue Faxanschlüsse bekommt und die alten sofort, wie postüblich, wieder vergeben werden.

Oder die Faxe liegen für jeden Mitarbeiter der Bank einsehbar, unbeaufsichtigt in der Poststelle herum. Ein Umstand, der den Bundesverband der deutschen Banken im Juni 1992 dazu veranlaßte, ihre Mitgliedsinstitute daran zu erinnern, wenigstens die betreffenden Mitarbeiter in den Poststellen zur Verschwiegenheit zu verpflichten.

So weit zu den subtilen Gefahren, die aus der Unachtsamkeit mit den Daten der Kunden führen; Gefahren immerhin, die Zeitbomben ähneln.

Ganz aktuell und dann auch schmerzlich in ihrer Auswirkung, weil an die Grenze schwerer Strafen führend, ist eine Schlamperei, die aufmerksame Beobachter der Bankenszene inzwischen schon nicht mehr nur als bloßes Versehen interpretierten: die Praxis, Geldautomaten mit Falschgeld zu beschicken.

Daß so etwas passiert, geben die Bankensprecher inzwischen unumwunden zu. Wenn es passiert, haben die Kassierer den Schwarzen Peter weitergeschoben: Anstatt die Blüten der Bundesbank zu übereignen, werden die Kunden damit gefüttert.

Und die können sich nicht einmal wehren. Bemerken sie den Unterschleif nicht und geben sie die Blüten weiter, laufen sie Gefahr, bestraft zu werden. Zumindest müssen sie mit langwierigen Verhören rechnen.

Erkennen sie die Fälschung, können sie diese nicht einmal schadlos zurückgeben: Der Bankangestellte wird das Papier, damit konfrontiert, kaltlächelnd (ersatzlos!) konfiszieren. Dazu verpflichtet ihn das Gesetz.

Wie kann es eigentlich dazu kommen, daß Blüten so einfach den Adlerblicken der hochtrainierten Kassierer entgehen? Stimmt es vielleicht doch, daß die Bundesbank die neuen Geldscheine so fälschungssicher gemacht hat, daß selbst die Profis ob der vielen Echtheitsmerkmale verwirrt werden? Und wenn dem so ist, warum sparen sich die Banken die Anschaffung der neuen UV-Testgeräte? Das wäre doch ein guter Ansatz, neue Gebühren zu erfinden: UV-Testgebühr drei Mark!?

Oder ist es vielleicht doch so, daß der eine oder andere Kassierer um seinen Bonus für eine Kassenführung ohne Fehlbeträge fürchtet? Ein persönliches Risiko geht er mit dem Unterschleif falscher Banknoten nun wirklich nicht ein.

Um aber zum Ausgangspunkt der Überlegungen zurückzukommen, die da lautete: was passiert eigentlich, wenn ein Geschädigter wie vorne Frau N. fehlgeleitetes und nicht mehr eintreibbares Geld zurückbekommt, außer daß ein paar Juristen bewegt wurden?

Es passiert nichts, außer daß die Controller einen weiteren Posten in ihre Kostenberechnungen aufnehmen müssen, den sie dann auf die Gebührenbelastung ihrer Kunden herunterrechnen.

Manchmal nehmen die Auswirkungen von Geldfehlleitungen groteske Ausmaße an wie im Fall des Weltumseglers Rollo Gebhardt. Der hatte 1991 in der ARD-Show „Flitterabend“ die Gelegenheit bekommen, für Spenden zu werben, die einer Aktion gegen den Fischfang per Schleppnetz zugute kommen sollten. Leider kamen, statt der erwarteten einen Million Mark lediglich 8.952 Mark auf dem Konto des umtriebigen Sportlers an.

Erst später, als sich bei Gebhardt empörte Spendenwillige meldeten, kam der Skandal auf. Die Bank hatte eintreffende Überweisungen unverzüglich an die Spender zurückgeschickt und, wen wundert's, dafür auch noch zehn Mark Bearbeitungsgebühr verlangt.

Der Pressesprecher der Deutschen Bank konnte sich den Sachverhalt später nur mit einem Computerfehler erklären. Die Leitungen zwischen den beiden Konten seien nicht rechtzeitig geschaltet gewesen.

Mysteriös. Was für Leitungen werden zwischen welchen Konten geschaltet? Wann? Standleitungen, weil bei einer TV-Show sofort und in riesigen Mengen Spendengelder fließen? Das ist eigentlich höchstens in Großbritannien oder in den USA der Fall, wo TV-Zuschauer mittels trickreicher Schalttechnik per Telefonbanking spenden können. Derartiges gibt es in einem Umfang, daß eine Million Mark hereinkommen kann, in Deutschland noch nicht.

Und wenn dem doch so war: Wo ist das Geld hingeflossen? Nur zurück zu den Spendern? Wie kamen die 8.952 Mark durch, die doch noch bei Gebhardt aufgetaucht sind? Waren das besonders clevere Bits und Bytes, die sich da durchgebissen haben?

Oder gönnte die Bank dem Rollo Gebhardt den Spendenerfolg nicht, wo der sich gegen die so weltweit mächtige Fischindustrie wenden wollte? Schließlich ist die Deutsche Bank ja (fast) überall an Geschäften mit reichen Industrien interessiert. Niemand wird diese Fragen klären können; und wer etwas weiß, hält sicher lange dicht.

Tatsache ist aber auch, daß die Banken mit den Spendenkonten nahezu beliebig manipulieren und auch schlampen können. So waren im Winter 1990 die Kontonummern 2222 doppelt belegt: zunächst für die Rumänien-, später für die Rußland-Hilfe. Wann welche Summen wohin geflossen sind, konnte man, so der damals stellvertretende Geschäftsführer des Deutschen Instituts für Soziale Fragen (DZI), Hornemann, nicht nachvollziehen. Die DZI ist das von der Bundesregierung beauftragte Institut, das das Spendenwesen in der Republik überwacht.

Daß Spendenflüsse nicht exakt kontrolliert werden können, gestand dann auch die Deutsche Bank ein. In dem Schadenersatzprozeß, den Gebhardt gegen das Unternehmen anstrengte, redete sich die Bank darauf hinaus, nicht dokumentieren zu können, wieviel Geld auf das

Spendenkonto zu welchem Zweck geflossen ist. Daher mußte sich Gebhardt auch bei einem Vergleich mit mageren 100.000 Mark zufrieden geben.

So pervers es klingt – aber angesichts der Technik, Schadensgutmachung den Kunden, dafür aber nie den Verantwortlichen und schon gar nicht den Großaktionären anzulasten, können wir alle froh darüber sein, daß die Bankjuristen oft um ein Vielfaches besser sind als die Anwälte der Geschädigten.

Kriminelle Energie.
Oder:
Wie das Geld verschwindet, ohne daß man's merkt.

Victor Rodewald ist seit 1984 um 106.000 Mark ärmer. Und seit exakt diesem Jahr kämpft er auch mit der Bayerischen Hypotheken- und Wechselbank, München, um Schadenersatz. Passiert ist das Übliche; und der beteiligte Hypobank-Mitarbeiter, Johann K., ist deswegen im Frühjahr 1992 auch wegen Unterschlagung verurteilt worden.

Einer, dessen Geschäft nicht so gut geht, verbündet sich mit dem für ihn zuständigen Banker, um einen Dritten zu schädigen. Schwierig ist es für einen Banker beileibe nicht, die Kundschaft zu betrügen; hat er doch Zugriff auf alle nur denkbaren Daten und Übersicht über alle internen Sicherheitssperren.

Das merkte auch Werner B., Abteilungsleiter bei der Frankfurter Bank, der, wie er später vor Gericht angab, zu Beginn seiner verwerflichen Aktivitäten eigentlich nur auf Sicherheitslücken bei der Verwaltung von Kreditkarten aufmerksam machen wollte.

Als er aber erlebte, wie einfach es im Prinzip ist, Zugang zu den Konten zu bekommen, begann er ein aufwendiges Spiel, das, hätte der Mann sich nicht selbst gestellt, zu 58 leeren Konten geführt hätte.

Werner B., Abteilungsleiter für Kundenbetreuung und Telefonservice, nutzte die fast unglaubliche Schlamperei bei einer Landesgirokasse, um zu den Paßworten der Kreditkartenkunden zu kommen. Da, so B. später vor Gericht, genügte ein einfacher Anruf, um zu der top-geheimen Information zu kommen.

Um sein Wissen weiter nutzen zu können, brauchte Werner B. außerdem die Unterschriften der Kunden – die fand er in den Kontenblättern seiner Bank.

Jetzt fehlte ihm nur noch die Kreditkarte. B. mietete sich zwei Wohnungen in Mainz, wo er eine Briefkastenfirma installierte. Danach informierte er die Bank, indem er die Unterschriften der Kunden fälschte, daß er die betreffenden Kreditkarten verloren habe und um Zusendung einer Ersatzkarte bat. Tatsächlich erhielt er diese auch anstandslos.

Jetzt hätte er eigentlich loslegen können mit der Abmelkerei – aber er verlor, wie er sagte, die Übersicht über seinen Plan und auch den Mut, weiterzumachen. Er zeigte sich selber an und mußte im Januar 1993 seine fragwürdigen Aktivitäten mit 7.500 Mark Geldstrafe büßen.

Mit den Computern und deren Sicherheitseinrichtungen hatten es auch die Herren Braun, Fischer und Berber von der BfG Bank, Frankfurt. Ihnen gelang es, den Sicherheitscode jenes Programms zu knacken, das für den Handel mit Warenterminkontrakten über die neu eingerichtete Warenterminbörse in Frankfurt entwickelt worden war.

Der Terminhandel funktioniert ja, sehr vereinfacht beschrieben, so: Wer den Kurszetteln der Tageszeitungen entnimmt, daß für Kakao 1.100 Dollar die Tonne zu zahlen ist, und meint, dieser sei in einem Monat für vielleicht 900 Dollar die Tonne auf dem Markt, bietet einem Mitspieler an, ihm den Rohstoff in einem Monat für vielleicht 1.000 Dollar zu liefern. Der Mitspieler, Kontrahent genannt, macht dieses Spiel mit, weil er der festen Überzeugung ist, Kakao koste dann mindestens 1.200 Dollar die Tonne.

Der Initiator gewinnt bei diesem Spiel, wenn der Kakaopreis tatsächlich unter 1.000 Dollar die Tonne sinkt; er verliert, wenn er darüber steigt. Und zwar um so mehr, je weiter die Einstandspreise vom Kontraktpreis am Tag der Lieferung entfernt sind.

Dieses Geschäft hat sich heute ziemlich verselbständigt; die Spekulanten unter den Warenterminhändlern sehen die Preise tatsächlich nur als Marken in einer Wette an. Daher brauchen sie auch nie die Säcke mit Kakao oder die Hängegestelle voller Schweinebäuche zum Kontrahenten zu expedieren. Sie tauschen lediglich ihre Adressen aus und zahlen die Differenzbeträge; je nachdem, wer gewonnen und wer verloren hat.

Einen Gewinner oder Verlierer gibt es immer – nur braucht man ihn nicht unbedingt zu kennen. Als es noch menschlich-lebhaft an der Warenterminbörse zuging, hatte ein Broker, ein bei der Börse zugelassener Händler, auch Hunderte, vielleicht Tausende unterschiedlichster Kontrakte in der Tasche, die er gegenseitig in Kontakt brachte; in unserem Beispielsfall die 900er- mit der 1.200er-Wette.

Heute macht das ein Computer, dessen Sicherheitssystem sich offensichtlich als manipulierbar erwies. Die drei Herren von der BfG-Geldtankstelle schafften es, nicht nur völlig anonym an dem Spiel teilnehmen zu können; sie konnten auch jede Limitierung nach oben, was die Höhe der Spekulation anging, außer Kraft setzen. Das war insofern bedeutsam, als den Bank-Akteuren in den Börsen stets auch ein Spielraum für eigene Spekulationen eingeräumt wird; als Bonus für ihre Raffgier quasi und als Ausgleich für die, wie sie wohl meinen, zu geringen Gehälter. Es geht ja das Bonmot in Bankenkreisen, daß einem Angestellten die Gehaltserhöhung mit der Begründung verweigert wurde, er sei doch Börsenhändler …

Mit der Manipulation der Limitierung hatten die drei auch für sich fast jegliches Risiko ausgeschaltet. Wenn sie verloren, übernahm die Bank die Verluste. Wenn sie gewannen, sorgte ein in das Computerprogramm integriertes Zufallssystem, daß ihre Gewinne stets zu Lasten eines Depotkunden gingen. Den dafür notwendigen Zufallsgenerator brauchten die Spekulanten nicht erst zu erfinden, der ist in alle Warentermin-Abwicklungsprogramme der Banken integriert.

Das ist das eigentlich Skandalöse an dieser Praxis, wenn sie so, wie hier dargestellt, zutrifft; die zuständige Staatsanwaltschaft ist sich in der Einschätzung der Sachlage noch nicht sicher. Nicht, daß da drei Leute rund 2,3 Millionen Mark Bankengelder verspekuliert hatten. Das Skandalöse ist vielmehr, daß sich Bankmitarbeiter jeden beliebigen Teilnehmer an einer Warenspekulation herausgreifen können, um sich an diesem schadlos zu halten.

Mit der Zufallszuteilung von Verlusten hätten die Programmierer in der Tat ein Problem gelöst. Wenn vielleicht zehn Verlierer anstehen und nur ein Gewinner, muß ja einer herausgefunden werden, der die Zeche bezahlt. Es geht ja nicht an, daß einer, der mit einem einzigen Kontrakt vielleicht 100 Dollar gewonnen hat, diese hundert Dollar von allen zehn Mitspielern einstreicht. Für die einmalige Paarung sorgt der Zufallsgenerator; wen es nicht getroffen hat, der darf bis zum nächsten Spiel aufatmen. Kein Bankkunde kann jemals nachvollziehen, warum gerade er zahlen muß; was er weiß, ist, daß er bei einer Spekulation verloren hat. Daß er beim Verlust-Verteilungsroulette ein zweites Mal eine Niete gezogen hat, wird ihm nie mitgeteilt.

Das sind die direkten und unmittelbaren Gefahren aus kriminellen Bankeraktivitäten: sein Konto plötzlich leergeräumt zu sehen von jemandem, der sich unbefugten Zugang dazu verschafft. Und nach Regeln handelt, die einem selbst unverständlich sind, an deren Korrektheit man aber glaubt.

Mehr mittelbar treffen den Kunden, immer nach den Regeln des Nullsummenspiels, kriminelle Aktivitäten, die zwar nicht einen einzelnen, dafür aber die Gesamtheit der Kunden treffen.

Diese Meldungen machen in schöner Regelmäßigkeit die Runde: spielsüchtiger Banker prellt seinen Arbeitgeber um ein paar Millionen. Derartiges gehört zum unterhaltenden Teil jeder besseren Wirtschaftszeitung.

So traf es zum Beispiel eine Würzburger Bank, die ein Mitarbeiter zwischen 1987 und 1992 um insgesamt 5,6 Millionen Mark geschädigt hatte.

Allerdings ging es auch hier nicht ohne ahnungslose Mitspieler seitens der Bankkunden ab; insgesamt 194 hatte der Banker in seine Machenschaften eingespannt.

Auf deren Namen begründete der Angestellte Kreditkonten, aus denen er im Laufe der Zeit die letztlich vermißten Millionen auf das eigene Konto abzweigte. Das Geld hatte der Mann gebraucht, um seine Spielleidenschaft zu finanzieren. Die Quittung: vier Jahre, sechs Monate.

Ein anderer, Leiter der Baden-Badener Niederlassung der Bank Trinkaus & Burkhardt, vergriff sich, nachdem er mit seiner Spielsucht seine Familie ruiniert hatte, zunächst an den Konten des Arbeitgebers. Dann lieh er sich von den Kunden Gelder, die sie ihm ohne Quittungen oder Depotschein überließen. Nach zwei Monaten, Januar 1993, fiel das Spiel auf. Die Geschädigten, so sie sich meldeten (in solchen Fällen ist immer auch Schwarzgeld mit im Spiel, das später niemand mehr zurückhaben will), bekamen ihr Geld zurück; der Bank verblieb ein Schaden in Millionenhöhe.

Anfang 1992 wurde ein ehemaliger Direktor der Bezirkssparkasse Ettlingen zu einer Freiheitsstrafe von zwei Jahren und sechs Monaten verurteilt, weil er Rechnungen für den Bau seines Privathauses aus Konten der Sparkasse hatte bezahlen lassen.

Drei typische Fälle – Alltagskriminialität sozusagen. Auch jenes bis heute nicht geklärte Verschwinden von insgesamt 1,7 Millionen Mark aus den Kassenbeständen der Landeszentralbank Saarbrücken muß in diese Rubrik gerechnet werden. Zwar wurden drei Mitarbeiter der Bank unter Anklage gestellt – das Gericht sprach die Männer jedoch im Frühjahr 1993 frei.

Nein, solche Deals sind es nicht, die den Bankenaufsehern Sorgen machen müssen; wenngleich bereits ein paar hunderttausend erschlichene Mark eine Firma in den Konkurs treiben, einen arbeitsamen Unternehmer um die Früchte seiner Arbeit und die Mitarbeiter um ihre Arbeitsplätze bringen können.

Was die Aufseher betroffen machen muß, das sind die Systemfehler, die sich in der neuen Bankenkriminalität manifestieren: Da nutzen ein paar Profis ihren Kompetenzvorsprung gewissenlos aus.

So geschehen bei dem Millionen-Deal, der zwei Mitarbeitern der DG Bank, Frankfurt, einem Devisenmakler und drei weiteren Personen zur Last gelegt wird. Sie sollen sich um 21 Millionen Mark bereichert haben, indem sie in einem Verkaufs-/Kauf-Ring solange die Kurse in die Höhe getrieben haben, bis Privatanleger auf die vermeintlich hochspekulativen Papiere hereinfielen und einstiegen. Waren die teuren Vorräte untergebracht, brach die Nachfrage plötzlich zusammen.

Ebenfalls illegal ist die Technik, Kunden „abzufischen“. Im Verlauf der Börsensitzung kann der Kurs einer Aktie ja beträchtlich schwanken. Viele Händler haben es sich angewöhnt, diese Bewegungen für ihre eigenen Interessen zu nutzen: sie kaufen zweimal. Zum „guten“ Kurs für sich und zum „schlechten“ Kurs für die Kunden.

Beim „Frontrunning“ ist der Gewinn noch sicherer. Erfährt ein Makler von größeren Kaufaufträgen oder ist er selber damit beauftragt, deckt er sich vorab mit den noch billigen Papieren ein. Später, wenn die Kurse auf dem Höchststand sind, verkauft er dann seine Papiere. Wickelt er den Auftrag selber ab, betrügt er seinen Kunden dadurch, daß er diesem seine eigenen, billig erworbenen Aktien zum Höchstkurs auflädt.

Eine besonders charmante Variante des Frontrunning veranstalteten im Jahre 1991 der später fristlos gekündigte Friedhelm Busch von Sat 1 und Rolf Breuer, Börsen-Chef der Deutschen Bank. Sie deckten sich mit jenen Papieren ein, die sie in der Sat 1-Sendung „Telebörse“ empfahlen. Und konnten sicher sein, daß sich das Publikum am Putzfrauenrennen beteiligte. Daß das Duo immer wieder einmal Aktien der Münchner Technocell AG als besonders interessant herausstellte, wirft ein besonderes Licht auf die Kompetenz der „Profis“: Die Technocell AG hat nach einer fulminanten Fehlinvestition in eine neue Technik einen ebenso fulminanten Abgang durch Vergleichsantrag hingelegt.

All dieser Praktiken wußten sich die Händler der Frankfurter Börse mit Bravour zu bedienen. Wie sehr, das dokumentiert eine Meldung der Süddeutschen Zeitung vom 6. 3. 1993: „In der Frankfurter Börsenaffäre hat sich die Zahl der Beschuldigten um 50 auf 320 erhöht. Das teilt die Frankfurter Staatsanwaltschaft mit. Sie ermittelt wegen des Verdachts der Steuerhinterziehung und der Untreue. Die in die Affäre verstrickten Finanzhändler sollen mindestens 100 Millionen DM aus Insidergeschäften am Finanzamt vorbei eingestrichen haben. Außerdem besteht gegen 20 der Verdacht, daß sie Verluste auf ihre Arbeitgeber – die Großbanken – abwälzten.“

Das Stichwort ist gefallen: Insidergeschäft; jene Trickserei, die in den USA zum Beispiel zu drastischen Gefängnisstrafen führt, in der Bundesrepublik jedoch (noch) straffrei ist. Es existiert lediglich eine Selbstverpflichtung, die Aufsichtsräte und leitende Mitarbeiter freiwillig unterschreiben sollten. Sie verpflichtet, die Kenntnis über interne Vorgänge nie im Börsengeschäft zu nutzen. Wer unterschreibt und trotzdem gegen die Regel verstößt, muß den Gewinn herausrücken.

Insidergeschäfte entstehen zum Beispiel dann, wenn Mitglieder des Vorstands oder des Aufsichtsrates davon erfahren, daß ihre Firma von einer anderen übernommen werden soll. Die bei den Banken angestellten Börsenhändler bekommen schnell mit, was gespielt wird; nicht zuletzt, weil sie es ja sind, die die entsprechenden Order abwickeln.

Die Insider nutzen den zu erwartenden Kurssprung dadurch, daß sie sich schnell, bevor von der Übernahme etwas an die Öffentlichkeit dringt, noch zu niedrigen Kursen mit den betreffenden Aktien eindecken.

Kritiker des deutschen Börsenwesens nennen dieses Vorgehen schlichtweg deshalb einen Betrug, weil die Insider vorgeben, eine Wette einzugehen (denn um anderes als um eine Wette handelt es sich bei Aktienspekulationen nicht), dabei aber genau wissen, was in Kürze geschehen wird. Sie übervorteilen ihren Konterpart, indem sie Wissen verwerten, an das andere nicht herankommen und das geheimzuhalten sie verpflichtet sind.

Der Sturz des Franz Steinkühler vom Sockel der Gewerkschaftsmacht resultierte aus solch einem Insidergeschäft. Steinkühler verdiente rund 160.000 Mark aus der vorzeitigen Nutzung seines Wissens über die Fusion von Daimler Benz AG und der Mercedes-Automobil Holding AG. Dabei handelte es sich bei den hier ins Feuer gehaltenen Volumina, 2.100 Aktien, um eher marginale Beträge.

Ein Blick auf die Umsätze vor dem Bekanntwerden der Daimler-/MAH-Fusion, an der Steinkühler mitverdient hat, zeigt Außergewöhnliches. Allein am 26. März 1993 wurden 370.000 Stück MAH-Aktien umgesetzt; üblich waren für das Papier 75.000 Stück pro Börsensitzung.

Die Daimlers waren schon einmal Mittelpunkt einer Insider-Affaire, deren Mitspieler bis auf den kleinsten Fisch nie ermittelt wurden. 1985 spekulierte Klaus Kuhn, damals Aufsichtsratsvorsitzender der AEG mit 700 Papieren seines maroden Hauses; kurz bevor die Übernahme durch die Daimler bekanntgegeben wurde. Seinen Gewinn von 16.000 Mark hat er später freiwillig zurückbezahlt.

Nie herausgekommen ist jedoch, wer die rund 572.000 anderen AEG-Aktien gehortet hatte, die am 2. Oktober an vier Börsenplätzen gekauft wurden. Oder wer hinter der Order von 170.871 Aktien in Frankfurt und von 176.539 in Düsseldorf stand, die am 9. Oktober über das Parkett ging; exakt einen Tag, nachdem Kuhn seine Aufsichtsratskollegen, darunter viele Top-Banker, von der Übernahme informiert und zu striktem Stillschweigen verdonnert hatte. Der davor übliche Umsatz mit AEG-Aktien pro Tag: 33.000 Stück.

Nicht geklärt auch die mysteriösen Geschäfte mit Aktien der Norderstedter Jean Pascal AG. Deren Werte stiegen am 10. August 1991 auf 650 Mark das Stück, am nächsten Tag auf 660 und am Tag darauf auf 680 Mark. Höchstkurs am 13 August: 730 Mark.

An diesem Tag gab die Firma Wünsche AG, Handel und Dienstleistungen, bekannt, sie wolle ein produzierendes Unternehmen erwerben, das sie so umschrieb, daß jeder Kenner der Szene wissen mußte, um wen es sich handelte. Das Untersuchungsverfahren wurde Ende Januar 1992 ergebnislos abgeschlossen.

Der ehemalige Vorstandsvorsitzende der Firma Berthold AG, Werner Brendel, kaufte die Aktien seines öfters mal ins Trudeln geratenden Unternehmens (Fotosatzgeräte) gerne dann, wenn diese im Tiefstkurs dümpelten, Besserung aber zunächst nur für ihn bereits erkennbar in Sicht war.

So 1989, als er die Papiere für 200 Mark erstand, als sein Unternehmen bereits Aufwind unter den Flügeln spürte. Die Erwartungen, Berthold käme wieder in die Gewinnzone, wurden jedoch durch die Golfkrise arg zerstört. Das gab er zwar erst im Frühjahr 1991 bekannt, als jeder außer ihm und anderen Leitenden noch hoffte, die Krise habe die Berthold AG verschont. Verkauft hatte Brendel jedoch seine Aktien bereits im Sommer 1991 zum Preis von 650 Mark das Stück. Die Insiderkomission der Berliner Börse erkannte Brendel für schuldig – jedoch ohne Konsequenzen für diesen. Er hatte die Insiderregel nämlich nie unterschrieben.

Bei der Übernahme der Klöckner AG 1988 durch die Deutsche Bank verloren vor allem die Kleinanleger 135 Millionen Mark, weil die Deutsche Bank die Genußscheine des nahezu zahlungsunfähigen Unternehmens kurzerhand für wertlos erklärte. Damit ging so manches sorgsam und über lange Zeit angesparte Klöckner-Depot zum Teufel.

Andere scherte das nicht. Zwei Tage vor Kursaussetzung hatten Insider an Klöckner-Genußscheinen verscherbelt, was sie nur in ihren Portefeuilles finden konnten; Werte in Gesamthöhe von 455 Millionen Mark gingen über den Tisch. Wer diese Papiere kaufte, mußte ebenfalls seinen gesamten Invest zwei Tage später abschreiben. Aufzuklären waren diese Machenschaften nie.

Als, ebenfalls 1988, die F + F Burda GmbH die Beteiligung an der Springer AG zurückgab, verkauften vorher Leute mit guten Nasen größte Kontingente Springer-Aktien. Der Verlust traf damals vor allem die Kleinanleger.

Einzelfälle? Das Ausmaß der Frankfurter Börsenaffäre läßt diesen Schluß sicher nicht zu. Die Pessimisten sehen sich von prominenter wissenschaftlicher Seite bestärkt: Professor Harro Otto, Strafrechtler an der Universität Bayreuth, meint nachweisen zu können, daß etwa bei der Hälfte aller von ihm untersuchten Fälle großvolumiger Aktientransaktionen Insidergeschäfte mit im Spiel waren.

Um eine ganz besondere Art von Insidergeschäften handelt es sich, wenn die Bank selber in ein Geschäft einsteigt, das ihr Kunde gerne mit ihrer Hilfe über die Bühne bringen möchte. Beobachter der Szene halten das für eine durchaus gängige Praxis; beweisen läßt sich nie etwas.

Derartige Geschäfte könnten so ablaufen, wie sie der Münchner Kaufmann Peter Schmid erlebt hat. Oder besser gesagt: wie sich der Fall in den ihn begleitenden Veröffentlichungen liest. Daher sei darauf hingewiesen, daß hier keinerlei Verschulden, von welcher Seite auch immer, konstruiert werden soll.

Es gab einmal, so beginnt die Geschichte von der Münchner Idylle, im Stadtteil Freimann ein wunderschönes, von den Münchnern sehr geliebtes Freibad – die Floriansmühle.

Alt und unansehnlich geworden, stand das Gelände 1989 zum Verkauf – fünf Millionen Mark waren gefordert. Peter Schmid, damals Feinkosthändler in München, wollte es kaufen und bat die Bayerische Hypotheken- und Wechselbank um einen entsprechenden Kredit.

Die schätzte (so erzählen es die Berichterstatter) das Areal, obwohl bestens gelegen, auf maximal 500.000 Mark und bot gerade mal 1,2 Millionen Mark Kredit aufgrund der persönlichen Bonität des Bewerbers.

Weitere Sicherheiten, etwa einen Eintrag ins Grundbuch, lehnte der zuständige Direktor ab. Der Grund: das Gelände sei im Landschafts- und Vogelschutzgebiet gelegen. Die Stadt München, so hieß es, lehne jeden Bebauungsplan ab. Auch eine landwirtschaftliche Nutzung sei nicht vorgesehen. Berichtete wenigstens der Hypobank-Direktor, den Schmid mit entsprechenden Recherchen beauftragt haben will. Wir folgen hier immer noch den Ausführungen der Berichterstatter.

Schmid wollte auch nicht bauen; auch die Zucht irgendwelcher Getreide- oder Gemüsesorten war nicht sein Ziel. Ihm war an einem Restaurationsbetrieb in der zu sanierenden Floriansmühle gelegen – sicher ein Gewinn für die Münchner Bürger, die gerne über den Englischen Garten hinaus in die Isarauen pilgern. Nun – Schmid kam nicht zum Zuge, dafür aber der Münchner Immobilienverwerter Christian Krawinkel; ein wirklich guter Kunde der Bayerischen Hypotheken- und Wechselbank. Der kaufte das Areal für 5,3 Millionen Mark und tat zunächst nichts dran. Denn in München vermehrt sich der Wert eines Grundstücks im Fluge.

So auch in diesem Fall. 1991 gab Krawinkel das Areal an die Bayerische Hypotheken- und Wechselbank weiter – für 11 Millionen Mark, wie Schmid meinte herausgefunden zu haben.

Jetzt geschah des Wunders zweiter Teil: Das angeblich unbebaubare, gerade mal eine halbe Million Mark wertlose Grundstück soll mit einem Tagungs- und Trainingszentrum der Bank bebaut werden. Einschließlich eines großen Sportareals. Ein entsprechender Antrag liegt dem Stadtparlament vor und scheint auf Gegenliebe zu stoßen. Nicht zuletzt, weil die Sportanlagen den Münchner Schulen zur Nutzung überlassen werden sollen. So geht das mit den Insidergeschäften, bei denen die Bank plötzlich zum Konkurrenten wird. Wenngleich hier nur das Prinzip geschildert werden sollte.

Kompetenz-Lücken. Oder: Wie Banker sich vertun und trotzdem einen Reibach machen.

Wer sind sie denn, diese Geld-Gurus, die sich im Recht glauben, wenn sie Häuslebauer ausnehmen, die zuerst falsch beraten wurden und dann aus der Misere nicht mehr herausfinden? Die Selbständigen und Kleinunternehmern bei schlechtem Wetter dieselben Regenschirme wegnehmen, die sie bei gutem Wetter so großzügig verteilt haben? Können die selbst mit Geld umgehen – eigenem wie geliehenem?

Da ist es angebracht, einmal die Prognosen der Finanzfürsten genauer unter die Lupe zu nehmen:

Im Mai 1992, als die bundesdeutsche Konjunktur gerade vor dem Sprung von der Klippe stand, sagte der Präsident des Deutschen Sparkassen- und Giroverbandes, Dr. Helmut Geiger, der wirtschaftlichen Entwicklung Deutschlands eher Gutes voraus. Die hohe Wachstumsrate im ersten Quartal 1992, eine ansteigende Auslandsnachfrage und der wieder wachsende private Verbrauch seien Grund genug für diesen Optimismus.

Tatsächlich hat sich das Wirtschaftsjahr 1992 lediglich als schlechtes Vorspiel zu einem miserablen 1993 erwiesen. Die Aussage ist entlarvend genug; nicht, weil der Prophet Geiger wieder einmal heftig danebengelangt hat. Sie entlarvt den Denkhorizont der bankprofessionellen Auguren. Sie blicken auf drei Monate Wirtschaftsentwicklung zurück und rechnen daraus auf das ganze nächste Jahr hoch.

Das funktioniert allerhöchstens dann, wenn die Wirtschaft sich entweder in einer lang anhaltenden Wachstums- oder Abschwungsphase befindet. Das engstirnige Denkmodell ist jedoch dann äußerst unangebracht, wenn sich die Wirtschaftsentwicklung an einem Wendepunkt befindet, der sich zudem durch tiefgreifende Umstrukturierungen auszeichnet.

Die Inkompetenz in der „großen“ setzt sich in der „kleinen“ Prognose fort; groteskerweise selbst dort, wo die Banken ihre eigene Kursgängigkeit auf dem Börsenparkett vorhersagen sollen. Da hatte im Januar 1993 die Deutsche Bank Research GmbH, Frankfurt, empfohlen, Aktien der Deutschen Bank, des Mutterunternehmens also, schnellstmöglich abzustoßen. Der Researcher-Tip hat einiges Gewicht. Er gelangt unverzüglich auf die Computerbildschirme aller Anlageberater der Deutschen Bank.

An sich eine bemerkenswerte Angelegenheit, wird den Anlagenberatern der Banken doch stets zum Vorwurf gemacht, sie favorisierten die hauseigenen Papiere – mitunter auch zum Nachteil der Kunden. Zum Beispiel dann, wenn notleidende Risiken, zum Beispiel Rußland-Kredite, mittels Fonds auf ahnungslose Anleger verteilt werden sollen. Nur kam es hier, daß selbst der Verkaufstip zum Nachteil der Kunden geriet: Binnen Wochen stieg der Kurs der Aktie von 630 auf 720 Mark. Peinlich.

Zudem eine Peinlichkeit mit Methode. Und die Finanzfachpresse macht sich einen Sport daraus, diese Peinlichkeiten immer wieder einmal zu dokumentieren.

August 1989: Die Zeitschrift impulse veröffentlicht einen Test über die Prognosegenauigkeit der Aktienberater von zwölf großen deutschen Banken: Dresdner, Deutsche, Commerz-, Bayerische Vereins-, BHF-, Berliner-, DG-, Bayerische Hypotheken- und Wechselbank sowie die Bank in Lichtenstein, Frankfurt, Dellbrück & Co, West-LB und das private Bankhaus Trinkaus + Burkhardt.

Gefragt wurde im Juli 1988 nach dem erwarteten Gewinn bestimmter Unternehmen, deren Aktien an den deutschen Börsen gehandelt wurden.

Ergebnis: verheerend. Denn selbst die best placierte Bank, die Dresdner, lag um 15,1 Prozent neben der Realität. Die schlechteste, die Bayerische Hypotheken- und Wechselbank, hatte gar mit 20 Prozent fehlprognostiziert.

Es gab groteske Patzer: So wurde im Juli 1988 der Nixdorf AG noch ein satter Gewinn zugerechnet – in Wirklichkeit war das Unternehmen damals bereits tief in der Verlustzone. Der Porsche AG, inzwischen – Sommer 1993 – eines der deutschen Traditionsunternehmen mit nur geringen Überlebenschancen, rechneten die Analysten des Privatbankhauses Dellbrück & Co. damals noch 50 Mark Gewinn pro Aktie gut; im Geschäftsbericht für 1988 sind jedoch nur 15 Mark ausgewiesen.

Das ist kein Anlaß zur Schadenfreude. Sondern ausschließlich der Beweis, daß bei den Finanzprofis auch nur mit Wasser gekocht wird. Denn was die Analysten vom Durchschnittsbürger unterscheidet ist lediglich, daß diese mehr Zeit dazu verwenden dürfen, die Geschäftsberichte und PR-Meldungen der Unternehmen zu studieren. Andere Quellen haben auch sie nicht; und vor allem die PR-Meldungen sind selbstverständlich geschönt bis hin zur Lüge.

Februar 1992: Finanztest veröffentlicht die Wertentwicklung von fünf Musterdepots, um deren Zusammenstellung die Redaktion jeweils die Top-Anlageberater der DG-Bank, der Commerzbank, der West-LB, der Westfalenbank und des Schweizerischen Bankvereins Deutschland gebeten hatten. Es handelte sich stets um die Chefs der entsprechenden Abteilungen; einer, Rüdiger Braun vom Schweizer Bankverein, nannte sich damals Senior Portfolio Manager.

Ergebnis: verheerend. Am besten fiel die Anlagestrategie der Commerzbank mit 6,8 Prozent plus aus; am schlechtsten die der Westfalenbank mit minus 0,3 Prozent. Erschwerend kommt hinzu, daß ein „Mister Index" genannter fiktiver Anlageberater, hätte er sich am Mittelwert der Aktienindizes Deutschlands, Europas und der Welt orientiert, einen Wertzuwachs von 8,5 Prozent eingefahren hätte.

Auch hier groteske Fehleinschätzungen: Günther Eismann, Chef der Abteilung Vermögensberatung und Wertpapier-Research bei der DG-Bank, Frankfurt, hielt zum Beispiel die Volkswagen-Aktie für ein gutes Invest. Weil, so der Profi unter anderem, der Kurs sich inzwischen halbiert habe und die Verlusterwartungen damit bereits vorweggenommen worden wären.

Nur machte Volkswagen nach der Prognose noch größere Verluste als vorweggenommen; und die Aktie befand sich für lange Zeit im freien Flug nach unten.

Januar 1993: das „manager magazin“ veröffentlicht unter der Überschrift „Geldvernichter“, was neun Depotverwalter mit jeweils 250.000 Mark Anfangseinlage angefangen haben.

Ergebnis: verheerend bis auf zwei Anlagestrategien. Die Bank in Liechtenstein, Sitz Frankfurt, erwirtschaftete einen Wertzuwachs von sage und schreibe 97,72 Prozent; die Graf Lambsdorff Vermögensverwaltung einen von 30,43 Prozent.

Am schlechtesten fiel mit minus 40,65 Prozent das Ergebnis des Depots bei der CRM Capital Research aus; bester der Minusmacher war mit 1,2 Prozent Verlust der Schweizerische Bankverein. Es folgten: Rabobank, minus 3,35 Prozent; West LB, minus 6,13; Bayerische Hypotheken- und Wechselbank, minus 8,81 Prozent; Vereins- und Westbank, minus 10 Prozent; Fuji Bank Deutschland, minus 13,71 Prozent.

Auch hier wieder groteske Fehlspekulationen; natürlich zulasten der Anleger: da gingen schon einmal 29.000 Mark bei einer Fehleinschätzung von Optionen der japanischen Gesellschaft Kyocera den Bach hinunter oder 19.000 Mark bei einem Invest in die US-Aktien Inclone.

Allein um 17.000 Mark wurde das Vermögen des Verlages erleichtert (die Depotverwalter spielten mit echtem Geld!), als der Spekulant der CRM auf die amerikanische Aktie Diagnostic setzte.

Im Rahmen der Recherchen kam zusätzlich heraus, wie die Depot-Manager der Banken mit ihren Kunden umgehen. Da mußte der Rentner Wilfried Schubicki, der seinen sicher beneidenswerten Ruhestand in Florida genießt, miterleben, wie sein Depot bei der M. M. Warburg

Bank, Hamburg, von 1,4 Millionen Mark auf 1,1 Millionen Mark zusammenschrumpfte.

Wie es der Zufall und Transparentus, der Schutzheilige des deutschen Bankgeheimnisses, es wollten, schickte ihm die Bank mit der letzten Abrechnung nicht nur eine Verlustzuweisung von 185.718 Mark ins Haus, sondern auch den Depotauszug eines anderen Kunden, der im gleichen Zeitraum ein Plus von 5,88 Prozent verbuchen konnte.

Jetzt fragt sich der Textilkaufmann aus dem fernen Florida natürlich, wieso bei ihm ein derart extrem schlechteres Ergebnis auftauchen konnte als bei seinem Kunden-Kollegen. Wird da mit zwei Ellen spekuliert? Und wieso rechtfertigte die Bank die so unterschiedlichen Ergebnisse mit der gleichen Marktanalyse? Die Bank Warburg schweigt dazu.

Ein anderer Fall von Vermögensvernichtung ist noch dreister: Hans-Günther Pawlak, so vertraute sich der Rentner dem „manager magazin“ an, sei auf die Versprechungen des Chef-Börsenhändlers der Frankfurter Volksbank hereingefallen. Der habe ihm eine ganz spezielle Vermögensverwaltung angeboten, die wirklich satte Gewinne ergebe – allerdings nur, wenn der Banker zu einem Drittel an allen Gewinnen über zehn Prozent beteiligt würde.

Ergebnis: verheerend. Aus 140.000 im Jahre 1991 zur Verfügung gestellten Mark, so berichtet das „manager magazin“, wurden binnen zweier Jahre 48.000 Mark – abzüglich 18.000 Mark Bankprovisionen und 5.000 Mark für die Überziehung des Girokontos. Letzteres, ohne daß der Bankberater dazu ermächtigt worden wäre, auf Kredit zu spekulieren.

Dem Anlageberater wurde gekündigt; trotzdem will sich die Volksbank Frankfurt keinerlei Regreßpflicht verpassen lassen. Das alles sei, so die Bank, doch ein Privatgeschäft zwischen den beiden gewesen – und das innerhalb der Schalterräume des Unternehmens.

Jetzt stellt sich ganz selbstverständlich die Frage, wie ein Bankkunde unterscheiden kann, was nun privates Interesse eines Mitarbeiters in den Geschäftsräumen ist und was dienstliches.

Dieselbe Bank hat noch ein weiteres, fast identisches Prozeßrisiko im Feuer. Der Anlageberater verjuxte ab 1989 rund 40.000 ihm zur Verfügung gestellte Mark und überzog das Konto eines Kunden zugleich um 55.000 Mark – wiederum ohne Genehmigung. Jetzt soll der Kunde das Konto ausgleichen und sein Gespartes in den Mond schreiben.

Ein Anlageberater der Düsseldorfer Niederlassung der BFG-Bank Düsseldorf, ermittelte der Spiegel im Spätsommer 1993, verspielte einer Rentnerin von Oktober 1991 bis Juli 1992 allein 66.513 Mark an Gebühren – aus wilden Spekulationen mit nicht mehr als 3.000 Mark Spielgeld. Zusammen mit den Spekulationsverlusten räumte der Banker ein Wertpapierdepot von 190.000 Mark fast vollständig aus.

Aus knapp 10.000 Mark, die eine Sekretärin dem Berater überließ, sog dieser binnen kurzem 4,5 Millionen Mark Umsatz und rund 54.000 Mark Provisionseinnahmen.

Einer anderen Kundin knöpfte er fast 150.000 Mark an Gebühren ab – bei einem Einsatz von wenig mehr als 9.000 Mark.

Fehler und Abkochereien en masse – und dafür wollen die Banker auch noch Gebühren haben!? Würden alle ihre Kunden so arbeiten, müßten die Bank-Bosse bald am eigenen Leib erleben, wie das ist, wenn ihnen die Hütte – hier: die Glaspaläste – unterm Hintern wegversteigert werden.

Das kann schneller kommen, als die Bank-Oberen das jetzt noch erwarten. Denn abgesehen von der Kreativität beim Erfinden neuer Gebühren; beim Erfinden immer neuer Begründungen für arg niedrige Haben- und unverhältnismäßig hohe Sollzinsen; auch abgesehen von der schier unerschöpflichen juristischen Potenz bei der Durchsetzung eigener Interessen; auch abgesehen von der bis zur Perfektion getriebenen Fertigkeit, die Interessen der Kunden zu verdrängen – abgesehen von diesen Petitessen ist den Banken nicht viel eingefallen, wenn es darum ging, das eigene Geschäftsrisiko zu minimieren.

Das Kerngeschäft, hier sei erneut auf das Lamento des Deutschbank-Vorstandes Cartellieri hingewiesen, gibt so wenig her, daß die Banken bald die Stahlindustrie der künftigen Jahre, also subventionsabhängig, seien.

Ein Blick auf die Deutsche Bank und ihre wichtigsten Beteiligungen reicht aus, um den Bankkunden das Fürchten zu lehren. Denn das, was sich da an Risiken abzeichnet, wird er früher oder später finanzieren müssen.

Daimler Benz: Die Deutsche Bank hält 30 Prozent des Aktienkapitals; wie hoch der Konzern zudem bei der Bank verschuldet ist, läßt sich nicht feststellen. Wenn Daimler tatsächlich zum Sanierungsfall werden sollte, und der Einbruch der Automobilindustrie sowie die dramatische Verschlechterung im Geschäft mit den Rüstungsgütern macht das wahrscheinlich, dann ist auch die Deutsche Bank in die Pflicht genommen.

Die Klöckner-Gruppe: Nach deren Desaster hatte sich die Bank einen Teil des ehemaligen Imperiums gegriffen; den Mischkonzern KHD, den sie jetzt, mit immerhin 40 Prozent Anteil, beherrscht. Der Konzern hat jedoch, wissen Insider, kaum langfristige Überlebenschancen. Er hängt am Finanztropf der Mutter, die ihm in der Weiterführung der Geschäfte jedoch auch nicht helfen kann.

Maho AG: Deutschlands einst erfolgreichstes Maschinenbauunternehmen deutscher Provenienz dümpelt gerade noch unter der Rubrik „ferner liefen" vor sich her. Die Fusion mit der schon lange maroden Deckel AG wird aller Voraussicht nach auch nichts Sinnvolles bringen; bis auf ein paar Schlagworte, die nicht mehr sind als eine Umschreibung des Begriffes „Synergie". Wenn der Konkursrichter die Fahne aufstecken sollte, hat die Bank nicht nur eine Menge Kredite abzuschreiben, sondern auch ihre Anteile auf den Wert Null zu berichtigen.

An der Maho AG läßt sich auch zeigen, wie Banken oftmals zu ihren Beteiligungen kommen: Um nicht ihre Kredite bei Konkursen sofort abschreiben zu müssen, übernehmen die Banken lieber Anteile an der kranken Firma – und holen sich so den Virus ins Haus.

Denn sie müssen damit rechnen, daß ihnen die anstehende Sanierung mißlingt; schließlich haben die Herren über den Mammon meist nichts weiter gelernt, als auf die Verzinsung ausgeliehener Gelder zu achten. Von den Märkten, in denen die Zwangstöchter agierten, verstehen sie zunächst einmal gar nichts.

Eine Art Zwangsübernahme ist auch die Beteiligung der BHF-Bank an der Lehndorff-Gruppe, einem einstmals hoch angesehenen Konglomerat aus Firmen, die sich des Sammelns grauer Kapitalien befleißigten. Darunter verstehen Finanzspezialisten Gelder, welche die Anleger, aus welchem Grund auch immer, lieber nicht in den Tresoren der Banken sehen möchten.

Der Lehndorff-Gruppe geht es seit längerem nicht mehr gut. Im Feuer stehen (Sommer 1993) geschätzt drei Milliarden Mark. Darunter allein 370 Millionen Mark, die aus einer Kooperation von BHF-Bank und Lehndorff stammen. Es handelt sich um Geld, das in drei Deutschland-Fonds angelegt wurde. Nachdem immer mehr Anleger aufgrund der Turbulenzen um Lehndorff nervös geworden sind, haben sich die BHF-Manager bei einer Gesellschaft eingekauft, die ihrerseits die noch existenten Reste der Lehndorff-Gruppe kontrolliert.

Wahrscheinlich können die Banker gar nicht anders, als besonders bei großen Unternehmen, denen sie sich als Kreditgeber verbinden, in die Falle zu tappen. Ihnen fehlt der Einblick in die tatsächliche Geschäftslage der Firmen. Was bei einem Ratenkredit über 5.000 Mark noch recht einfach ist, nämlich Ausgaben und Einnahmen des Bittstellers zu überprüfen und nachzuschauen, ob dieser nicht irgendwo anders noch ein paar Mark Schulden hat – das funktioniert bei den großen Firmen nicht.

Bereits im Frühjahr 1990 hatte Professor Dr. Claus Meyer in einem Buch mit dem Titel „Kunden-Bilanz-Analyse der Kreditinstitute“ herausgestellt, daß hier keineswegs klare und vergleichbare Analysetechniken angewandt werden.

Was Meyer so darlegt, läßt vielmehr auf Raten im Kaffeesatz schließen; wenngleich der Kaffesatz aus einem für die Analysten wohl unüberschaubaren Zahlenwust besteht. Wer die Unbeweglichkeit der Banken kennt (vor allem die Unbeweglichkeit der Computerprogramme), der kann sich vorstellen, daß sich da in jüngster Zeit nicht sehr viel verändert hat.

Und wenn doch: Die Leichen, die jetzt, mitten in der Rezession, zu stinken anfangen, die wurden in einer Zeit gebunkert, als sie noch sehr lebendig erschienen. Und da waren die Analyse-Richtlinien, die Meyer beschreibt, noch vollständig in Kraft.

Professor Meyer belegte die sehr unterschiedliche Analyse-Kompetenz der Banken anhand der Bewertung der Wella AG. Womit um Himmels Willen hier nicht behauptet werden soll, die Wella AG sei eine Leiche. Sie möge uns noch lange erhalten bleiben.

Aus Geschäftsberichten der Jahre 1986 und 1988 errechneten die Banken zum Beispiel ein extrem differierendes Betriebsergebnis: 9,8 Prozent die Deutsche Bank; 3,1 Prozent die Commerzbank und 2 Prozent die Dresdner Bank. Die Sparkassen kamen zu einem Verlust von 5,3 Prozent. Und das, wohlweislich, unter Zugrundelegung derselben Zahlen aus dem Geschäftsbericht.

Zweites Beispiel: Der Brutto-Cash-Flow. Darunter versteht der Finanzer – sehr, sehr pauschal ausgedrückt – das, was das Unternehmen so als Mittel kurzfristig zur Verfügung hat. Er wird gerne in Prozent des Umsatzes angegeben. Daraus läßt sich unter anderem ableiten, wie leicht sich das Unternehmen bei der Finanzierung von Investitionen tut.

Die Analysten der Deutschen Bank kommen auf einen Wert von 12,8; die der Dresdner Bank auf 10 und die der

Commerzbank auf 13,3 Prozent. Die Sparkassen sagen beim Brutto-Cash-Flow: niente.

Wieso diese Unterschiede auftauchen, soll hier nicht Teil der Überlegungen sein. Es sei nur darauf hingewiesen, daß zum Beispiel Abschreibungen und Zinsbelastungen unterschiedlich berücksichtigt werden; und daß keine einheitliche Technik bei der Bestimmung der betrieblichen Erträge vorherrscht. Zumindest nicht im Jahr der Arbeiten für das Buch des Professor Meyer.

Was bedeutet das für das Unternehmen, für die Bank und für deren Kunden? Tatsache ist, daß die Kredite um so billiger sind, je besser die Bonität eines Kunden ausfällt. Wer also gute Kennzahlen vorweisen kann, der braucht weniger Zinsen zu bezahlen und kommt damit zu besseren Betriebsergebnissen, die wiederum die Bonität weiter steigern.

Für die Bank bedeutet eine gute Bonität, daß sie dem Kunden leichten Herzens mehr Geld herausgeben kann, als sie es bei einem Wackelkandidaten tun würde; und das zudem preiswert. Sie will den guten Kunden ja halten.

Für den Bankkunden bedeutet das, daß er, wenn sich der gute Kunde in einen Sanierungsfall verwandelt hat, miterleben darf, wie sich die Bank bei ihm schadlos hält. Denn das ist gern geübte Praxis der Bankmanager: Ein krankes Großunternehmen läßt man nicht am ausgestreckten Arm verhungern. Man vergleicht sich – und schreibt schnell mal ein paar hundert Millionen ab. Die müssen dann aber anderswo wieder hereingeholt werden.

Besonders peinlich wird diese unergründliche Technik der Kennzahlen-Rätselei, wenn die Firmen unters

Fußvolk geschickt werden. Wenn also zum Beispiel ein Familienunternehmen in eine Aktiengesellschaft umgewandelt wird.

Dann etabliert sich die Hausbank gern als Kopf eines Bankenkonsortiums, das die Aktien einführt. Für die beteiligten Banken heißt das zunächst einmal: viel Geld locker machen. Denn sie müssen zuerst die Aktien übernehmen und dafür sorgen, daß diese dann reibungslos unter die Spekulanten und Anleger gebracht werden.

Bisher ist dieses Verfahren überwiegend mit gutem Erfolg ausgegangen; junge Aktien wurden stets weit über dem Nominalwert verkauft. Das bedeutet, daß die Bank aufgrund bestimmter Bewertungstechniken (die jetzt wohl auch in Zweifel gezogen werden müssen), einen Preis weit über dem Nennwert von meist 50 Mark festgesetzt hat.

Am Emissionsgewinn verdienen natürlich jene ganz schönes Geld, die ihr Unternehmen verkaufen, also die Vor-Eigner. Und die Konsortialbanken, die sich die Mühe gemacht haben, die Papiere zu plazieren.

Dafür sind sie dann aber auch mit in der Haftung. Das heißt: wenn ihre Berechnungen über die Ertragslage des Unternehmens nicht stimmen und sie den Fehler begangen haben, die falschen Werte auch im Emissionsprospekt niederzuschreiben, müssen sie im Prinzip für den Verlust der Aktionäre geradestehen.

Natürlich wissen die Banken das zu vermeiden. Denn wie durch Wunder schütten die jungen Aktiengesellschaften in den ersten Jahren auch brav Dividenden aus, selbst wenn sie dafür ein paar Bilanztricks anwenden müssen. Einer dieser Tricks ist so verboten wie nicht nachweisbar: Ein Teil des Emissionsgewinns landet auf einem Festgeldkonto und wird für die ersten Dividendenzahlungen herangezogen.

So kommt es, daß die Banken zwar nicht gerade Leichen zu verantworten haben, die nach dem Börsengang den „sudden death" gestorben sind; dafür aber viele Invaliden, die mehr schlecht als recht dahinkrebsen, und bei denen man sich des Eindrucks nicht erwehren kann, daß da einer kurz vor Offenlegung des Desasters noch einmal schnell und heftig Geld machen wollte.

Die Deutsche Bank blickt da auf eine interessante Karriere zurück: Asko, Puma, Escada, Villeroy & Boch, Gold-Zack, Volksfürsorge ...

Bei einer Emission ist die Deutsche Bank aber doch in den Strudel des „sudden death" geraten: bei der Sachsenmilch AG, die im Sommer 1993 Konkurs anmelden mußte. Die Schutzgemeinschaft der Kleinaktionäre hat Strafanzeige unter anderem wegen Prospektbetrugs gestellt. Sie forderte die Deutsche Bank auf, die Papiere zum Ausgabepreis zurückzunehmen. Den Verlust in „bescheidenen Millionenbeträgen" könne die Bank wohl leicht verkraften. Inzwischen, September 1993, zeigt sich die Deutsche Bank bereit, die Aktien zurückzukaufen. Etwa 40 Millionen Mark wird diese Goodwill-Tour kosten.

Ob die Commerzbank in einem ähnlichen Fall als Verlierer oder Gewinner angesehen werden muß, steht noch nicht fest. Sie brachte 1989 die Hako AG an die Börse, einen Groß- und Einzelhändler für Unterhaltungselektronik und Fotoausrüstungen.

Hako-Aktien kosteten zu Beginn der Plazierung das Zehnfache des Nominalpreises: 500 Mark. Kurz darauf ging das Unternehmen den Bach hinunter – Managementfehler, heißt es. Das Desaster war so groß, daß im Sommer 1992 sämtliche Kapitalrücklagen sowie zwei Drittel des Grundkapitals verzockt waren.

Das Unternehmen war nur zu retten, indem die Commerzbank und 13 andere Banken auf insgesamt 40 Millionen Mark Forderungen verzichteten. Die Commerzbank sicherte sich darüber hinaus eine Option auf die Aktienmehrheit. Die nahm sie auch kurz darauf wahr, indem sie dem Großaktionär und Vorstandsvorsitzenden Hans Kompernaß alle Aktien abkaufte – 342.000 Stück zum symbolischen Preis von einer Mark. Nicht pro Stück, sondern im Ganzen. Für einen Bestand, der einstmals 200 Milionen Mark wert gewesen ist.

Für den naiven Betrachter war demnach die Commerzbank dabei, als mindestens 240 Millionen Mark an Vermögenswerten vernichtet wurden: 200 Millionen Mark Vermögen des Hans Kompernaß und 40 Millionen Mark Kreditforderungen. Plus ein paar Millionen im zweistelligen Bereich aus dem Portemonnaie der Kleinaktionäre.

Ein strenges Gerüchlein bleibt zudem: Die wirklich unfreundliche Übernahme der Aktienmehrheit und der Geschäftsführung geschah Ende des Jahres 1992. Im Januar stiegen die Aktien beträchtlich; es ging das Gerücht, die Handelskette Metro wolle sich einkaufen. Hat da wer wen gelinkt?

Eine ganz besondere Art von durch übermäßige Kreditvergabe erzwungener Übernahme hatte die Deutsche Bank 1992 auszubaden. Da kam der Antiquitätenhändler Klaus Thies in Schwierigkeiten; worauf die Deutsche

Bank so ziemlich alles aus dessen Lager holte, was wertvoll war. Unter anderem eine Reiseschreibmaschine, die, aber das ist eine andere Geschichte, nur zur Kommission auslag; also dem Klaus Thies gar nicht gehörte und daher auch nicht beschlagnahmt werden durfte.

Bei dem alten Schreibeschätzchen handelte es sich um ein ganz besonderes Gestell. Auf ihr, so der Auktionator später, habe Adolf Hitler „Mein Kampf" verfaßt. Daher wohl sollte der Anbieter auch streng geheim bleiben; was natürlich dem „Spiegel" zu Ohren kam. Jetzt ist die Sache den Bankern peinlich. Nicht nur, weil die Schreibmaschine bei der Auktion nichts brachte. Auch nicht, weil die Maschine später zu einem wahren Spottpreis, 53.000 Mark, unter der Hand an einen Texaner ging. Auch nicht, weil inzwischen Sachverständige zu der Ansicht gekommen sind, es könne sich gar nicht um Hitlers Schreibmaschine gehandelt haben; speziell nicht um die, die für „Mein Kampf" verwendet wurde. Und nicht ganz klar ist, ob die Deutsche Bank von diesen Expertisen nicht doch etwas gewußt hat.

Peinlich ist der Deutschen Bank der Deal vor allem darum, weil damit wieder einmal die braune Vergangenheit des Instituts in Erinnerung kommt. Damals hatte die Bank, wie stets im Einvernehmen mit Recht und Ordnung, an der Arisierung jüdischen Eigentums und an den Raubzügen in den besetzten Ländern gutes Geld verdient.

Aber das ist eine andere Geschichte.

Absender:

____
Name

____
Vorname

____
Straße

____
PLZ, Ort

Damit wir Sie regelmäßig mit Informationen versorgen können, erlauben wir uns, Ihre Angaben elektronisch zu speichern.

Postkarte

An den
WIRTSCHAFTSVERLAG
CARL UEBERREUTER
z.H. Frau Susanne Posch

Alser Straße 24
A-1091 Wien

Liebe Leserin, lieber Leser,

Der **Wirtschaftsverlag Carl Ueberreuter** informiert Sie gerne regelmäßig über seine Neuerscheinungen. Bitte kreuzen Sie Ihre Interessensgebiete an und senden Sie diese Karte an uns zurück.

- ☐ **Persönliche Entwicklung, Aufstiegshilfen**
- ☐ **Management und Unternehmensberatung**
- ☐ **Marketing, Werbung, Verkauf**
- ☐ **Rechnungswesen, Finanzen, Steuern**
- ☐ **Personalmanagement**

Arm, reich, beides oder was?

Oder:

Warum die Banken ihren Kunden ans Eingemachte gehen müssen.

Warum, so stellt sich der erzürnte Beobachter die Frage, stellen die Banker nur alles in ihrer Macht Stehende an, um an das Eingemachte ihrer Kunden zu kommen? Warum wehren sie sich zuzugeben, irgendwo einmal, der Ausdruck sei in diesem feinen Umfeld doch erlaubt, Mist gebaut zu haben?

Wenn mal etwas ruchbar wird, wie bei den Abschöpfaktionen der Düsseldorfer BfG, wo unbedarfte Frauen für die Turbo-Spekulationen eines Anlageberaters bis zum Fünfzehnfachen ihres Einsatzes allein an Gebühren verlieren – wenn also wirklich einmal etwas ruchbar wird, dann mobilisieren die Top-Manager lieber ihre Juristen, als Bereitschaft zum Schadensausgleich zu signalisieren. Und natürlich bleibt der so wertvolle Mitarbeiter dem Unternehmen erhalten; wenn auch nicht in derselben Zweigstelle, so doch in der Geschäftsstelle ein paar Kilometer weiter. Am Düsseldorfer Hauptbahnhof etwa, wo sich die Zocker der Stadt gerne treffen.

Es wird den Leser vielleicht verwundern, wenn die BfG-Oberen noch immer darauf bestehen, das „G“ im Firmenzeichen bedeute „Gemeinwirtschaft“; wo Insider doch schon längst das „G“ als „Gemeine Wirtschaft“ uminterpretiert haben.

Besser wäre wohl „Sauwirtschaft“, denn allein 1992 hat die Bank satte 1,1 Milliarden Mark Verlust gemacht. Aus faulen Krediten mit Ländern vor allem, die früher als Schuldner erster Güte eingeschätzt wurden, das heute aber nicht mehr sind: die GUS, Gemeinschaft Unabhängiger Staaten zum Beispiel, Polen, Ungarn oder auch Brasilien. Was die These bestätigt, daß die Banker, wenn nur ausreichend hohe Gewinne winken, verbrämt mit staatsmännischem Flair, ihre Vorsicht spätestens beim Wodka-Umtrunk vergessen.

1,1 Milliarden Mark – das ist mehr als die Hälfte dessen, was die Bank im Jahr dieses Rekordverlustes überhaupt wert war; 1992 wurde der Substanzwert auf 2,1 Milliarden Mark geschätzt.

Bereits in den Jahren zuvor hatte die BfG geschätzte drei Milliarden Mark an geplatzten Kreditengagements wegstecken müssen – kommen also, mit dem ‘92er Desaster, rund 3 Milliarden Mark Miese zusammen – das müssen die Kunden erst einmal wieder hereinbringen. Übrigens auch die Mitarbeiter der Gemeinwirtschaftsbank: Etwa 2.000 werden bis 1995 ihren Arbeitsplatz aufgrund von Umstrukturierungsmaßnahmen verloren haben; die für Umorganisation und Sozialplan vorgesehenen Kosten machten allein im Geschäftsbericht 1992 rund 100 Millionen Mark aus; natürlich als Verlust ausgewiesen und ebenfalls früher oder später von den Kunden zu finanzieren.

Weitere 100 Millionen Mark erwartet die BfG laut Geschäftsbericht 1992 aus Verlusten, die ihr aus wackeligen Inlandskrediten entstehen könnten, und sie stellte diese Summe zunächst einmal in die Risikovorsorge. Als Verlust natürlich, der auch wieder hereingearbeitet werden muß. Von wem? Von den Anlegern und den Kreditnehmern selbstverständlich.

Wer die Misere der BFG verstehen will, muß wissen, daß sich deren Geschäfte nie so besonders gut entwickelt hatten. Vor allem das Desaster der Neuen Heimat, die der Gewerkschafts-Funktionär Albert Vietor zusammen mit anderen Genossen unter die Erde gebracht hat, kostete die Bank viel Geld und Reputation.

Als dann die Geschäfte so schlecht gingen, daß die Eigner-Gesellschaft, die BGAG Beteiligungsgesellschaft für Gemeinwirtschaft AG, Frankfurt, selbst angeschlagen und mit dem Coop-Skandal erneut belastet, das Risiko nicht mehr allein tragen wollte, da verkaufte sie Teile des Unternehmens flugs an eine Gesellschaft namens AMB Aachener und Münchener Beteiligungsgesellschaft AG, Aachen. Dort tummeln sich illustre Finanzunternehmen, wie Allianz Lebensversicherungs AG, die Dresdner Bank und der französische Versicherungskonzern AGF als Teilhaber.

Die AMB selbst hält nennenswerte Anteile an der Aachener Rückversicherung, der Aachener-Münchner Lebens- sowie Sachversicherung, der Volksfürsorge (die wiederum Anteile der Rechtsschutzversicherung Advocard hält), der Central Krankenversicherung und der Thuringia.

Und eben die BfG. Als die Bank dann aber statt Gewinnen nichts als Verluste produzierte, mußte schnell ein starker Arm gefunden werden, der in der Lage war, das Risiko aufzufangen – andernfalls wäre wohl auch die AMB über kurz oder lang sanierungsreif gewesen. Nach einem unglaublichen Hickhack, in dessen Verlauf der damalige Vorstandsvorsitzende Helmut Gies es seinen Investoren zumuten wollte, zwar ihr gutes Geld für die Rettung des Finanzkonglomerats herzugeben, dafür aber von jedem Stimmrecht ausgeschlossen zu werden, übernahm die französische Bank Crédit Lyonnais schließlich 50 Prozent der Anteile plus einer Aktie.

Das ganze Gezerre um Mehrheiten, Macht und persönliche Eitelkeiten könnte dem Kunden der Bank für Gemeinwirtschaft ja herzlich gleichgültig sein – wäre da nicht der Effekt eingetreten, daß die BfG-Obersten sich offensichtlich so in ihre Händel verwickelt hatten, daß sie ihren eigentlichen Pflichten nicht mehr so richtig nachkommen konnten. Im März 1993 erklärte der Vorsitzende des BfG-Vorstandes, Dr. Paul Wienand, vor der Presse, das Bankgeschäft sei durch die „Diskussionen und Spekulationen über die Veränderungen des Aktionärskreises ... zeitweise erheblich erschwert" worden.

Wenn ein Banker im Rahmen einer Pressekonferenz so etwas erklärt, bedeutet das nicht nur eine Ohrfeige für die dafür Verantwortlichen oder den Versuch, den Blick von internen Fehlentwicklungen in eine ganz andere, spektakuläre Richtung zu lenken. Das bedeutet vor allem wohl auch, daß hier eine Verteidigungslinie für weitere Hiobsbotschaften über die Geschäftsentwicklung aufgebaut wird.

Vorerst jedoch ist die BfG gerettet; unter anderem dank einer kräftigen Kapitalspritze in Höhe von 1,2 Milliarden Mark. Die wird die Crédit Lyonnais jedoch früher oder später zurückhaben wollen. Wir werden sehen, welche Maßnahmen sie dabei einsetzen wird. Eine davon hatte sie bereits Anfang 1993 in die Wege geleitet: Es wird nicht mehr so leicht Kredite geben. Wie die Bank hingegen mit ihren wackeligen Forderungen umgeht, werden wir in Kürze erleben.

Auch die Commerzbank hat mit Risiken aus Krediten an die Länder des ehemaligen Comecon und an südamerikanische Staaten zu kämpfen. Daher sah sich das Management gezwungen, eine außerordentlich vorsichtige Risikostrategie zu betreiben: Bereits 1990 wurden rund 1,2 Milliarden Mark in die Risikovorsoge übernommen; 1991 rund 1,1 und 1992 sogar 2,1 Milliarden Mark. Das bedeutet: Das Geld muß so lange als vernichtet betrachtet werden, bis nicht doch noch einer der Schuldner wie durch einen Zufall Bares herausreicht.

Müssen die hohen Verluste aus dem Geschäft mit den Ostblockstaaten (alle deutschen Großbanken haben sich hier nicht gerade mit Ruhm bekleckert), noch als mismanagement as usual angesehen werden, signalisiert der Sprung auf 2,1 Milliarden Mark Risikovorsorge 1992 ein weiteres Problem der Commerzbank: Offensichtlich haben die Verantwortlichen sich ihre Partner in Europa und Übersee nicht gut genug angeschaut.

Allein das Engagement bei zwei ausländischen Unternehmungen, der Hafnia Holding in Dänemark und der Olympia & York in Kanada werden die Commerzbank wohl eine Milliarde Mark kosten.

Die Verluste bei der Olympia & York stammen aus der Fehleinschätzung des Immobilienmarktes in Kanada und aus der allzu großkotzigen Sanierung der Londoner Hafenviertel; bei der Hafnia handelte es sich um eine Dachgesellschaft großer dänischer Versicherungsgesellschaften, die im Mai 1993 mit zuletzt 2,4 Milliarden Mark Verlust in Konkurs gegangen ist. Die Commerzbank rechnet damit, dieses Abenteuer mit mindestens 200 Millionen Mark Verlust abschließen zu müssen.

Damit hat die drittgrößte deutsche Bank in den letzten drei Jahren viereinhalb Milliarden Deutsche Mark vernichtet – und fährt trotzdem noch Gewinne ein: allein 651 Millionen Mark im ersten Quartal 1993. Allerdings hat das Geschäft mit den Krediten da kaum etwas beigetragen; dagegen die Gewinne aus dem Handel mit Wertpapieren sehr viel. Wer weiß, wie solche Gewinne zustandekommen können (siehe BfG-Bank Düsseldorf), der mag diese Zahlen ganz nach seiner Phantasie einschätzen. Und welchen Versuchungen die Manager ausgesetzt sein werden, wenn auf den Börsenplätzen der Welt erst einmal eine Flaute eintritt (und die kommt spätestens, wenn das jetzt vagabundierende Geld für Investitionen in Maschinen gebraucht wird), mag man sich so recht gar nicht ausmalen.

Selbst Gewinne in der Höhe wie aus dem Geschäftsjahr 1992 dürften den Commerzbank-Managern aber nicht ausreichen, ihr Unternehmen zu sanieren. Sie verfügen über zuwenig Eigenkapital, um, bleibt es dabei, ihren Geschäftsbetrieb weiterführen zu können. Die 1992 erreichten Quoten kamen nur knapp an die gesetzlich vorgeschriebenen Mindestwerte heran. Das ist um so gefährlicher, als das Management, um Verluste abdecken und Gewinne ausweisen zu können, kontinuierlich ins Eingemachte gegriffen hat: durch bilanztechnische Tricks wie das Umschichten festverzinslicher Anleihen aus dem Handelsbestand in das Anlagevermögen (erbrachte höhere Bewertungsmöglichkeiten); der Verkauf einer spanischen Bankbeteiligung an die eigene Tochtergesellschaft in Luxemburg (brachte „außerordentliche“ Erträge, die die Gewinnrechnung schönten) und der Verkauf von Industriebeteiligungen, die insgesamt etwa 400 Millionen Mark in die ausgedörrten Kassen spülten.

Viel ist jetzt nicht mehr zu versilbern, und mit neuen Aktien, die das Problem lösen könnten, mochte die Bank zumindest bis Herbst 1993 nicht aufwarten – das hätte zu wenig gebracht. Bleibt nur die Forcierung der Gewinne – auf Biegen oder Brechen.

Dritter im Bunde der Angeschlagenen: die DG Bank Frankfurt, ausgeschrieben Deutsche Genossenschaftsbank. Sie gehört über die genossenschaftlichen Zentralbanken den vielen kleinen Volks- und Raiffeisenbanken.

Als solche wäre sie eigentlich prädisponiert für eine stockkonservative Geschäftspolitik. Aber: weit gefehlt. Die DG-Bank zeichnet sich durch eine besonders hohe Skandalträchtigkeit aus. Und es sind Skandale dabei, die eine Vielzahl kleiner Investoren und Häuslebauer das Genick gekostet haben.

Erinnern wir uns der bewegten Wintermonate des Jahres 1985, als die Bayerische Raiffeisenzentralbank BRZ (eine jener Raiffeisen-Finanzburgen, die an der DG Bank beteiligt waren) plötzlich zahlungsunfähig wurde. Es soll hier nicht darum gehen, ob es sich bei der Übernahme um einen großangelegten Bluff handelte, bei dem eine im Kern gesunde Bank liquidiert wurde, um an deren Tafelsilber heranzukommen.

Interessant ist vielmehr, wie mit dem Tafelsilber umgesprungen wurde; sprich: mit den Häuslebauern, die auf die Seriosität der Bank und der mit ihnen verbundenen Bauträger gesetzt hatten und nun mitansehen mußten, wie ihre mühsam erworbenen Vermögenswerte unter den Hammer kamen. Bedient hat sich die neue DG Bank München dabei einer Reihe von Immobilienhaien, die die notleidenden Risiken eins nach dem anderen in die Zwangsvollstreckung getrieben haben.

Nicht wenige Handwerker, die plötzlich auf ihren Forderungen sitzengeblieben waren, hatten schwer zu kämpfen, ihre wirtschaftliche Existenz zu retten. Manche waren so vertrauensblind, daß sie nicht nur großvolumige Bauaufträge vorfinanzierten, sondern sich auch gleich in die Zahl der Investoren für eines der vielen unsäglichen Bauherren-Projekte einreihten – der sicherste Weg zum Konkursrichter.

Nie so richtig untersucht wurde die Rolle, welche die DG Bank bei den Geschäften des schweizerischen Finanz- und Firmenjongleurs Tito Tettamanti gespielt hat. Tettamanti machte bis in die frühen 90er Jahre Schlagzeilen, weil er mit Vorliebe marode Firmen aufkaufte, deren Reserven verflüssigte und mit den Gewinnen daraus neue gleichartige Geschäfte ankurbelte.

Tettamanti und seine Kumpane waren auch Meister in der Disziplin, niedrig bewertete Aktien kleiner Firmen in einer Art und Weise aufzukaufen, daß deren Kurs steil nach oben stieg. Sprang das Publikum auf den Zug auf, machte Tettamanti schnell Kasse, und die ganze Spekulation erwies sich als Seifenblase. Wenn es nur die Reichen in der satten Schweiz getroffen hätte; hätten sich ein paar Geldfürsten gegenseitig übers Ohr gehauen – niemanden hätte es sonderlich gestört. Solche Stories haben ja auch so ihren Unterhaltungswert.

Aber beim Zerschlagen gutgehender Unternehmen sind stets die Mitarbeiter und deren Familien die Dummen. Und bei Aktienspekulationen lassen sich stets auch ein paar Kleinanleger mit hineinziehen; Tettamanti hatte ja mächtige deutsche Vertriebspartner.

Niemand wußte so recht, wo der Schweizer sein Anfangskapital hergeholt hatte; eine Vielzahl dunkler Kanäle war immer wieder einmal in der Diskussion. Sicher ist aber, daß eine deutsche Bank, eben die DG Bank, mit im Boot saß; in Person eines Wolfgang Riester, Generaldirektor der Schweizer Tochterbank der DG, sowie des stellvertretenden Vorstandsvorsitzenden der DG Bank, Karl-Herbert Schneider-Gädicke. Riester saß bis 1988 zum Beispiel im Verwaltungsrat der Tettamanti-Holding Fidinam. Schneider-Gädicke gehörte dem Board of Directors der Financial Group of North Atlantic an – mit Sitz auf den Cayman Islands. Diese Gruppe wurde von Tettamanti kontrolliert und stellte eine idealen Geld-Verschiebebahnhof dar. Denke bloß niemand an Geldwäsche!

Viel Ärger wird die DG Bank (und mit ihr der BfG) ein Prozeß machen, den fünf Banken im April 1993 angestrengt haben. Da geht es um die Rolle der beiden Institute und vordringlich der DG Bank nach dem Zusammenbruch der coop AG. Damals hatte die DG als eine der Hauptmatadore im Pool der Gläubigerbanken ihre Mitgeschädigten auf einen frühen Verzicht am Großteil ihrer Forderungen gedrängt. Kurz darauf war die coop vollständig in der Hand der DG Bank und der BfG – die das

Unternehmen dann Stück für Stück und mit schönem Gewinn veräußerten. Die an die Wand gedrückten Banker (so etwas gibt es auch) wollen jetzt an dem nachträglichen Reibach beteiligt werden.

Schließlich der Skandal der Skandale, dessen juristische Aufarbeitung im Juni 1993 begann und sich wohl noch einige Jahre hinziehen wird. Im Kern geht es dabei um das trickreiche Parken von Rentenpapieren – also langfristig verzinslichen Anleihen – bei befreundeten französischen Banken. Da konnten alle Beteiligten zunächst aufgrund der wirtschaftlichen Entwicklung davon ausgehen, daß sie stets die Gewinner blieben. Was auch der Fall war – bis auf das eine und letzte Mal. Da blieben die DG-Rentenhändler auf einem Verlust von, wie sich jetzt herausstellte, 800 Millionen Mark sitzen. DG-Boß Helmut Guthardt, der bis zu seinem Ausscheiden aus dem Amt tapfer behauptete, er habe von dem Deal nichts gewußt, weigerte sich, den Verpflichtungen nachzukommen und stürzte seine Bank in eine internationale Vertrauenskrise.

Interessant ein Ausspruch Guthardts, nachdem er sich dann doch hat breitschlagen lassen, für die Verluste einzutreten: Die fraglichen Wertpapiere repräsentierten einen Wert von 3 Milliarden Mark; das sei ein Betrag, der bei insgesamt 35 Milliarden angelegten Deutschmark nicht in Betracht fiele. Da mögen die Ohren all jener geklungen haben, die nach dem Debakel der RZG-Bank in München wegen ein paar tausend Mark ihr Häuschen verloren hatten.

Im Rahmen der Aufräumungsarbeiten ist auch herausgekommen, wie Versicherungen mit dem Geld ihrer Anleger umgehen. So verkaufte die DG Bank der Bausparkasse Schwäbisch Hall (sie gehört dem Genossenschaftsverband an) Bundesanleihen zum Kurs von 100 Mark und (aufgerundet) 18 Pfennig. Damals waren diese Papiere aber an der Börse für 89 Mark 80 zu haben – was mag die Schwäbisch Hall, finanzschwach wie alle Bausparkassen, bewogen haben, so viel Geld für solch ein minderwertiges Papier auszugeben? „Ein durchaus übliches Pensionsgeschäft" werden sich die Verantwortlichen verteidigen. Also eines, das auf lange Sicht, wenn der Wert des Papiers mählich steigt, auch seine Berechtigung hat. Sie werden aber verschweigen, daß die Bankenaufsicht eigentlich schon dann hellhörig wird, wenn zwischen Börsenkurs und dem Kurs, zu dem das Papier übernommen wird, mehr als zwei Punkte Differenz bestehen. Hier ging es aber um gut zehn Punkte!

Es läßt sich eben gut mit dem Geld fremder Leute spielen. Und wenn einer das Risiko gewohnt ist, dann mag er davon nicht mehr lassen – Roulette-Pleitiers werden auf diese Weise geboren. Es kommt auch immer wieder vor, daß Bankmanager der Sucht nach der rollenden Kugel oder dem hektischen Devisenhandel verfallen; vielleicht auch dem Flair des Außergesetzlichen.

Friedrich Steil, Chef des Rentenhandels bei der DG Bank, der sich mit vier anderen vor Gericht für den Deal mit den Rentenpapieren verantworten muß, war, wie die Zeitschrift „Wirtschaftswoche" im März 1990 feststellte, bereits Ende der siebziger Jahre wegen obskurer Effekten-Geschäfte aufgefallen. Dem Strafverfahren entkam er, weil der Hauptbeschuldigte seinerzeit beim Joggen plötzlich tot umgefallen war; die Staatsanwaltschaft stellte das Verfahren ein.

1984 endetet der Raubzug eines Devisenhändlers Theobald Stumpf, der seinen Arbeitgeber um acht Millionen Mark geschädigt hatte, mit dem Rausschmiß. Und im Jahre 1988 wehrte sich der Prokurist Wolf-Dietrich Wichmann vor dem Arbeitsgericht Frankfurt gegen seinen Herauswurf, der ihn traf, nachdem er behauptet hatte, Unregelmäßigkeiten großen Stils beim Devisenhandel entdeckt zu haben.

Geldvernichtungsmaschinerie DG Bank – im Juni 1993 stellten die Aktionäre einen Sanierungsbedarf in Höhe von 4 Milliarden Mark fest. Schon vorher waren Vorstandsvorsitzender Helmut Guthardt und sein Stellvertreter Karl Fehrenbach sowie dessen Vorgänger Karl-Herbert Schneider-Gädicke vor die Tür des Instituts gesetzt worden.

Wie weich die Landung eines der Beteiligten am DG-Desaster ausgefallen ist, wissen wir: Schneider-Gädicke und die Eigner der DG Bank einigten sich auf einen Vergleich, nach dem letzterer für sechs Jahre auf 20 Prozent seiner Pensionsansprüche verzichtet – insgesamt 600.000 Mark. Daraus läßt sich ableiten, daß der Pensionär Schneider-Gädicke sich bis 1999 mit etwa 500.000 Mark jährlich begnügen muß. Wir wollen hoffen daß er weiß, wo die in den Konkurs getriebenen RZB-Kunden ihr Wassersüppchen verzehren.

Wagen wir einen verschämten Blick auf die Sparkassen. Dem Deutschen Sparkassen- und Giroverband, dem Dachverband aller Sparkassen-Unternehmungen, das sind die 710 Kassen, 13 Landeszentralbanken sowie 13 Bausparkassen, liegt ein Gutachten des renommierten Unternehmensberatungsinstituts McKinsey vor, das Schlimmes verheißt. Die Zeitschrift „manager magazin", Journalisten sind findig, kam an diese Studie und breitete erschreckt Schreckliches aus.

Darin wird deutlich, daß die Sparkassen und ihre Verbundpartner zwar, faßt man sie zusammen, 2,1 Billionen Mark Bilanzsumme repräsentieren (was fast viermal soviel ist wie die Bilanzsumme der Deutschen Bank, des größten privaten Geldinstituts der Republik); und daß sie zusammen ein Betriebsergebnis, also einen Gewinn, von zwölf Milliarden Mark einfahren. Damit macht der Gewinn der Sparkassen trotz dieser schwindelerregenden Zahlen nur knapp 0,6 Prozent der Bilanzsumme aus. 1,1 Prozent Gewinn aber, so McKinsey, seien absolute Untergrenze, damit ein Geldinstitut auf lange Sicht überleben kann. Die würden, so die McKinseys in ihrer Hochrechnung, 1988 nur noch neun westdeutsche Sparkassen erreichen. 40 Prozent der Sparkassen liegen schon heute unter dieser Marge; die Sparkasse Burscheid, übrigens, gehört dazu.

Verdient würde gerade einmal mit den Spareinlagen (6,7 Milliarden Mark). Theoretisch sind diese goldenen Zeiten, wo es auf Sparbücher mehr Zins geben soll, jetzt aber vorbei; verständlich wird jedoch, warum die Berater in den Sparkassen so wenig tun, um auf die neuen Zinsmöglichkeiten hinzuweisen. Auch die Sichteinlagen brachten einen Profit – 2,6 Milliarden Mark.

Wenig verdienten die Kassen mit der Baufinanzierung: klägliche 170 Millionen Mark; noch weniger bei den Sparbriefen: 150 Millionen.

Den Zahlen lassen sich auch erhebliche Kompetenzlücken ablesen: Während die privaten Banken mit dem Wertpapiergeschäft rund eine Milliarde Mark verdienen, machen die Sparkassen damit einen Verlust von 170 Millionen Mark. Und es wird auch deutlich, woher die horrenden Gebühren für die Kontenführung kommen: Trotz zum Beispiel zehn Mark pro Rücklastschrift summieren sich hier immer noch 4,4 Milliarden Mark Verlust.

Exitus für die öffentlich-rechtlichen Geldhäuser? Zumindest diskutieren Politiker und Wirtschaftsfachleute eine Privatisierung dieser todgeweihten Saurier. Denn es paßt wohl nicht in diese Zeiten der Gigantomanie im Geldgeschäft, daß eine Sparkasse wie die in Burscheid mit ihrer Bilanz von 450 Millionen Mark gegen einen Crédit Lyonnais mit 450 Milliarden Mark Bilanz ankämpfen muß – dem Tausendfachen. Ob sich jedoch etwas an den Kompetenzlücken bei den leitenden Mitarbeitern ändern wird, bleibt fraglich; ihre soziale Verantwortung haben sie jedoch, trotz Satzung und tönender Worte, vielfach jetzt schon abgelegt.

Manchmal droht den deutschen Kreditkunden gar die Haftung für Fehler, die fremde Leute in Übersee gemacht haben. So zum Beispiel bei dem Desaster der Citibank-Mutter, der Citicorp. Die größte Bank der USA hat mit schier unüberwindbaren Problemen zu kämpfen, die zwar branchentypisch sind, bei der Citicorp aber offensichtlich besonders krass zutage treten. Das sind:

- Ein Berg fauler Kredite im Bereich der Immobilienfinanzierung. Hier hat das Management zu sehr auf die Fortsetzung des Booms Ende der 80er Jahre gesetzt.
- Zu wenig Eigenkapital, sodaß die amerikanische Bankenaufsicht inzwischen mißtrauisch geworden ist;
- Stetige Verschlechterung der Kreditqualität bei privaten Kunden;

– Ein Verlust von 914 Millionen Dollar im Geschäftsjahr 1991, der für 1992 zwar in einen Gewinn von 722 Millionen Dollar umgewandelt werden konnte – das aber vorwiegend durch den Verkauf von Immobilien und die Auflösung von Rücklagen. Selbst die Beteiligung am Frankfurter Messeturm wurde versilbert.

Das bedeutet: Ist dieses Polster erst wieder geschwunden, müssen die (noch) profitablen Töchter ran – wahrscheinlich in der Form, daß sie bis zum letzten Heller an Gewinnen abführen müssen, was nur geht. Die Citibank Düsseldorf ist eine solche Melkkuh. Immerhin erwirtschaftete sie 1992 einen Jahresüberschuß von gut 97 Millionen Mark. Das Abschöpfen dieser Gewinne würde möglicherweise aber auch bedeuten: rigorose Liquidation aller wackelnden Engagements bis hin zur gnadenlosen Verwertung aller Sicherheiten.

Und wie steht es mit den auch in diesem Buch vielgescholtenen Bausparkassen? Das BHW Beamtenheimstättenwerk mag als Beispiel für die Finanzlage derartiger Unternehmungen gelten. Die ist so marode, daß das Management seit zwei Jahren verzweifelt und vergeblich versucht, einen Käufer für das Unternehmen zu finden.

Zunächst unverständlich bei einem Konzerngewinn von 50 Millionen Mark – viel Geld für Otto Normalverbraucher. Aber 50 Millionen Mark Gewinn macht bei einem Eigenkapital von 2,2 Milliarden Mark gerade einmal eine Verzinsung von 2,7 Prozent aus – und läßt kaum Luft für wichtige Investitionen. Geschweige denn für die Rückzahlung von Schulden: das BHW steht mit gut 14 Milliarden Mark in der Kreide. Die Summe ist deshalb so hoch, weil das BHW mehr an Bausparkrediten herausgeben mußte als an Einlagen bereitstand; die Differenz konnte mittels Krediten aufgebracht werden. Für die müssen etwa neun Prozent Zinsen bezahlt werden, während der Bausparer dafür höchstens fünf Prozent zurückgibt – ein klassisches Zuschußgeschäft.

Weil durch diese Unterdeckung die Kapitaldecke zu dünn wurde, alle Bauwilligen schnell mit Zuteilungen zu befriedigen, mußten zusätzlich Gelder aufgetrieben werden. So begann sich ein Rad zu drehen, das sich mehr und mehr als Spirale in den Abgrund erweist. Denn das Geschäft mit den Bausparverträgen funktioniert nur, wenn stetig neue Bausparer akquiriert werden – aber hier hat sich inzwischen ebenfalls eine Stagnation eingestellt.

Ein Sanierungsprogramm, das eine Verzinsung des Eigenkapitals in Höhe von zehn bis fünfzehn Prozent erbringen soll, sorgte bereits im Frühjahr 1993 für heftige Gegenwehr bei den Gewerkschaften. Es ist nicht zu erwarten, daß die für eine gedeihliche Entwicklung notwendige Ruhe einkehren wird; zumal der komfortable Haustarif gekündigt wurde. Und es ist auch nicht zu erwarten, daß vor dem Hintergrund einer Rezession solche Gewinnsprünge zu erreichen sind – vor allem dann nicht, wenn die Investitionsbereitschaft der privaten Kunden nachläßt.

Mehr an Gruseligem aus dem Deutschen Finanzmarkt? Bitte sehr: Die Hamburg-Mannheimer Versicherungs-Aktiengesellschaft, an der die Allianz Aktiengesellschaft beteiligt und mit der die Dresdner Bank über die Hamburg-Mannheimer Investment Trust GmbH verbunden ist, wird inzwischen als „Sterbekasse" („manager magazin", Juni 1993) oder, branchenintern „Hamburg-Mülleimer" betitelt. Welche Bezeichnung auch immer sich durchsetzen mag: Die chaotischen Zustände im Haus und die kaum einzuschätzenden Verluste aus Stornos und Kosten lassen Schlimmes erahnen. Bei der Hamburg-Mannheimer wurde auch jenes dumme Geschäft geboren, das zur Kündigung ganzer Lebensversicherungspakete führte und zur Verunsicherung aller Banker, die Kredite mit Lebensversicherungen abgesichert haben.

Es scheint, als sei auch der Finanzplatz Deutschland nicht mehr auf der sonnigen Seite.

Es mehrt sich der Verdacht, daß die exorbitanten Erfolgsmeldungen der deutschen Bankhäuser mehr auf Bilanztricks beruhen, als daß sie dem tatsächlichen Bild entsprechen. Selbst der zunächst als so grundsolide erscheinende Ertrag der Commerzbank steht auf wackeligen Füßen. Und die Sparkassen, Sparstrumpf aller Rentner, Großmütter und Enkelkinder, stehen am Rande eines tiefen Abgrunds.

Das entspricht der internationalen Lage. Längst kriselt es ja überall um die Republik herum.

Selbst die Schweiz hat ihre Bankenkrise: Da mußte sich Anfang 1993 die Schweizerische Volksbank an die CS Holding anlehnen; vorher ging einer Reihe regionaler kleinerer und größerer Institute die Luft aus. Grund: die Einbrüche im Immobilienmarkt und dadurch die Vielzahl notleidender Kredite.

In Österreich ist das Desaster der Rössler Bank, an der die Bayerische Vereinsbank, München, beteiligt war, wohl nur der Auftakt zu einem gewaltigen Rumoren. Es ist zu erwarten, daß, wenn die deutsche und die österreichische Finanzverwaltung sich einig werden über die

Behandlung von Steuerflüchtigen, eine immense Fluchtwelle aus dem Alpenstaat einsetzt. Ob die österreichischen Banken dem standhalten werden, ist fraglich – ein Run auf die Schalter zwecks Auflösung der Sparbücher dürfte das fragile Gleichgewicht zwischen Ausleihen und Einlagen ins Wanken bringen. Die österreichischen Sparer tun gut daran, besonders mißtrauisch zu sein: Der Einlagensicherungsfonds, also jene Feuerwehreinrichtung, die bei Bankenpleiten zumindest die Sparkonten sichert, ist nur auf maximal 200.000 Schilling Sicherheitsleistung eingerichtet – etwa 28.000 Mark.

Die kleineren oder wirtschaftlich weniger gefestigten Nachbarn haben ebenfalls ihre Probleme: Großbritanniens Banken stöhnen über den Rückgang der Immobilienpreise; in Finnland mußte der Staat die dortigen Banken stützen; die Dänen haben neben ihren eigenen Problemen noch das Problem mit der fast pleite gegangenen Zentralbank der Faröer; aus Schweden wurden Anfang 1993 hohe Verluste der „Handelsbanken" gemeldet.

Selbst Japans Banken haben ihre Krise genommen und notdürftig verdeckt. Das Desaster der US-amerikanischen Banken konnte jeder mitverfolgen, der Zeitungen lesen kann – einschließlich der Zusammenbrüche bei den dortigen Sparkassen. Die allerdings in Struktur und Zielsetzung nicht mit den deutschen Sparkassen vergleichbar sind. Nicht vergleichbar bisher, aber auch nicht unvorstellbar, die hemdsärmelige Art, wie professionelle Verwerter in den USA mit den Sparkassenkunden umgehen.

Geht dort eine Kasse konkurs, wird sie zwar von einer staatlichen Organisation aufgekauft, die ist aber vordringlich daran interessiert, ihr Geld so schnell wie möglich wieder hereinzubekommen. Daher finden in regelmäßigen Abständen Auktionen statt, bei denen die Forderungen und Risiken versteigert werden. Die, die sich dann eingekauft haben, sorgen dafür, daß zum Beispiel rückständige Raten des Hypothekenkredits umgehend getilgt werden, andernfalls die säumigen Eigentümer rigoros aus ihrem Häuschen entfernt werden. Es haben sich in den USA inzwischen große Fondsgesellschaften gegründet, die Geld allein zu dem Zweck sammeln, sich in die Risiken der Sparkassen einkaufen zu können, um die verdienten Gelder später, nach Abrechnung der Initiatoren-Provisionen selbstverständlich, an ihre Anleger weiterzugeben. „Financial Notes“ heißen derartige Fondsanteile; auch in der Bundesrepublik werden sie angeboten – mit wenig wirtschaftlichem Erfolg allerdings. Viele deutsche Anleger warten bislang vergeblich auf ihr Geld der Tränen.

Bankenkrisen rund um die Welt – und in Europa stehen die großen Turbulenzen erst noch aus. Denn ab 1995 wird auch für die Banken und Versicherungen der Markt europäisch. Was bedeutet: härtester Wettbewerb mit Anbietern von Finanzdienstleistungen, für die es schon jetzt selbstverständlich ist, Nischenprodukte auf den Markt zu bringen. Also solche Produkte, die auf die Bedürfnisse spezieller Abnehmergruppen zugeschnitten sind. Dazu gehört zum Beispiel eine Lebensversicherung, die bereits dann ausgezahlt wird, wenn der Anleger so schwer erkrankt, daß mit seinem baldigen Ableben gerechnet werden muß. Dann kann sich der Todgeweihte noch einen letzten Wunsch erfüllen – makaber, aber in Großbritannien zum Beispiel ein häufig in Anspruch genommenes Angebot.

Bislang schotteten die deutschen Gesetze und Verordnungen über das Kredit- und Versicherungswesen den hiesigen Markt vor den aggressiven Anbietern ab – wenn der Finanzbinnemarkt Wirklichkeit wird, fallen alle diese Gesetze – sicher nicht immer zum Besten der Verbraucher. Zwar ist zu erwarten, daß allzu große Gewinnmargen etwa bei den deutschen Lebensversicherungen gekürzt werden; aber der Kampf um Marktanteile wird wohl auch dazu führen, daß nicht nur attraktive Angebote auftauchen, sondern daß auch die Vertriebsusancen noch ruppiger werden als das bisher schon der Fall ist. Und daß diese zum Desaster führen können, zeigt die Entwicklung der Hamburg-Mannheimer.

Das Stichwort heißt „Allfinanz“ und bedeutet, daß in ein und demselben Finanzinstitut nicht nur Kredite vergeben und Sparbücher angelegt werden, sondern daß es dort auch Bausparverträge und Lebensversicherungen geben soll. Das ist die Praxis, wie sie sich bisher als gängig etabliert hat. Auch hier kommen dem Kritiker schon erhebliche Zweifel ob der Seriosität der Anlagenberater in den Banken. Was da geschieht, riecht heftig nach Eigennutz – selbstverständlich, denn Banken sind nun mal kein Wohltätigkeitsinstitut. Wenn aber Anlageberater (und in dem Wort „Berater“ steckt ja auch eine Verpflichtung) den Kundennutzen offensichtlich vollständig übersehen, dann kann der Kritiker nur mehr von Hökermentalität sprechen.

Sei es, daß einem Kunden der Solinger Stadt-Sparkasse statt eines für kurze Anlagedauer einzig sinnvollen Festgelddepots die Investition in den sparkasseneigenen Renditdeka-Investmentfonds aufgeschwatzt wird – 1.000 Mark unnötige Kosten bei einem Sparvolumen von 56.000 Mark.

Sei es, daß Mitarbeiter der Kreissparkasse Stormarn australische Bond-Papiere, die inzwischen die Druckerschwärze nicht mehr wert sind, als „sicher wie Bundesschatzbriefe" anpriesen – weil nämlich die Landeszentralbanker so schnell wie möglich von ihren Schrottbeständen weg wollten.

Dazu muß man wissen, daß die Banken und Sparkassen zunächst selbst große Tranchen von Wertpapieren kaufen, bevor sie diese, mit enormem Gewinn, an die Kundschaft weitergeben. Dazu gibt es ein Beispiel besonderer Dreistigkeit, wie der Spiegel (Heft 34, 1993) herausgefunden hat: Die Paffrather Raiffeisenbank stellte einem Kunden für den Kauf einer Kommunalobligation 94,30 Mark in Rechnung, obwohl der Kurs am Tag des Kaufes bei 93 Mark stand. Das Argument: Zu dem höheren Preis habe man sich schließlich bei der Westdeutschen Genossenschafts-Zentralbank eindecken müssen – irgendwer hat da einen kleinen Zusatzgewinn gemacht oder schon lange gebunkerte Bestände zu einem überhöhten Kurs verscherbelt.

Sei es, daß ein Wertpapierberater der Deutschen Bank Münster dazu rät, schnellstens Feldmühle-Aktien zu einem Zeitpunkt zu verkaufen, an dem zumindest die oberste Heeresleitung der Deutschen Bank davon wußte, daß die Veba AG sich anschickte, alles an Feldmühle-Aktien aufzukaufen, was nur zu bekommen war. Natürlich stieg der Kurs der Aktie rasant an – der falsch beratene Anleger konnte ihnen nur mehr hinterherschauen. Daß die Deutsche Bank mit ihrem Rat, die Papiere zu verkaufen, der Veba AG, in deren Aufsichtsrat selbstverständlich Deutschbanker sitzen, zu besonders günstigen Feldmühle-Anteilen verholfen hat – dieser Verdacht liegt zwar nahe, läßt sich jedoch nicht beweisen.

Manchmal belegen jedoch Äußerungen der Mitzocker die allzu einseitige Berücksichtigung der Bankeninteressen. Da wurde zum Beispiel in Heft 2, Jahrgang 1993 der Zeitschrift „Mein Geld anlegen" der Leserbrief eines K. Steinbrunn aus Hamburg veröffentlicht, der sich vom Mitarbeiter eines Bankhauses zum Selbständigen im Strukturvertrieb gemausert hat. Steinbrunn schreibt unter anderem: „Alles in allem kann ich Ihre Ausführungen zum Thema 'Unabhängige Beratung' in jeder Weise bestätigen, da ich mir einbilde, beide Seiten der Medaille kennengelernt zu haben.

Da gibt es zunächst einmal den ständigen Antrieb aus den oberen Banketagen, daß vorgegebene Verkaufszahlen bei bestimmten Produkten unbedingt erreicht werden mußten (zum Beispiel die Markteinführung einer hauseigenen Bausparkasse), ohne auch nur einen Gedanken an den Kunden zu verschwenden (‚... für den dieses Produkt ja auch nicht schlecht ist')".

Das Stichwort ist gefallen: Strukturvertrieb. Es handelt sich hierbei um eine der brisantesten Langzeitbomben, die sich die Banken je gelegt haben; abgesehen vielleicht einmal von dem fast tödlichen Rennen um Staatsschuldner aus den Entwicklungsländern und aus dem Comecon-Bereich.

Strukturvertrieb bedeutet, daß eine Vielzahl selbständiger Vertreter ausschwärmt, den deutschen Sparern alle möglichen Anlageformen einzureden. Im Konzept des Strukturvertriebes liegt es, daß jeder, der auf der Provisions- und Verdienstleiter nach oben klettern will, zunächst einmal alle Verwandten und Bekannten mit einer Vielzahl von Verträgen überzieht, zum andern aber auch aus diesem Kreis schnellstmöglich neue freie Mitarbeiter wirbt. Dann hat er die Chance, zum Gruppenleiter oder zu einer ähnlichen Funktion mit meist schön klingendem Titel aufzusteigen. Das Fortkommen hängt also nicht von der Qualität der Beratung und von der Zufriedenheit der Kunden ab, sondern einzig und allein von der Zahl der hereingebrachten Verträge.

Daran ist im Prinzip nichts Verwerfliches, wenn die „Berater“ erstens entsprechend ausgebildet würden, und zweitens zumindest nicht gegenüber den Auftraggebern, also den Banken, Versicherungen und Bausparkassen, weisungsgebunden wären. Beides ist in den meisten Fällen nicht so.

Zunächst zum Thema Ausbildung. Da schreibt ein Rüdiger H. aus Herford, Ex-Strucki, in „Mein Geld anlegen“, Heft 4/93: „Was die Schulungen anbetrifft, die sind mehr schlecht als recht, in erster Linie werden Verkauf und Kontaktieren geschult. Die eigentliche Produktschulung findet zu 80 Prozent nicht statt, die ja wohl am wichtigsten ist. Das heißt, die nebenberuflichen Mitarbeiter, die nicht aus dem Finanzbereich kommen, haben keine Ahnung.“

Karl-Heinz Hoffmann aus Springe präzisiert und nennt dabei einen der Strukturvertriebe, die OVB Allfinanzvermittlungsgesellschaft mbH & Co. KG. Sinnigerweise steht OVB für „Objektive Vermögensberatung“.

„Im Frühjahr ’92 bewarb ich mich aufgrund einer Annonce bei einem Allfinanzvertrieb. Wie sich bald herausstellte, war es die OVB-Bezirksdirektion Hannover.

Die OVB stellte sich dann im Rahmen einer Info-Veranstaltung vor, die Anzahl der Teilnehmer/Interessenten betrug ca. 40.

Mein erster spontaner Eindruck: Hier hatte man, abgesehen von ein paar vernünftig wirkenden Leuten, alles von der Straße aufgefegt, was aufrecht gehen konnte. Darunter Visagen, die ich nie über meine Türschwelle treten lassen würde (aber immer nach dem Motto: Krawatte tragen!).

Eine Woche nach der Info-Veranstaltung liefen die ersten Schulungen an, meiner damaligen Meinung nach waren sie fachlich auch nicht schlecht. Bis dahin war ich auch der Meinung, daß die ‚objektive' Vermögensberatung eine gute Sache sei.

Dann die ersten negativen Einflüsse: OVB gehört zu über 50 Prozent dem ‚Deutschen Ring', OVB darf laut Gerichtsurteil den Zusatz ‚objektiv' nicht mehr im Namen tragen (Infos natürlich aus anderen Quellen).

Eine absolute Katastrophe war die erste Beratung mit einem OVB-Berater in meinem Verwandtschaftskreis:

- Auswertung einer von mir im Vorfeld erstellten ‚Finanz- und Subventionsanalyse' fand nicht statt.
- Den Kunden sollten im Rahmen einer Baufinanzierung u. a. zwei Hunderttausender Lebensversicherungen verkauft werden – natürlich vom ‚Deutschen Ring', denn beim Bauen ‚seien Lebensversicherungen und Bausparverträge aufgrund ihrer attraktiven (!!) Zinsen das beste, was es gibt'.
- Nach eineinhalb Stunden ‚Beratung' sollten die Kunden unterschreiben, O-Ton Berater: ‚Jetzt sitze ich hier schon eineinhalb Stunden, jetzt müssen wir aber mal zur Sache kommen'. Und die Verträge wurden gezückt.

- Als auf Nachfrage die spätere Belastung ausgerechnet werden sollte und der ‚Berater‘ merkte, daß sie zu hoch wurde, hörte er einfach auf zu rechnen. O-Ton: ‚Das machen wir dann später, wenn es soweit ist.‘
- Fazit: Aus dem Geschäft wurde – zum Glück – nichts, da die Kunden nicht auf den Kopf gefallen waren und sich bereits intensiv mit der Materie befaßt hatten...

Nach der Beratung meine Frage an den OVB-Fachmann, ob denn ein zweiter Termin nicht sinnvoll gewesen wäre, damit die Leute über den Finanzierungsvorschlag noch mal schlafen können.

Antwort: ‚Da unterschreiben sowieso nur noch 30 Prozent, und dafür fahre ich nicht noch mal los. Wenn die Leute nicht mit Ihnen verwandt wären, hätte ich den Verkaufsdruck noch erhöht.‘

Hinterher telefonischer Kontakt mit meinen Verwandten. Ihr Eindruck von der OVB-Beratung: dreist, unflexibel, einseitig, die Kunden für dumm verkaufend, absolut mies, das schlechteste was ihnen in der letzten Zeit untergekommen ist.

Meine persönliche Reaktion:

Abbruch der Beziehungen zur OVB und zum Allfinanz-Bereich allgemein, denn der eigentlich Geschädigte ist, neben dem Kunden, der kleine Vermittler, der vielleicht noch in gutem Glauben handelt.

Er kann sich, wenn die Leute später mal aufwachen, in seinem Verwandten- und Bekanntenkreis nicht mehr sehen lassen.

Den abgewichsten ‚Strucki‘, der anschließend die Leute abkocht, interessiert das jedoch wenig.

Was nachdenklich stimmt: Mein ‚Strucki' bei der OVB war dort in der Bezirksdirektion Hannover bereits ganz oben."

Kein Wunder, daß die Strukturvertriebe als Klopper- oder Drückerkolonnnen gefürchtet sind, die nach der AUA-Methode, so der Branchenjargon, arbeiten: Anhauen, Umhauen, Abhauen.

Die Unabhängigkeit, mit der die Struckis so gerne werben, ist auch nicht immer gegeben. So sind die größten Strukturvertriebe mannigfache strategische Bindungen eingegangen oder haben gar den großen Finanzdienstleistern erlaubt, sich zu beteiligen.

So gehört die OVB zu 50 Prozent dem Deutschen Ring, Anfang Januar hat sich zudem die Volksfürsorge mit 15 Prozent eingekauft. Die Deutsche Bank hat sich bei der Bonnfinanz beteiligt, und die HMI gehört, ihrem Namen entsprechend, zur Hamburg-Mannheimer Versicherung. Das BHW Beamtenheimstättenwerk unterhält einen Strukturvertrieb ganz eigener Art: Seine Mitarbeiter rekrutieren sich größtenteils aus dem öffentlichen Dienst und tragen außer ihrem Seriositätsanspruch nicht viel an Kompetenznachweis vor sich her.

Die DVAG Deutsche Vermögensberatungs-AG ist mit der Aachener und Münchner Versicherungsgruppe verbunden; und die Commerzbank hat sich mit einer Aufina GmbH, Wiesbaden, zusammengetan. Die Dresdner Bank gründete gar ihren eigenen Strukturvertrieb: die „Dresdner Bank Vermögensberatungs GmbH". Die Berliner Volksbank, die Grundkreditbank Berlin und die Raiffeisen-Köpenicker Bank e. G. sind über eine IGB Investmentgesellschaft Berlin mbH mit der Tecis Holding verschränkt, die einen Strukturvertrieb namens Cato kontrolliert. Die Sparkassen verhandelten zu Rechercheabschluß noch; aber zumindest die Nassauische Sparkasse, eine Kasse mit ganz speziellem Ruf in Anlegerkreisen, hat schon konkrete Kontakte aufgebaut.

Wo soll da Unabhängigkeit herkommen? Und vor allem: jene maßgeschneiderten Vermögenspläne, von denen die Finanzdienstleister stets so lauthals schwärmen?

Statt dessen arbeiten die Struckis mit Tricks, von denen sie stolz kolportieren, daß sie dem Kunden keine Chance lassen. Etwa mit dem der schieren Lüge, der Verschleierung und der Fehlberechnung. Da offerierte der Wolfsburger OVB-Bezirksleiter Bernd Falke einem Kunden doch tatsächlich eine Kapitalanlage bei der Schweizer Überseebank – 16,8 Prozent Rendite seien drin; demnach 1.400 Mark monatlich bei 100.000 Mark Anlagevolumen. Gebracht hat das Engagement inzwischen nur Verluste; und ein bizarres Rechtfertigungsschreiben: Man habe ja schließlich den Börsencrash von 1987 nicht vorhersehen können. Falkes Kunde hatte aber erst 1989 gekauft.

Jens Felisiak aus Oldenburg, so ermittelte die Redaktion der Zeitschrift DM, fiel mit gleich zwei Lebensversicherungen herein, die ihm ein Bekannter, Mitarbeiter des Strukturvertriebs AWD Allgemeiner Wirtschaftsdienst, aufschwatzte: Statt, wie versprochen, nach fünf Jahren Ansparzeit die Versicherungen für den Kauf eines Hauses beleihen zu können, hatte er knapp 2.200 Mark verschenkt und gerade einmal – für die Hausfinanzierung unerhebliche – 2.329 Mark angespart.

Kein Wunder daher, daß die Stornoquoten in die Höhe schnellen. Von der Volksfürsorge wird kolportiert, daß

11,5 Prozent aller Neuverträge gekündigt werden – die Anleger verlassen panikartig das dümpelnde Schiff und nehmen dafür sogar den Verlust der Abschlußgebühren in Kauf. Die durchschnittliche Stornoquote liegt bei Lebensversicherungen bei 7,4 Prozent. Der wichtigste Vertriebspartner der Volksfürsorge ist die OVB.

Beim Deutschen Ring, so hat die Zeitschrift Focus (Heft 11/93) herausgefunden, kündigte 1991 jeder fünfte von der OVB geworbene Anleger seine Lebensversicherung wieder.

Den Vogel schoß hingegen das Beamtenheimstättenwerk ab, das seit 1992 mit der Strukturtruppe DSF Deutsche Systemfinanzplan AG versucht, aus der Misere herauszukommen: Es gab Stornoquoten von fast 100 Prozent, wie der ehemalige BHW-Chef Louis Storck zugeben mußte. Die Struckis hatten ganz einfach Scheinverträge hereingereicht mit Adressen, die zum Teil gar nicht existierten.

Damit nicht genug der Probleme mit den Strukturvertriebs-Verträgen: Deren Abschlüsse sind zudem zu teuer. Die Volksfürsorge zahlt laut „Focus" 5,1 Prozent Abschlußkosten; branchenüblich sind 3,5 Prozent. Die Kooperation des Beamtenheimstättenwerkes mit der DSF brachte bis Ende 1992 nur Verluste.

Die Zeit der Strukturvertriebe scheint zumindest im Finanzbereich vorbei zu sein: Guter Nachwuchs ist kaum mehr zu kriegen und die arrivierten deutschen Anleger sind alle bereits bis über die Halskrausen versichert. Da helfen selbst verwandtschaftliche und freundschaftliche Beziehungen nicht mehr viel.

Es mag dem Normalbürger und -bankkunden ja ziemlich egal sein, womit die Geldinstitute versuchen, ihre

Marktanteile auszuweiten – solange es ihn nicht selber trifft mit den zweifelhaften Vertriebsmethoden.

Was ihn aber überhaupt nicht kalt lassen darf, das ist die Tatsache, daß sich die Banken und Versicherungen in die Hände unseriöser Vermittler begeben. Das schadet nämlich nicht nur dem Image, sondern der Substanz. Und für die steht immer noch der Kunde gerade – über Gebühren, die so hoch sind, daß sie den Mond erreichen. Über Kredite, die so teuer sind, daß sie den Keim des Verderbens in sich tragen. Und über Verwertungsstrategien, die jeden, der auch nur ein wenig in Schwierigkeiten geraten ist, bis auf das letzte Hemd entblößen. Da hilft dann nur noch das soziale Netz. Und selbst das wird zusehends brüchiger.

New Business Line:

Alle Titel dieser erfolgreichen Serie

auf einen Blick ...

1 Rebecca L. Morgan
Professionelles Verkaufen
Die Geheimnisse des erfolgreichen Verkaufs
2 Marion E. Haynes
Konferenzen erfolgreich gestalten
Wie man Besprechungen und Konferenzen plant und führt
3 Marilyn Manning/Patricia Haddock
Führungstechniken für Frauen
Ein Stufenplan für den Management-Erfolg
4 Sandy Pokras
Systematische Problemlösung und Entscheidungsfindung
Der 6-Stufen-Plan zur sicheren Entscheidung
5 Steve Mandel
Präsentationen erfolgreich gestalten
Bewährte Techniken zur Steigerung Ihrer Selbstsicherheit, Motivationsfähigkeit und Überzeugungskraft
6 William L. Nothstine
Andere überzeugen
Ein Leitfaden der Beeinflussungsstrategien

7 Marion E. Haynes
Persönliches Zeitmanagement
So entkommen Sie der Zeitfalle

8 Carol Kinsey Goman
Kreativität im Geschäftsleben
Eine Anleitung für kreatives Denken

9 Peter Kralicek
Grundlagen der Finanzwirtschaft
Bilanzen/Gewinn- und Verlustrechnung/ Cash-flow/Kalkulationsgrundlagen/ Finanzplanung/ Frühwarnsysteme

10 Pat Heim/Elwood N. Chapman
Führungsgrundlagen
Ein Entwicklungsprogramm für erfolgreiches Management

11 Richard Gerson
Der Marketingplan
Stufenweise Entwicklung – Umsetzung in die Praxis – Checklisten und Formulare

12 Robert B. Maddux
Professionelle Bewerberauslese
Interviews optimal vorbereiten – Stärken- und Schwächenkatalog – die sieben unverzeihlichen Fehler

13 Phillip Bozek
50 Ein-Minuten-Tips für erfolgreichere Kommunikation
Techniken für effizientere Konferenzen, schriftliche Mitteilungen und Präsentationen

14 William B. Martin
Exzellenter Kundenservice
Ein Leitfaden für vorzügliche Dienstleistungen – die Kunst, Kunden als Gäste zu behandeln

15 Diane Berk
Optimale Vorbereitung für Ihr Bewerbungsgespräch
So bekommen Sie Ihren Traumjob

16 Joyce Turley
Schnellesen im Geschäftsleben
Bewährte Techniken zur besseren Bewältigung der Informationsflut

17 James R. Sherman
Plane deine Arbeit – arbeite nach deinem Plan
Planungstypen und -modelle – Die acht Planungsstufen

18 Kurt Hanks
Die Kunst der Motivation
Wie Manager ihren Mitarbeitern Ziele setzen und Leistungen honorieren – Ideen/Konzepte/Methoden

19 Elwood N. Chapman
Verkaufstraining – Einführungskurs
Psychologie des Verkaufens – Fragetechniken – Verkaufsabschluß – Telefonverkauf

20 Rick Conlow
Spitzenleistungen im Management
Wie man Mitarbeiter dazu anspornt, ihr Bestes zu geben – 6 Schlüsselfaktoren

21 Terry Dickey
Grundlagen der Budgetierung
Informationsgrundlagen – Effiziente Planung – Techniken der Budgetierung – Prognosen und Controlling- Ergebnisse

22 Sam Horn
Konzentration
Mit gesteigertem Aufnahme- und Erinnerungsvermögen zum Erfolg

23 Robert B. Maddux
Erfolgreich verhandeln
Entwicklung einer Gewinn(er)-Philosophie – 8 schwerwiegende Fehler – 6 Grundschritte zu professioneller Verhandlungstechnik

24 Sam R. Lloyd/Christine Berthelot
Selbstgesteuerte Persönlichkeitsentwicklung
Selbsteinschätzung – Erwartungshaltungen und Lösungen – Verbesserte Führungsfähigkeiten – Persönlichkeitsentwicklungsprogramm

25 Roman Hofmeister
Management by Controlling
Philosophie – Instrumente – Organisationsvoraussetzungen – Fallbeispiele

26 Elwood N. Chapman
Positive Lebenseinstellung
Ihr wertvollster Besitz

27 Lynn Tylczak
Die Produktivität der Mitarbeiter steigern
– Kosten reduzieren – Produktqualität, Servicequalität und Moral erhöhen – basierend auf Wert-Management-Prinzipien

28 Robert B. Maddux
Team-Bildung
Gruppen zu Teams entwickeln – Leitfaden zur Steigerung der Effektivität einer Organisation

29 Diane Bone/Rick Griggs
Qualität am Arbeitsplatz
Leitfaden zur Entwicklung von hohen Personal-Qualitäts-Standards – Beispiele, Übungen, Checklisten

30 Michael Crisp
12 Schritte zur persönlichen Weiterentwicklung
Selbstbewußtsein/Kommunikation/Partnerschaften/berufliche Fähigkeiten/Kreativität

31A Horst Auer (Österreich)
31B Ulrich Weber (Deutschland)
Rechtsgrundlagen für GmbH-Geschäftsführer
Geschäftsführung und Vertretung – Weisungen – zivil- und strafrechtliche Haftung – Abgaben-, Sozialversicherungs-, Gewerbe- und Verwaltungsstrafrecht – Gesetzestexte, Musterverträge
32 Stefan Czypionka
Umgang mit schwierigen Partnern
Erfolgreich kommunizieren mit Kunden, Mitarbeitern, Kollegen, Vorgesetzten
u. a. m.

NEW BUSINESS LINE
(50 Minuten Training Scripts)